国际贸易单证实务

陈春慧/编著

中国海关出版社有限公司

·北京·

图书在版编目（CIP）数据

国际贸易单证实务/陈春慧编著.—北京：中国海关出版社有限公司，2024.5
ISBN 978-7-5175-0793-2

Ⅰ.①国… Ⅱ.①陈… Ⅲ.①国际贸易—原始凭证 Ⅳ.①F740.44

中国国家版本馆CIP数据核字（2024）第090632号

国际贸易单证实务
GUOJI MAOYI DANZHENG SHIWU

作　　者：	陈春慧
责任编辑：	傅　晟
责任印制：	孙　倩
出版发行：	中国海关出版社有限公司
社　　址：	北京市朝阳区东四环南路甲1号　　邮政编码：100023
编 辑 部：	01065194242-7502（电话）
发 行 部：	01065194221/4238/4246/4247（电话）
社办书店：	01065195616/5127（电话）
	https://weidian.com/？userid=319526934（网址）
印　　刷：	北京天恒嘉业印刷有限公司　　经　销：新华书店
开　　本：	710mm×1000mm　1/16
印　　张：	19　　　　　　　　　　　　　字　数：351千字
版　　次：	2024年5月第1版
印　　次：	2024年5月第1次印刷
书　　号：	ISBN 978-7-5175-0793-2
定　　价：	56.00元

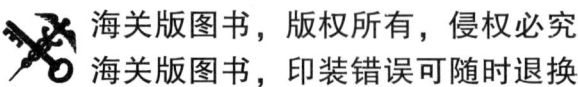

海关版图书，版权所有，侵权必究
海关版图书，印装错误可随时退换

前　言

我国把推进对外贸易高质量发展作为重大决策部署，出台政策鼓励数字贸易发展，促进我国对外贸易结构性调整和优化，加快培育外贸竞争新优势。在贸易便利化政策的鼓励下，我国外贸模式不断创新，对外贸易在国民经济稳健运行中的韧性进一步增强。特别是跨境贸易电子商务引领线上与线下业务整合，市场采购贸易模式降低贸易准入门槛，以技术驱动的数字贸易已把我国外贸实践带到了发展新阶段。随着我国外贸事业高质量发展，外贸企业大幅增加，外贸单证员作为外贸企业开展业务必不可少的基础性人才，行业岗位需求量也日益增加。

本书是广东省高职教育精品在线开放课配套教材，依据《国际贸易术语解释通则2020》，在深入分析外贸单证员岗位工作任务和职业能力的基础上，与外贸单证行业专家组共同开发课程标准。打破以知识体系为线索的传统编写模式，以外贸单证员工作过程为线索，对标"互联网+国际经济与贸易"赛项竞赛规则，每个实训项目融入课程思政元素，体现工学结合、理实一体、任务驱动、项目教学的立体教材编写模式，努力打造"岗课赛证训"综合育人新模式。

本书在参考、借鉴国内外相关教材、专著的基础上，打造一书一课一空间，培根铸魂，启智增慧，产教融合，科教融汇。本书内容注重突出以下5个特色：

（1）系统性。基于外贸单证工作流程的项目化实例，对外贸单证做了比较全面的介绍和归纳，且在单证填制要求、贸易数字化和跨境电商单证处理等方面进行详细的说明。

（2）实践性。本书注重产教融合，与阿里巴巴和中国进出口商品交易会上的外贸企业联合开发课程资源，通过项目实训、案例分析和软件操作让学生掌握完成项目任务所需要的技能，并且通过课后实训巩固课堂教学内容。

（3）通俗性。本书在编写过程中，注意深入浅出，用简洁、流畅的语言描述项目完成所需要的原理、方法和操作。建立立体化的教学资源库，方便学生在课前、课中和课后自主学习。

（4）前瞻性。本书不但介绍了外贸单证操作的现状，还展望其未来发展趋势，在实训环节加强数字技术的应用和贸易便利化措施的实践，以期培育适应我国外贸新业态发展的高素质技能型外贸人才。

（5）立体性。本书服务广东省高职教育精品在线开放课建设，每个实训项目均配有教学视频，赋能学习者自学和课后学习。

本书以国际经济与贸易专业毕业生李宁进入单证岗位的工作内容为线索，设置了认识外贸单证和单证岗位、国际贸易单证操作两个教学模块，包括认识外贸术语和外贸流程、审证和改证业务操作和跨境贸易电子商务单据操作等13个实训项目。授课教师可根据实际的教学计划及课时安排，有重点地选择授课内容。

本书适合作为高等教育院校国际经济与贸易、关务与外贸服务和商务英语等相关专业的教材，也可作为外贸领域相关企业商务人员的培训教材和工具书。

陈春慧
2024年5月

在线课程网址：
https：//www.xueyinonline.com/detail/236436909
在线课程空间（扫码加入）：

目 录

模块一 认识外贸单证和单证岗位 ·· 1

项目 1.1 认识外贸术语和外贸流程 ·· 1

项目 1.2 认识外贸单证岗位要求和单据的电子化 ························· 32

项目 1.3 签署国际贸易合同 ·· 60

模块二 国际贸易单证操作 ··· 91

项目 2.1 审证和改证业务操作 ··· 91

项目 2.2 制作商业发票和装箱单操作 ······································· 119

项目 2.3 制作订舱委托书和提单操作 ······································· 143

项目 2.4 制作和申领原产地证操作 ·· 172

项目 2.5 通关单据制作 ··· 188

项目 2.6 制作投保单和办理保险操作 ······································· 221

项目 2.7 制作汇票操作 ··· 241

项目 2.8 制作附属单据操作 ··· 254

项目 2.9 单据审核和交单操作 ·· 268

项目 2.10 跨境贸易电子商务单据操作 ······································ 284

参考文献 ··· 297

模块一 认识外贸单证和单证岗位

项目1.1 认识外贸术语和外贸流程

知识目标

1. 了解国际贸易的基本流程；
2. 熟悉《国际贸易术语解释通则2020》；
3. 掌握常用贸易术语；
4. 掌握常见货款支付方式。

能力目标

1. 能根据交易条件选择合适的贸易术语；
2. 能灵活应用各种货款支付方式；
3. 具备单证岗位团队合作精神。

贸易术语选用不当引起的贸易纠纷

国际货物买卖过程中，交易双方责任和义务划分至关重要。为了明确交易双方在货物交接过程中有关风险、责任和费用的划分，交易双方在洽商交易和订立合同时通常需要商定采用何种贸易术语，并在合同中明确表示。不同贸易术语交易条件下买卖双方承担的责任、费用和风险各不相同。在实际业务中，买卖合同的双方当事人选用何种贸易术语，不仅决定了合同价格的高低，而且还关系到合同的性质，甚至还会影响到贸易纠纷的处理和解决。因此，贸易术语的选择和运用是直接关系到买卖双方经济效益的重要问题。

外贸进出口需要选择合适的贸易术语，贸易术语选用不当容易造成贸易纠纷和摩擦。我国某出口公司于2023年7月向日本出口20吨甘草膏，每吨60箱，共1200箱，每吨售价3600美元，FOB新港，共72000美元，即期信用证，装运期为 8 月 25 日之前，货物必须装集装箱。该出口公司在天津设有办事处，于是在 8 月上旬便将货物运到天津，由天津办事处负责订箱装船。不料货物在天津存仓后的第二天，午夜仓库着火，抢救不及时，1200 箱甘草膏全部被焚。办事处立即通知公司总部并要求尽快补发 20 吨，否则无法按期装船。结果该出口公司因货源不济，只好要求日商将信用证的有效期和装运期各延长 15 天。

我国一些进出口企业长期以来不管采用何种运输方式，对外洽谈业务或报盘仍习惯用 FOB、CFR 和 CIF 三种贸易术语。但在滚装、滚卸、集装箱运输的情况下，应尽量改用 FCA、CPT 及 CIP 三种贸易术语。该出口公司所在地正处在铁路交通的干线上，外运公司和中远公司在该市都有集装箱中转站，既可接受拼箱托运也可接受整箱托运。假如当初采用 FCA（该市名称）对外成交，出口公司在当地将 1200 箱货物交中转站或自装自集后将整箱（集装箱）交中转站，不仅可以将风险转移给买方，而且凭当地承运人（即中转站）签发的货运单据即可在当地银行办理议付结汇。该公司自担风险将货物运往天津，再集装箱出口，不仅加大了自身风险，而且推迟结汇。

讨论题

1. 案例中货物损失由哪方承担？可以采取哪些措施避免损失？
2. Incoterms® 2020（《国际贸易术语解释通则 2020》）下 FOB 和 FCA 术语中买卖双方权责有什么区别？

项目背景

李宁①（又称小李）是一名大学毕业生，经过应聘，在广州进出口有限公司就职，担任外贸单证部主任助理一职。

广州进出口有限公司成立于 1992 年，是一家大型国有外贸企业。注册资本为 1 亿元，现有资产总值为 19 亿元。经过三十多年的积累和努力，公司拥有雄厚的资金实力、强大的市场网络、丰富的货源工厂资源和与国际接轨的管理制度，在业界商誉卓著。

公司的单证部有专业单证操作人员 18 名，其中 6 名是具有十余年工作经

---

① 本书训练项目中所涉及的人名、公司名称、机构名称、电话、传真、地址等均为虚构，如有雷同，纯属巧合。

验的外贸资深从业者。小李在大学所学专业是国际经济与贸易专业，但是立刻从事单证部的具体工作，还是感觉有些陌生。小李对外贸单证业务操作流程的认知还停留在书本层面，需要在岗位上不断学习。

到岗后，小李需要尽快熟悉企业部门的外贸单据操作流程。除此之外，还需要尽快熟悉外贸相关的法律法规，具备外贸人员必备的素质。

任务 1　外贸术语变化和进出口流程

单证部主管陈先生是资深外贸从业者。为了让小李尽快熟悉部门业务，掌握单证实践工作，陈主管让小李先了解 Incoterms® 2020 下外贸术语的变化，做成 PPT 文档，在每周例会上做简报。

小李打算先用网络搜索相关网站和论坛，并向资深的员工了解贸易术语使用中的常见要求。

如果你是小李，你打算怎么完成任务？请尝试用你的方法了解 Incoterms® 2020 下外贸术语变化和常用贸易术语权责划分。

任务要求

1. 5~6 人为一组，以小组为单位，分析比较 Incoterms® 2020 下外贸术语变化和常用贸易术语权责划分。
2. 每组将收集的内容做成 PPT 文档，并在课堂上分组交流。

课程思政

"一带一路"倡议彰显中国自信

"一带一路"是中国在新形势下提出的重大外交倡议，旨在推动全球经济合作、促进繁荣共享。这一倡议彰显了中国的自信，体现了中国在世界舞台上的积极角色和责任感。

中国的自信源于经济发展的巨大成就。自改革开放以来，中国经济取得了举世瞩目的成就，成为继美国之后第二大世界经济体。中国成功实现了从一个相对封闭的经济体制转向开放自由的市场经济体制，实现了快速而稳定的增长。这种经济成就为中国提出"一带一路"倡议提供了强大的支撑，也使中国自信地面对国际社会。

中国的自信源于文化的复兴和回归。中国是世界四大文明古国之一，有着悠久的历史和灿烂的文化。近年来，中国通过加强文化交流、推动中华文化的传播和传承，让世界重新认识和了解中国文化的独特魅力。中国将"一带一路"倡议与丝绸之路、海上丝绸之路等历史文化符号相结合，彰显了中国文化的自信和魅力。

中国的自信也源于成为全球治理体系改革的倡导者和参与者。中国积极主张建立开放、包容、平衡、普遍的全球治理体系，提出了共商共建共享的全球治理观，推动全球治理向更加公正合理的方向发展。中国通过"一带一路"倡议打开了发展的新空间，为全球治理体系的变革和完善做出了自己的贡献。

"一带一路"倡议彰显了中国的自信和开放合作的精神。中国通过这一倡议，向世界展示了一个崭新的中国形象，以开放包容的态度迎接世界的合作与共赢。中国将以更加自信和坚定的步伐，继续推动"一带一路"倡议的实施，为促进全球经济发展和实现共同繁荣做出新的贡献。

知识链接

1. Incoterms 简介

Incoterms（《国际贸易术语解释通则》）是国际贸易中应用最为广泛的国际规则，主要划分买卖双方各自需履行的义务、风险转移点及需承担的费用等，致力于便利全球贸易活动，避免潜在的法律纠纷。

Incoterms 为国际贸易中最普遍使用的贸易术语提供了系统解释，以避免因各国不同解释而出现的不确定性，或至少在一定程度上减少这种不确定性。合同双方当事人之间互不了解对方国家的贸易习惯的情况时常出现，可能引起误解、争议和诉讼，从而浪费时间和费用。为解决这些问题，国际商会（ICC）于 1936 年首次公布了一套解释贸易术语的国际规则，名为 Incoterms1936，以后又于 1953 年、1967 年、1976 年、1980 年、1990 年、2000 年、2010 年和 2020 年分别进行了补充和修订。这些规则为适应当时国际贸易的发展情况而制定。

第一，Incoterms 只涉及销售合同中买卖双方的关系。Incoterms 涵盖的范围只限于销售合同当事人的权利义务中与已售货物交货有关的事项。当双方当事人同意使用某一个具体的贸易术语时，将不可避免地对合同产生影响。

例如，当卖方同意在合同中使用 CFR 和 CIF 术语时，就只能以海运方式履行合同。因为在这两个术语下卖方必须向买方提供提单或其他海运单据，而如果使用其他运输方式，这些要求是无法满足的。

第二，Incoterms 涉及为当事方设定的若干特定义务。如卖方将货物交给买方处置，或将货物交运或在目的地交货的义务，以及当事双方之间的风险划分。

第三，Incoterms 没有涵盖完整的销售合同标准条款或商定条款。Incoterms 涉及货物进口和出口清关、货物包装的义务、买方受领货物的义务，以及提供证明各项义务得到完整履行的义务。尽管 Incoterms 对于销售合同的执行有着极为重要的意义，但并未涉及销售合同中可能引起的许多问题，如货物所有权和其他产权的转移、违约、违约行为的后果以及某些情况下的免责等。通常，Incoterms 不涉及违约的后果或由于各种法律阻碍导致的免责事项，这些问题必须通过销售合同中的其他条款和适用的法律来解决。

2. Incoterms® 2020

2019 年 9 月 10 日，国际商会（ICC）正式向全球发布《国际贸易术语解释通则 2020》（Incoterms® 2020），新发布的通则于 2020 年 1 月 1 日正式生效。

Incoterms® 2020 在贸易术语分类与种类上整体与 Incoterms® 2010 保持一致，有 4 组 11 种贸易术语，只是将 Incoterms® 2010 中指定终点站交货（DAT, Delivered at Terminal）改成了指定目的地未卸货交货（DPU, Delivered at Place Unloaded），使交货地点不再局限于终点站。

Incoterms® 2020 通则对每种贸易术语的解释从形式上和内容上都做了积极改变，其中对买卖双方影响较大的有以下几点。

（1）明确列明买卖双方所要分担的费用项目

Incoterms® 2010 只是在每种贸易术语的 A6/B6 费用划分部分笼统强调卖方需要分担交货之前的一切费用，买方需要分担交货之后的一切费用，但是并没有明确列明买卖双方各自要分担的具体费用项目。因此费用问题成为 Incoterms® 2010 下买卖双方、承运人及货运代理人经常出现争议的问题。为了解决费用争议问题，Incoterms® 2020 通则在每种贸易术语的 A9/B9 费用分担部分明确列明买卖双方各自要分担的费用项目（详见表 1-1-1），同时强调如果由对方代己方办理进出口相关事宜并产生相应费用，己方需要补偿对方的代办费用。

表 1-1-1　Incoterms® 2020 下买卖双方费用分担情况

费用明目及参考金额		贸易术语	适合任何运输方式及多式联运贸易术语							适合水上运输贸易术语			
			EXW	FCA	CPT	CIP	DAP	DPU	DDP	FAS	FOB	CFR	CIF
出口国(地区)费用	出口产品包装费用(每托)	30-50	卖方	卖方	卖方	卖方	卖方	卖方	卖方	卖方	卖方	卖方	卖方
	起运地装车费用	150-300	买方	卖方	卖方	卖方	卖方	卖方	卖方	卖方	卖方	卖方	卖方
	到指定地点前程运输费	实收	买方	卖方/买方	卖方	卖方	卖方	卖方	卖方	卖方	卖方	卖方	卖方
	报关费	100-150	买方	卖方	卖方	卖方	卖方	卖方	卖方	卖方	卖方	卖方	卖方
	订舱费	250-450	买方	买方	卖方	卖方	卖方	卖方	卖方	买方	卖方	卖方	卖方
	装运港码头操作费	600-750	买方	买方	卖方	卖方	卖方	卖方	卖方	买方	卖方	卖方	卖方
	提箱费	100-150	买方	买方	卖方	卖方	卖方	卖方	卖方	买方	卖方	卖方	卖方
	场站费	100-200	买方	买方	卖方	卖方	卖方	卖方	卖方	买方	卖方	卖方	卖方
	船公司文件费	300-500	买方	买方	卖方	卖方	卖方	卖方	卖方	买方	卖方	卖方	卖方
	舱单录入费	50-150	买方	买方	卖方	卖方	卖方	卖方	卖方	买方	卖方	卖方	卖方
	VGM称重费	100-200	买方	买方	卖方	卖方	卖方	卖方	卖方	买方	卖方	卖方	卖方
	VGM发送费	10-50	买方	买方	卖方	卖方	卖方	卖方	卖方	买方	卖方	卖方	卖方
	EDI费	10-50	买方	买方	卖方	卖方	卖方	卖方	卖方	买方	卖方	卖方	卖方
	安保费	10-30	买方	买方	卖方	卖方	卖方	卖方	卖方	买方	卖方	卖方	卖方
	设备管理费	20-20	买方	买方	卖方	卖方	卖方	卖方	卖方	买方	卖方	卖方	卖方
	装运港货代操作费	0-500	买方	买方	卖方	卖方	卖方	卖方	卖方	买方	卖方	卖方	卖方
	装船费	实收	买方	买方	卖方	卖方	卖方	卖方	卖方	买方	卖方	卖方	卖方
主运费	国际运输主运费	实收	买方	买方	卖方	卖方	卖方	卖方	卖方	买方	买方	卖方	卖方
保险费	国际货物运输保险	保额1‰	N/A	N/A	N/A	卖方	N/A	N/A	N/A	N/A	N/A	N/A	卖方
进口国(地区)费用	目的港货代操作费	实收	买方	买方	买方	买方	卖方	卖方	卖方	买方	买方	买方	买方
	目的港码头操作费	实收	买方	买方	买方	买方	卖方	卖方	卖方	买方	买方	买方	买方
	安全申报费用(AMS,ENS)	200-300	买方	买方	买方	买方	卖方	卖方	卖方	买方	买方	买方	买方
	进口报关费	实收	买方	买方	买方	买方	买方	买方	卖方	买方	买方	买方	买方
	进口关税及税款	实收	买方	买方	买方	买方	买方	买方	卖方	买方	买方	买方	买方
	转运到最终目的地费用	实收	买方	买方	买方	买方	买方	买方	卖方	买方	买方	买方	买方
	最终交货点卸货费用	实收	买方	买方	买方	买方	买方	卖方	卖方	买方	买方	买方	买方

其中：N/A代表2020通则中没有明确约定，通常由分担风险的一方办理；实收代表需与服务商确认具体费用。

表 1-1-1 结合 Incoterms® 2020 相应规定及实际工作需要，列明了不同贸易术语下买卖双方需要分担的费用项目及出口国（地区）费用金额（人民币金额）。其中，出口国（地区）费用金额可能因货物种类、数量以及承运人、货运代理人的不同而不同，仅供参考。实务工作中要以承运人、货运代理人等服务商的报价为准。安全申报有时会由卖方代买方办理，所以也列出费用金额供参考。FCA 术语下从启运地到指定地点前程运输费用视其后面约定的交货地点而定，如果约定交货地点就是指定地点，则此费用由卖方承担；如果约定交货地点是在卖方营业处所，则此费用由买方承担。

（2）明晰 FCA 贸易术语下需要海运提单的问题

在 Incoterms® 2010 下，以 FCA 术语成交且需要海运时，卖方将货物交给买方指定的承运人照管时即完成交货，承运人此时签发货物收据或是收妥备运提单即可，而不是必须要签发海运提单。尽管实务中卖方可以要求承运人在货物实际装船后签发海运提单，以便于信用证结算业务中的交单工作或者其他目的，但是在没有明文规定的情况下，签发何种运输单据终究还是要受承运人及其委托人买方的限制。这也是 Incoterms® 2010 中明确说明 FOB 术语不适合海运集装箱运输时，卖方（包括经验丰富的卖方）仍然采用 FOB 术语成交的一个主要原因，因为 FOB 术语下承运人签发海运提单是优先选项，在某种意义上是承运人的责任与义务，而 FCA 术语则不同。在 Incoterms® 2020 下这一问题得到了解决，根据其对 FCA 术语解释中 B6 交货及运输单据部分的说明，买卖双方在交易合同中或是信用证中约定卖方需要提交已装船海运提单时，买方必须（Must）自行分担费用及风险指示其承运人出具海运提单，以便于卖方随同其他装运单据一同交给银行或是买方完成收汇工作。据此，FCA 术语下出具海运提单成为承运人及其指定人买方的一项义务，而不是之前的配合出具，使 FCA 术语真正满足了集装箱海运且需要出具海运提单的需要。

（3）CIP 贸易术语下默认投保险别提高

Incoterms® 2020 下将 CIP 贸易术语的默认投保险别从 Incoterms® 2010 下的最低险别提高到最高险别，即由协会货物保险条款 C 险或是人民保险公司的平安险提高到对应的 A 险或是一切险。

3. 贸易术语

Incoterms® 2020 的国际贸易术语分成 2 类、4 组、11 个贸易术语。

2 类：适用于任何运输方式（EXW、FCA、CPT、CIP、DAP、DPU 和 DDP）；仅适用海运（FOB、FAS、CFR 和 CIF）。

4 组：C 组（CPT、CIP、CFR 和 CIF）、D 组（DAP、DPU 和 DDP）、E 组（EXW）、F 组（FOB、FCA 和 FAS）。

11 个贸易术语：EXW、FOB、FAS、FCA、CFR、CIF、CPT、CIP、DAP、DPU 和 DDP。

（1）EXW（工厂交货）

由销售方在其工厂所在地或其他指定地点准备好货物并交付给采购方。采购方承担货物交付后至采购方工厂所在地期间的所有费用和风险。

①交付地点：销售方所在地的工厂仓库或其指定地。

②供应商承担：

费用：将货物装至采购方指定运输车辆上的搬卸费。

风险：无风险。

其他文件手续：协助采购方办理出口、进口海关所需的一切文件，如商业发票、装箱单、原产地证明、有害物质清单等。

③采购方承担：

费用：货物交付后的一切费用，如运输费、保险费、出口关税和进口关税等。

风险：货物交付后的一切风险，如货物灭失被盗、限制出口或进口等。

（2）FOB（装运港船上交货）

由销售方将货物交付至采购方指定的船上。货物灭失或损坏的风险在货物交到船上时发生转移，同时，买方承担转船后的一切费用。

①交付地点：装运港的船上。

②供应商承担：

费用：工厂仓库至装运港的船上期间的运输费、装卸费、出口关税。

风险：工厂仓库至装运港的船上期间的一切风险。

其他文件手续：需准备出口所需的一切文件，如商业发票、装箱单、原产地证明、有害物质清单等。

③采购方承担：

费用：货物交付后的一切费用，如运输费、保险费、进口关税等。

风险：货物交付后的一切风险，如货物灭失被盗、限制进口等。

(3) FAS（装运港船边交货）

由销售方将货物交付至采购方指定的船边。货物灭失或损坏的风险在货物交到船上时发生转移，同时，买方承担自那时起的一切费用。

①交付地点：销售方所在地装运港的船边。

②供应商承担：

费用：工厂仓库至装运港的船边装卸码头期间的运输费、装卸费、出口关税。

风险：工厂仓库至装运港的船边装卸码头期间的一切风险。

其他文件手续：需准备出口所需的一切文件，如商业发票、装箱单、原产地证明、有害物质清单等。

③采购方承担：

费用：货物交付后的一切费用，如运输费、保险费、进口关税等。

风险：货物交付后的一切风险，如货物灭失被盗、限制进口等。

(4) FCA（货交承运人）

由销售方将货物交付至采购方指定承运人的仓库或其指定地点。采购方承担货物交付后至采购方工厂所在地期间的所有费用和风险。

①交付地点：销售方所在地指定承运人的仓库或其指定地点，承运人通常为第三方货运代理人。

②供应商承担：

费用：工厂仓库至指定承运人的仓库或其指定地点期间的运输费、装卸费、出口关税。

风险：工厂仓库至指定承运人的仓库或其指定地点期间的一切风险。

其他文件手续：需准备出口所需的一切文件，如商业发票、装箱单、原产地证明、有害物质清单等。

③采购方承担:
费用:货物交付后的一切费用,如运输费、保险费和进口关税等。
风险:货物交付后的一切风险,如货物灭失被盗、限制进口等。

(5) CFR(成本加运费)

由销售方将货物交付至装运港船上,并支付工厂仓库至采购方目的港码头的运输费用。采购方承担货物交付后至采购方工厂所在地期间的部分费用和风险。

①交付地点:销售方所在地装运港船上。
②供应商承担:
费用:工厂仓库至采购方目的港码头的运输费用、出口关税。
风险:工厂仓库至装运港船上的一切风险。
其他文件手续:需准备出口所需的一切文件,如商业发票、装箱单、原产地证明、有害物质清单等。
③采购方承担:
费用:货物交付后的一切费用,但不包含销售方已支付的运输费用,如部分运输费、保险费、进口关税等。
风险:货物交付后的一切风险,如货物灭失被盗、限制进口等。

(6) CIF(成本、保险费加运费)

由销售方将货物交付至装运港船上,并支付工厂仓库至采购方目的港码头的保险费和运输费用。采购方承担货物交付后至采购方工厂所在地期间的部分费用和风险。

①交付地点:销售方所在地装运港的船上。
②供应商承担:
费用:工厂仓库至采购方目的港码头的保险费和运输费用、出口关税。
风险:工厂仓库至装运港的船上的一切风险。
其他文件手续:需准备出口所需的一切文件,如商业发票、装箱单、原产地证明、有害物质清单等。
③采购方承担
费用:货物交付后的一切费用,但不包含供应商已支付的保险费和运输费用,如部分运输费、部分保险费、进口关税等。
风险:货物交付后的一切风险,如货物灭失被盗、限制进口等。
补充说明:虽然销售方支付了至目的港的保险费和运输费用,但实际的交付地点并没有延长至采购方所在地的目的港,采购方需要承担交付后的一切风险和部分费用。

（7）CPT（成本加运费付至）

由销售方将货物交付至采购方指定承运人的仓库或其指定地点，并支付工厂仓库至采购方所在的目的地的运输费用。采购方承担货物交付后至采购方工厂所在地期间的费用和风险。

①交付地点：销售方所在地指定承运人的仓库或其指定地点，承运人通常为第三方货运代理人。

②供应商承担：

费用：工厂仓库至采购方所在的目的港期间的运输费用、出口关税。

风险：工厂仓库至指定承运人的仓库或其指定地点期间的一切风险。

其他文件手续：需准备出口所需的一切文件，如商业发票、装箱单、原产地证明、有害物质清单等。

③采购方承担：

费用：货物交付后的一切费用，但不包含销售方已支付的费用，如进口关税等。

风险：货物交付后的一切风险，如限制进口等。

（8）CIP（成本、运费加保险费付至）

由销售方将货物交付至采购方指定承运人的仓库或其指定地点，并支付工厂仓库至采购方所在的目的地的保险费和运输费用。采购方承担货物交付后至采购方工厂所在地期间的费用和风险。

①交付地点：销售方所在地指定承运人的仓库或其指定地点，承运人通常为第三方货运代理人。

②供应商承担：

费用：工厂仓库至采购方所在的目的港期间的保险费和运输费用、出口关税。

风险：工厂仓库至指定承运人的仓库或其指定地点期间的一切风险。

其他文件手续：需准备出口所需的一切文件，如商业发票、装箱单、原产地证明、有害物质清单等。

③采购方承担：

费用：货物交付后的一切费用，如进口关税等。

风险：货物交付后的一切风险，如限制进口。

（9）DAP（目的地交货）

由销售方将货物交付至目的地。卖方承担将货物运送到指定目的地或该指定目的地内的约定交货点的一切风险。

①交付地点：指定目的地。

②供应商承担：

费用：工厂仓库至采购方所在地期间的一切费用、出口关税。

风险：工厂仓库至采购方所在地期间的一切风险。

其他文件手续：需准备出口所需的一切文件，如商业发票、装箱单、原产地证明、有害物质清单等。

③采购方承担：

费用：进口关税、货物到达后的卸货费等。

风险：无。

（10）DPU（目的地卸货后交货）

由销售方将货物交付至目的地，并承担卸货费。卖方承担将货物运送到指定目的地以及卸载货物的一切风险。

①交付地点：指定目的地。

②供应商承担：

费用：工厂仓库至目的地期间的一切费用、卸货费和出口关税。

风险：货物运送到指定目的地以及卸载货物的一切风险。

其他文件手续：需准备出口所需的一切文件，如商业发票、装箱单、原产地证明、有害物质清单等。

③采购方承担：

费用：进口关税。

风险：无。

（11）DDP（完税后交货）

由销售方将货物交付至指定目的地，并支付进口关税。卖方承担将货物运送到指定目的地或指定目的地内约定交货点的一切风险。

①交付地点：指定目的地。

②供应商承担：

费用：工厂仓库至指定目的地的一切费用、出口关税、进口关税。

风险：承担将货物运送到指定目的地或指定目的地内约定交货点的一切风险。

其他文件手续：需准备出口所需的一切文件，如商业发票、装箱单、原产地证明、有害物质清单等。

③采购方承担：

费用：无。

风险：无。

总体而言，采购方在EXW条款下需要承担最大的费用和风险，在DDP

条款下承担最小的费用和风险。对于销售方而言，在 EXW 条款下需要承担最小的费用和风险，在 DDP 条款下承担最大的费用和风险。贸易术语必须后缀具体的交付地点名称才是完整的，例如 EXW DONGGUAN，CIF HONGKONG，DDP BEIJING 等。

  拓展阅读

《国际贸易术语解释通则 2020》6 大关键更新

The International Chamber of Commerce ("ICC") has announced the publication of Incoterms 2020. This is the first update to Incoterms since they were last revised in 2010. The new rules become effective from 1 January 2020.

国际商会（"ICC"）正式公布了 2020 年版的《国际贸易术语解释通则》。这是现行《国际贸易术语解释通则》自 2010 年生效以来进行的第一次修订。新修订的《国际贸易术语解释通则》自 2020 年 1 月 1 日起生效。

Incoterms detail the obligations of the parties as well as the allocation of risk and cost in a trade contracted on three-letter trade terms (such as CIF and FOB). Incoterms are distinct from the meaning of the same three-letter trade terms at common law, and Incoterms will only apply if they are incorporated into the contract (usually by reference).

《国际贸易术语解释通则》对采用国际贸易术语（如"CIF"和"FOB"）订立的合同中各方主体的义务、风险和费用成本的承担进行了详细的解释。值得注意的是，《国际贸易术语解释通则》中对国际贸易术语的解释和普通法下的解释有所不同，只有在明确约定适用《国际贸易术语解释通则》的情况下，《国际贸易术语解释通则》中的贸易术语才会适用。

The revisions to the rules have been produced by the ICC Drafting Group, which was made up of eight members from Australia, China, EU member states, Turkey, and the USA. Incoterms 2020 contain six significant changes from Incoterms 2010：

此次公布的《国际贸易术语解释通则》由 ICC 起草小组进行修订，该起草小组的 8 名成员分别来自中国、美国、欧盟成员、澳大利亚和土耳其。与《国际贸易术语解释通则 2010》相比，新修订的版本主要在以下 6 个方面进行了改动，具体而言：

模块一 认识外贸单证和单证岗位

(1) FCA 术语下就提单问题引入了新的附加机制

The FCA rule now contains an additional element relating to bills of lading. Under this option, the buyer and seller agree that the buyer's carrier will issue an on-board bill of lading to the seller after loading, which the seller will then tender to the buyer (likely through the banking chain). A problem with the old FCA rule was that it ended before the loading of the goods, which prevented the seller from obtaining an on-board bill of lading. However, bills of lading are generally required by banks under letters of credit and therefore the FCA rule was revised to take account of this market reality.

修订后的《国际贸易术语解释通则》中 FCA 术语下就提单问题引入了新的附加机制。根据该新引入的附加选项，买方和卖方同意买方指定的承运人在装货后将向卖方签发已装船提单，然后再由卖方向买方做出交单（可能通过银行链）。现行的 FCA 术语中存在的一个主要问题是该术语的效力在货物装船前就已经随货交承运人而截止，这就导致卖方无法获得已装船提单。但是在一般情况下，已装船提单是银行在信用证项下的常见单据要求，因此对 FCA 规则的修订充分考虑到这一市场上的实际情况。

(2) 每一个贸易术语都提供了"一站式费用清单"

Costs are now consistently listed in A9 (seller's obligations) and B9 (buyer's obligations), providing a "one-stop list of costs" for each rule. This new consolidated costs section appears in addition to the allocation of cost under the relevant obligation. For example, in an FOB sale, the costs involved in obtaining the delivery/transport document appear in both A6/B6 and A9/B9.

各个贸易术语项下买卖双方的费用承担在 A9（卖方承担）和 B9（买方承担）中详细载明，该部分为每一个贸易术语都提供了"一站式费用清单"。即除了在具体规定有关义务的条款中对承担该义务产生的费用成本进行分配以外，还新加入将买方卖方各自承担的费用成本一并汇总的部分。例如，在 FOB 贸易术语项下，取得交付或运输相关单据产生的成本除在说明该项义务的 A6/B6 部分载明外，在汇总费用承担的 A9/B9 部分也有载明。

(3) CIF 和 CIP 术语中的最低保险范围的规定也有所不同

The level of minimum insurance in CIF and CIP terms has diverged. CIF terms continue to require the seller to obtain cargo insurance complying with Clauses (C) of the LMA/IUA Institute Cargo Clauses. However, in CIP trades the level of minimum insurance has been increased to that complying with Clauses (A) of the Institute Cargo Clauses (meaning "all risks" cover, subject to exclusions).

CIF 和 CIP 术语中的最低保险范围的规定也有所不同。CIF 术语继续要求卖方购买符合 LMA/IUA《协会货物保险条款》（C）条款要求的货物保险。但是，在适用 CIP 术语的贸易中，最低保险范围已经提高到《协会货物保险条款》（A）条款的要求（即"一切险"，不包括除外责任）。

（4）买卖双方可以使用自有运输工具

Provision has been made for the seller or buyer to employ their own means of transportation rather than employing a third party carrier, as was assumed in the Incoterms 2010. The changes are reflected in the FCA, DAP, DPU and DDP rules.

当采用 FCA、DAP、DPU 和 DPP 术语进行贸易时，买卖双方可以使用自有运输工具，而不再像《国际贸易术语解释通则 2010》那样推定使用第三方承运人进行运输。

（5）DAT 术语被重命名为 DPU

The DAT (Delivered at Terminal) rule has been renamed DPU (Delivered at Place Unloaded). This is to reflect that the destination can be any place and not just a terminal.

DAT (Delivered at Terminal) 术语已被重新命名为 DPU (Delivered at Place Unloaded)。这是为了反映作为目的地的交货地点可以是任何地方而不仅仅是终点。

（6）A4 和 A7 明确规定了与安全有关的义务分配规则

An express allocation of security-related obligations has been added to A4 and A7 of each Incoterm, the costs of which are included in A9/B9. For example, A4 of the FOB Incoterm states "The seller must comply with any transport-related security requirements up to delivery". These provisions reflect the increasing prevalence of concerns relating to security in international trade.

每个国际贸易术语项下的 A4 和 A7 部分都明确规定了与安全有关的义务的分配规则，为履行该义务产生的费用的承担方式也在 A9/B9 部分载明。例如，FOB 术语项下的 A4 部分载明"卖方必须遵守任何与运输安全有关的要求，直至交付"。这些规定反映了当前国际贸易领域对安全问题日益增长的关注。

A further change which runs throughout the document is purely cosmetic. The ICC has attempted to make the rules clearer than ever, with introductory and explanatory notes as well as changes in the order and layout of the rules. The motivation behind this change is apparently to encourage users to employ the most appropriate trade term for their particular trade, in particular to discourage the use of maritime terms for non-maritime trade.

新版《国际贸易术语解释通则》中其余部分的规定较现行版本并未有实质性变化。在此次修订中，国际商会旨在通过对各个贸易术语项下规则的介绍性和解释性说明，以及对排版和术语排列顺序的变化使各个术语的内容更加清晰明确，进而鼓励使用者根据其所从事的贸易采用最合适的贸易术语，尤其是避免在非海运贸易中使用海运术语。

4. 外贸法律法规

为保证国际贸易能够顺利进行，使国际贸易得到法律的承认与保护，国际贸易业务必须符合法律规范。但由于国际贸易当事人一般身处不同国家或地区，具有不同的法律与制度，因此，国际贸易所适用的法律法规有较大差异。概括起来说，国际贸易所适用的法律法规及规范主要有：国际条约、国际贸易惯例、国内法等。

我国外贸法律法规是指国家在调整对外贸易活动中形成的对外贸易管理关系和对外贸易合作关系的法律规范的总称。组成我国对外贸易法的法律规范应当是综合的、多种类的，广义的对外贸易法包括我国的相关外贸立法以及一部分国际条约，如双边、多边贸易条约或协定、对外贸易管理法以及国际贸易争端法律。狭义的对外贸易法就是《中华人民共和国对外贸易法》。《中华人民共和国对外贸易法》于1994年7月1日生效，2022年12月30日第十三届全国人大常委会第三十八次会议经表决，通过了关于修改对外贸易法的决定，删去《中华人民共和国对外贸易法》第九条关于对外贸易经营者备案登记的规定。根据决定，自2022年12月30日起，各地商务主管部门停止办理对外贸易经营者备案登记。

我国有关国际贸易的法律法规主要有《中华人民共和国民法典》《中华人民共和国海商法》《中华人民共和国票据法》《中华人民共和国对外贸易法》《中华人民共和国海关法》《中华人民共和国进出口商品检验法》等。

 课后阅读

广州外贸兴衰史

广州，中国南部最大的城市之一，历史悠久，曾是行政和贸易的中心。

广州外贸在明清时期已经有了显著的发展。从明嘉靖二年开始，因"争贡之役"，海禁严厉，废除了泉州、宁波市舶司，只保留了广州市舶司，使广州成为全国对外贸易的唯一口岸。清朝实行海禁政策，广州又成为唯一的外

贸口岸，这种状况一直持续到1842年《南京条约》签订为止。

中华人民共和国成立初期，西方对中国实行封锁政策，这使得广州的外贸活动几乎停止。1978年中国实行改革开放，这一现象得到改善。这时，广州凭借着对外开放政策、优越的地理位置，再一次成了对外开放的桥头堡。

改革开放后，广州外贸发展迅速，成为中国对外贸易的重要口岸之一。特别是随着中国加入世界贸易组织，广州进一步扩大开放力度，加强国际交流与合作，对外贸易总量不断攀升。

党的二十大以来，广州积极推动对外贸易高质量发展。广州敞开胸怀，实施更加积极主动的开放战略，高水平建设国际交往中心，用更加开放的姿态参与国际竞合，对外讲好广州故事、湾区故事、中国故事。广州在全球城市体系中的地位不断攀升，国际影响力、吸引力显著增强。

课外实训

2023年9月，苏州A进出口公司与某国设在中国上海的外商独资企业B公司在苏州签订一份货物买卖合同，合同规定，由B公司向A公司出售一批移动电信设备，总金额为200万美元，交货地点在A公司设在上海的仓库。合同进一步规定，双方当事人如因在合同履行过程中发生争议，可进行友好协商解决；如协商未果，则自愿提交中国国际经济贸易仲裁委员会上海分会仲裁，其结果为终局性的，对双方均产生约束力，并明确双方所适用的法律为《联合国国际货物销售合同公约》。

思考：双方当事人对上述合同条款所做出的法律适用方面的选择是否恰当？

任务2　掌握进出口贸易的基本业务流程

随着"一带一路"倡议和《区域全面经济伙伴关系协定》（以下简称RCEP）的逐步落实，我国外贸格局和全球排名都发生了重大变化。在贸易便利化政策的鼓励下，我国外贸模式不断创新，特别是跨境贸易电子商务引领线上与线下业务整合，以技术驱动的贸易新模式已把我国外贸实践带到了发展新阶段。

在此情形下，公司计划开展新型贸易业务试点，陈主任让小李收集新型外贸模式的相关政策和行业数据。

任务要求

1. 5~6 人为一组，以小组为单位，收集跨境贸易电子商务和市场采购贸易的相关政策和行业数据，并与传统外贸进出口流程进行比较。

2. 每组确定细分选题，整理收集的内容，提炼要点做成 PPT 文档，并在课堂上分组交流。

知识链接

1. 跨境贸易电子商务

（1）跨境贸易电子商务定义

跨境贸易电子商务是指分属不同关境的交易主体，通过电子商务平台达成交易、进行电子支付结算，并通过跨境电商物流及异地仓储送达商品，从而完成交易的一种国际商业活动。

（2）我国跨境贸易电子商务发展

我国的跨境电商平台经历了不同的阶段，从最初的试点到现在的快速发展，成为全球领先的跨境电商市场之一。

①第一阶段：试点

2009 年，我国开始试点跨境电商业务。当时只有一些大型电商企业能够参与试点。试点期间，我国跨境电商平台主要集中在个人代购和淘宝等平台上。这一阶段的跨境电商业务主要是个人之间的交易，规模非常有限。

②第二阶段：爆发

2013 年至 2014 年，我国跨境电商平台进入了爆发期。国家政策的支持和电商企业的发展带动了跨境电商平台的快速发展。这一阶段，我国跨境电商平台的规模快速扩大，涉及的商品种类也越来越多，从服装鞋帽到家居用品、数码电器、美妆护肤等各种消费品都有涉及。

③第三阶段：规范

2015 年至 2016 年，我国跨境电商平台进入了规范期。国家政策的调整和市场的自我净化，使跨境电商平台的规模和质量得到了提升。这一阶段，跨境电商平台开始注重产品质量和售后服务，加强监管和自我约束，提高消费者满意度。同时，政府加强对跨境电商平台的监管，加大对假冒伪劣商品的打击力度。

④第四阶段：跨境+

2017 年至今，我国跨境电商平台进入了跨境+期。随着全球经济的不断发展和国际交流的加强，我国跨境电商平台开始向全球化发展。这一阶段，跨境电商平台开始拓展海外市场，开辟直邮、保税、海外仓等多种模式，以满足海外消费者的需求。同时，跨境电商平台也开始与国内企业合作，引进国外优质产品，以丰富国内消费者的选择。

（3）跨境贸易电子商务特征

①全球性

跨境电子商务依附于网络，具有全球性和非中心化的特性。任何人只要具备了一定的技术手段，在任何时候、任何地方都可以让信息进入网络，相互联系进行交易。跨境电子商务是基于虚拟的网络空间展开的，打破了传统交易方式下的地理因素要素的约束，跨境电子商务中的制造商可以隐匿其实际位置。例如，通过亚马逊网站，世界各地供应商可以在互联网上销售其商品和服务，消费者只需接入互联网就可以完成交易。

②可追踪性

跨境电子商务在整个交易过程中，议价、下单、物流、支付等信息都会有记录，消费者可以实时追踪自己的商品发货状态和运输状态。例如，对跨境进口商品，我国对跨境电商企业建立了源头可追溯、过程可控制、流向可追踪的闭环检验、检疫监管体系，这样既提高了通关效率，又保障了进口商品的质量。

③无纸化

跨境电子商务主要采取无纸化操作的方式，电子计算机通信记录取代了一系列的纸面交易文件，用户主要发送或接收电子信息。电子信息以字节的形式存在和传送，使整个信息发送和接收过程实现了无纸化。

④多边化

跨境电子商务整个贸易过程的信息流、商流、物流、资金流已经由传统的双边逐步向多边的方向演进，呈网状结构。跨境电商可以通过 A 国的交易平台、B 国的支付结算平台、C 国的物流平台，实现与国家间的直接贸易。跨境电子商务从链条逐步进入网状时代，中小微企业不再简单依附于单向的交易或是跨国大企业的协调，而是形成一种互相动态链接的生态系统。

⑤透明化

跨境电子商务不仅可以通过电子商务交易与服务平台，实现多国企业之间、企业与最终消费者之间的直接交易，而且在跨境电子商务模式下，供求双方的贸易活动可以采取标准化、电子化的合同、提单、发票和凭证，使得各种相关单证在网上即可实现瞬间传递，增加贸易信息的透明度，减少信息不对称造成的贸易风险。这将传统贸易中一些重要的中间角色被弱化甚至替代了,使国际贸易供应链更加扁平化,形成了制造商和消费者的"双赢"局面。

(4) 跨境电子商务主要类型

跨境电子商务包含了较多的要素,主要有交易对象、交易渠道、货物流通、监管方式、资金交付、信息和单据往来等多个方面,按照这些要素的不同,可以将跨境电子商务分为不同的类型。

按照交易对象的不同,可以分为 B2B、B2C、C2C、B2G 几类。B2B,即企业与企业之间的跨境电子商务,主要应用于企业之间的采购与进出口贸易等;B2C,即企业与消费者个人之间的跨境电子商务,主要应用于企业直接销售或消费者全球购活动;C2C,即消费者之间的跨境电子商务,主要应用于消费者之间的个人拍卖等行为;B2G 主要是企业与政府之间的跨境电子商务,主要应用于政府采购,但目前进行跨境采购要受到各国(地区)诸多法规的限制。

按照交易渠道的不同,当前主要有 EDI(电子数据交换)、互联网两种方式。EDI 即以电子数据交换的方式进行跨境电子商务,20 世纪 70 年代以来,国际组织一直在推动有关数据传输标准和安全等技术的发展,EDI 目前已经较为成熟,主要应用于企业与企业之间的电子商务活动,但由于 EDI 对企业数据的标准化程度及软硬件的要求较高,必须租用专线,因而随着互联网的普及,利用互联网进行跨境交易越来越普遍,尤其是在中小企业。但在大型企业中,EDI 还广泛存在。

此外,按照货物流通方向的不同,可以分为进口跨境电子商务和出口跨境电子商务;按照海关监管方式的不同,主要分为一般跨境电子商务和保税跨境电子商务。而一般跨境电子商务主要用于一般进出口货物,大多是小额进出口货物,而保税跨境电子商务主要用于保税进出口货物,二者在通关手续等方面有明显不同。

(5) 跨境电商流程

我国跨境电商监管代码主要有 9610、9710、9810、1210 和 1239 等。不同监管代码具有不同的操作流程。

以 9610 海关监管场所查验操作流程为例,海关监管场所是指海关对出入境物品进行查验和监管的场所。操作流程主要包括物品申报、查验和监管 3 个环节,流程详见图 1-1-1。

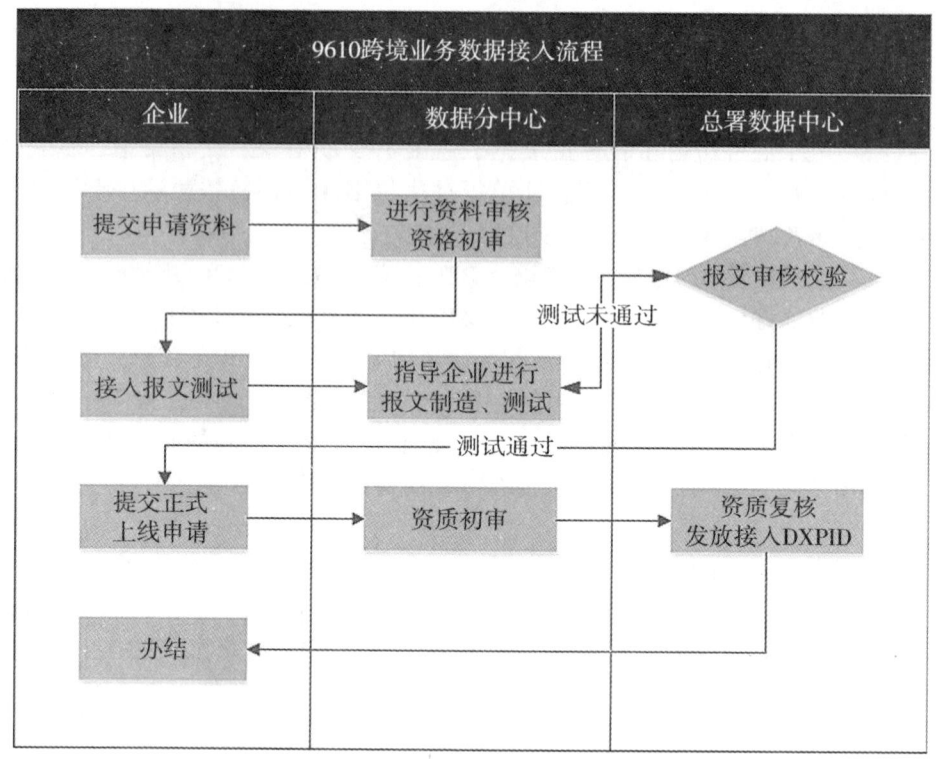

图 1-1-1　跨境电商 9610 模式流程

①申报环节。当物品进出口时,需要填写一份申报单,详细描述物品的种类、数量、规格、价值等信息。申报单上还需填写申报人、承运人等相关信息。

②查验环节。申报单在到达海关监管场所后,会进行登记并核对申报信息的准确性。

③监管环节。海关会根据查验结果对物品进行监管,包括放行、扣留或者追加征税等处理。放行的物品可以继续进出境,而扣留的物品需要进行进一步调查或等待相关手续办理完成后方可放行。对于需要征税的物品,海关会计算并收取相关税费。同时,海关还会在监管环节中对违反规定的物品进行处理,例如对假冒伪劣商品进行扣押或销毁。

2. 市场采购贸易

(1) 市场采购贸易定义

市场采购贸易方式(海关监管方式代码为 1039),是指由符合条件的经营者在经国家商务主管部门认定的市场集聚区内采购的、单票报关单商品货值 15 万美元以下（含 15 万美元）、在海关指定口岸办理出口商品通关手续的贸易方式。

（2）市场采购贸易的基本流程

①采购订货。境外采购商或其委托的外贸公司与市场经营户签订订单或购物清单，预付定金，并要求市场经营户在其指定的收货截止日前，将货物送至指定地点。

②委托收货。境外采购商委托外贸公司利用自有外贸仓库或租用外贸仓库验货收货。

③订仓装箱。外贸公司委托货代公司向船公司预订船期和仓位，并联系集卡，将多种货物组柜装箱。

④报检报关。外贸公司委托报检公司到检验检疫部门报检，并领取通关单，再委托报关公司报关。

⑤查验施封。在获得海关放行单后，将货物运至海关相关监管点接受查验（抽检）、施封。

⑥转关放行。将货物运至口岸海关（宁波、上海等），并在办理转关转检手续后，进入港区，装船出运。

⑦免税备案。外贸公司向国税部门提交资料，办理出口货物免税备案手续。

⑧办理结汇。外贸公司向外汇管理部门提交资料，办理结汇手续。

（3）市场采购贸易方式试点

市场采购贸易方式，是适应商品市场国际化发展建立的一种贸易方式。2013 年以来，商务部会同有关部门在浙江义乌等市场开展市场采购贸易方式试点，在业务流程、监管方式、信息化建设等方面先行先试，量身定制支持政策，实现了增值税免征不退、简化申报等政策突破，逐步形成一套较为适应的管理模式，市场采购贸易出口连续 7 年保持高速增长，年均增速 38.8%，有效激发了市场主体活力，提升了贸易便利化水平，带动了地方开放型经济发展。

截至 2024 年 1 月，我国已经批准了 6 批次的市场采购贸易试点，具体如下。

第 1 批：浙江义乌。

第 2 批：江苏海门叠石桥国际家纺城、浙江海宁皮革城。

第 3 批：江苏常熟服装城、广东广州花都皮革皮具市场、山东临沂商城工程物资市场、湖北武汉汉口北国际商品交易中心、河北白沟箱包市场。

第 4 批：浙江温州（鹿城）轻工产品交易中心、福建泉州石狮服装城、湖南高桥大市场、亚洲国际家具材料交易中心、广东中山利和灯博中心、四川成都国际商贸城。

第5批：辽宁西柳服装城、浙江绍兴柯桥中国轻纺城、浙江台州路桥日用品及塑料制品交易中心、浙江湖州（织里）童装及日用消费品交易管理中心、安徽蚌埠中恒商贸城、福建晋江国际鞋纺城、山东青岛即墨国际商贸城、山东烟台三站批发交易市场、河南中国（许昌）国际发制品交易市场、湖北宜昌三峡物流园、广东汕头宝奥国际玩具城、广东东莞大朗毛织贸易中心、云南昆明俊发·新螺蛳湾国际商贸城、深圳华南国际工业原料城、内蒙古满洲里满购中心（边贸商品市场）、广西凭祥出口商品采购中心（边贸商品市场）、云南瑞丽国际商品交易市场（边贸商品市场）。

第6批：天津王兰庄国际商贸城、河北唐山国际商贸交易中心、吉林珲春东北亚国际商品城、黑龙江绥芬河市青云市场、江西景德镇陶瓷交易市场、重庆市大足龙水五金市场、新疆阿拉山口亚欧商品城、新疆乌鲁木齐边疆宾馆商贸市场。

（4）市场采购贸易的优点

①免增值税，免征不退

一是解决市场商户"单小、货杂、品种多"的无票出口贸易；

二是为杜绝虚开增值税发票新增阳光通道。

②通关便利，简化申报

一是实行简化申报，货值最大的前5种商品，按货值从高到低在出口报关单上逐项申报；

二是其余商品以《中华人民共和国进出口税则》中"章"为单位进行归并，每章按价值最大商品的税号作为归并后的税号，货值、数量等也相应归并。

③收汇灵活，允许多主体收汇

一是允许市场采购贸易采用人民币结算；

二是允许出口外贸公司、市场供货商、境外采购商、采购中介等贸易主体开立外币结算账户，并根据贸易背景进行收汇结汇。

（5）市场采购贸易出口流程

市场采购贸易出口流程详见图1-1-2。

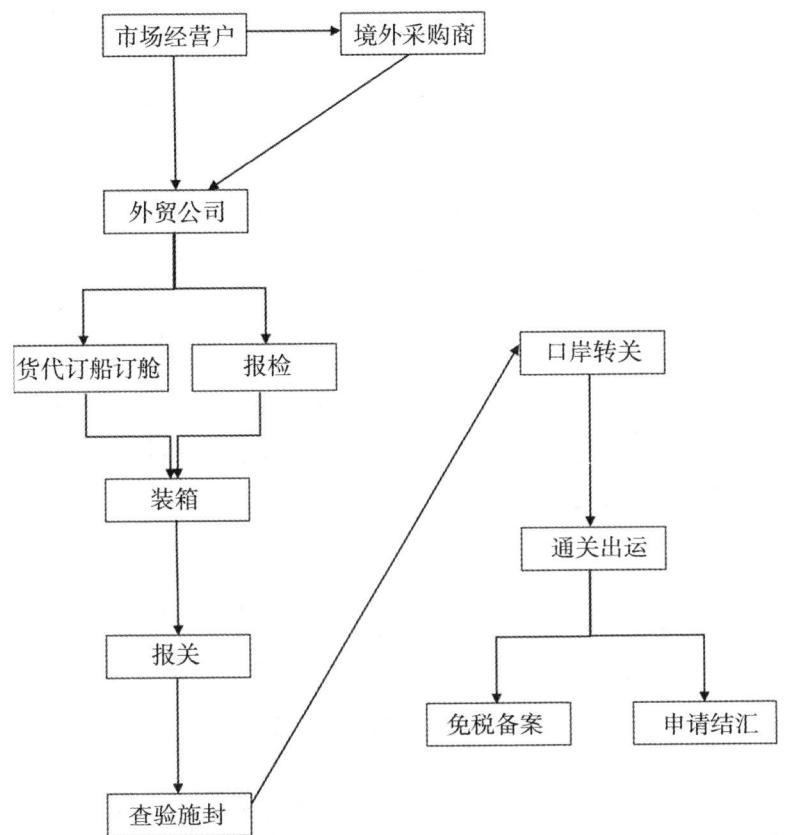

图 1-1-2 市场采购贸易出口流程

3. 传统外贸进出口流程

传统外贸进出口货物流程主要包括：报价、订货、付款方式、备货、包装、通关手续、装船、运输保险、提单、结汇等环节，详见图 1-1-3。

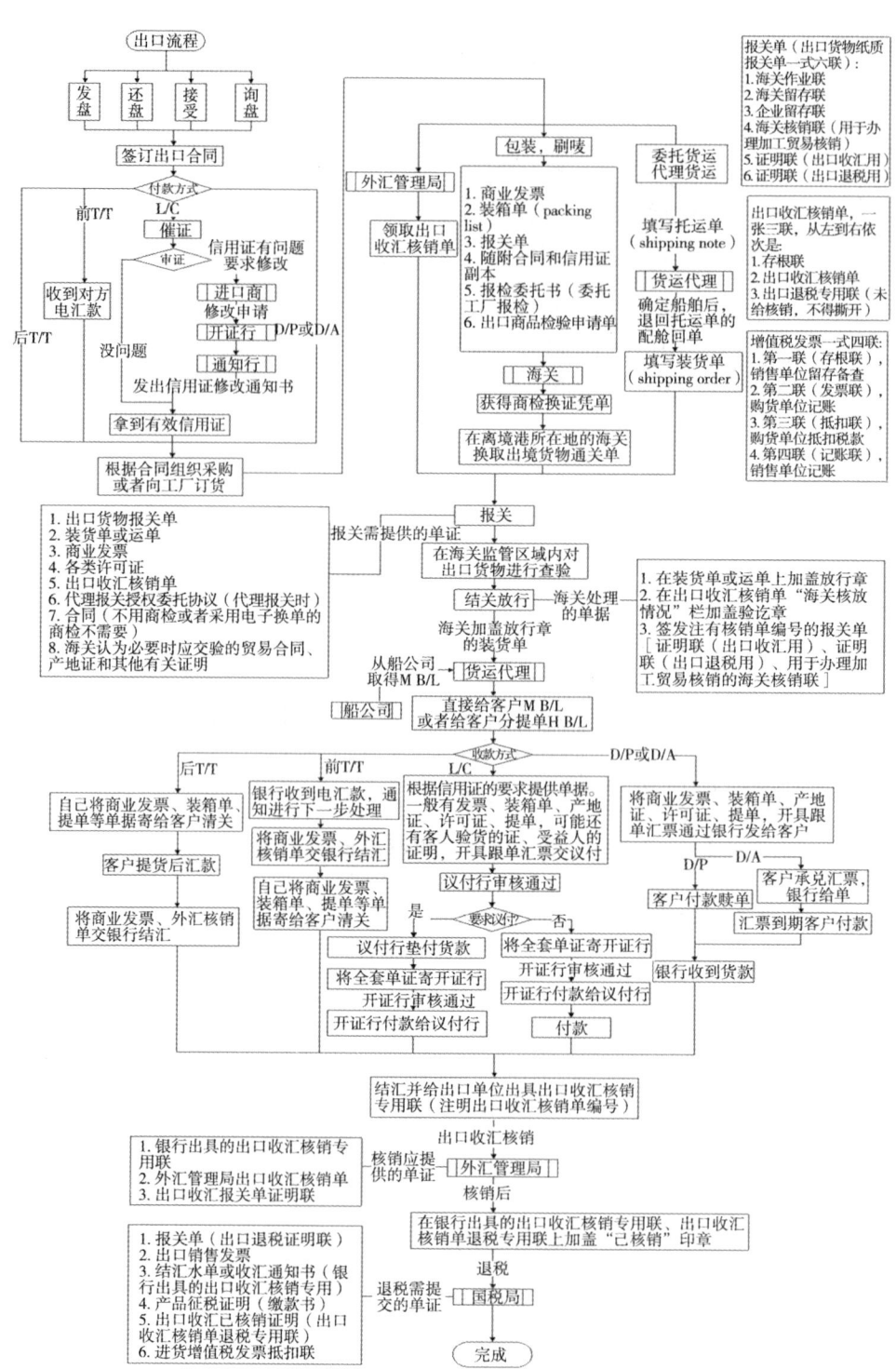

图 1-1-3　传统外贸进出口流程

(1) 报价

在国际贸易中一般是由产品的询价、报价作为贸易的开始。其中，出口产品的报价主要包括：产品的质量等级、产品的规格型号、产品是否有特殊包装要求、所购产品量的多少、交货期的要求、产品的运输方式、产品的材质等内容。

(2) 报价订货（签约）

贸易双方就报价达成意向后，买方企业正式订货并就一些相关事项与卖方企业进行协商，双方协商认可后，需要签订购货合同。在签订购货合同过程中，主要对商品名称、规格型号、数量、价格、包装、产地、装运期、付款条件、结算方式、索赔、仲裁等内容进行商谈，并将商谈后达成的协议写入购货合同。这标志着出口业务的正式开始。通常情况下，签订购货合同一式两份由双方盖本公司公章生效，双方各保存一份。

(3) 付款方式

比较常用的国际付款方式有4种，即信用证付款、电汇付款、付款交单和承兑交单。

①信用证付款方式

信用证（Letter of Credit，L/C）分为光票信用证和跟单信用证两类。跟单信用证是指附有指定单据的信用证，不附任何单据的信用证称光票信用证。信用证是保证出口商收回货款的保证文件。出口货物应在信用证的有效期限内装运，信用证必须不迟于信用证的有效日期提交。

国际贸易中以信用证为付款方式的居多，信用证的开证日期应当明确、清楚、完整。中国的几家国有商业银行，如中国银行、中国建设银行、中国农业银行、中国工商银行都能够对外开立信用证。

②电汇付款方式

电汇（Telegraphic Transfer，T/T），指汇出行应汇款人申请，拍发加押电报、电传或SWIFT协议给在另一国家的分行或代理行（即汇入行）指示解付一定金额给收款人的一种汇款方式。T/T付款方式细分为前T/T和后T/T。

前T/T是指买家先付款，卖家再发货。在国际贸易中，前T/T付款方式通常发生在买家信任卖家，或者买家承担了很高的风险的情况下。

后T/T则是指卖家先发货，买家在收到货物后付款。在国际贸易中，后T/T付款方式通常发生在卖家信任买家，或者卖家承担了很高的风险的情况下。

③付款交单付款方式

付款交单（Documents against Payment，D/P），指代收行必须在进口商付清货款后，才将商业（货运）单据交给进口商的一种结算方式。

即期交单（D/P Sight）指开具即期汇票，由代收行向进口地提示，进口地见票后即须付款，货款付清时，进口地取得货运单据。

远期交单（D/P after sight or after date），指出口地开具远期汇票，由代收行向进口地提示，经进口地承兑后，于汇票到期日或汇票到期日以前，进口地付款赎单。

④承兑交单付款方式

承兑交单（Documents against Acceptance，D/A）是指出口人的交单以进口人在汇票上承兑为条件。即出口人在装运货物后开具远期汇票，连同商业单据，通过银行向进口人提示，进口人承兑汇票后，代收银行将商业单据交给进口人，在汇票到期时，履行付款义务。由于承兑交单是进口人只要在汇票上办理承兑之后，即可取得商业单据，凭以提取货物，所以，承兑交单方式只适用于远期汇票的托收。

承兑交单是国际贸易常用的一种付款方式。出口商通过托收银行指示代收银行在进口商承兑汇票后，向进口商发放所有权及其他货运文件。出口商将面对进口商不如期结款的风险。

（4）备货

在整个贸易流程中，备货处于重要地位，需按照合同逐一落实。备货的主要核对内容如下。

①货物品质、规格，应按合同的要求核实。

②货物数量：保证满足合同或信用证对数量的要求。

③备货时间：应根据信用证规定，结合船期安排，以利于船货衔接。

（5）包装

根据货物的不同，来选择包装形式（如纸箱、木箱、编织袋等）。不同的包装形式其包装要求也有所不同。

①一般出口包装标准：根据贸易出口通用的标准进行包装。

②特殊出口包装标准：根据客户的特殊要求进行出口货物包装。

③货物的包装和唛头（运输标志）：应进行认真检查核实，使之符合信用证的规定。

（6）通关手续

货物海关通关流程是指进出口货物在进出境时，从收发货人或其代理人向海关申报，到海关依法审核，并办理税费征收、查验、放行等手续的一系列流程。

①申报：货物到达海关后，收发货人或其代理人首先需要向海关提交相关的报关单据和资料，包括合同、发票、装箱单、提单等。这些单据和资料

必须真实、准确、完整，并经过海关审核合格后才能进入后续流程。

②接单：海关接收到申报单据后，会对单据进行审核和归类，确定货物的监管要求和通关状态。同时，也会对货物的品名、数量、价值等信息进行核实，确保与实际货物相符。

③查验：海关会对需要进行查验的货物进行现场查验。查验的内容包括货物的品名、规格、型号、数量、质量、包装等，以及货物的实际状况是否与申报内容相符。查验结果将直接影响海关的放行或处理结果。

④放行：如果货物经过查验后没有问题，海关就会给予放行。放行后，货物就可以正式进入国内市场或出口到其他国家（地区）。

⑤结关：结关是整个通关流程的最后一步，也是整个流程的重要环节。结关时，收发货人或其代理人需要按照规定缴纳相应的税费和其他费用，并取得海关出具的有关证明文件。

(7) 装船

在货物装船过程中，可以根据货物的多少来决定装船方式，并根据购货合同所定的险种来进行投保。

①整装集装箱

整装集装箱（Full Container Load，FCL）是指货物的体积和重量都达到或超过一定的标准，需要使用整箱装载的货物。这些货物通常是大件、重型货物或批量货物，如机械、电子设备、家具、建筑材料、化工品、日用品等。在海运物流中，整装集装箱通常由货主自行安排装载和运输，而非货主自行安排的货物则需要进行拆箱、拼箱或散装运输。

为了充分利用集装箱的空间，减少空箱运输成本，货主通常需要按照集装箱的尺寸和形状进行合理配货，确保货物能够顺利装入集装箱并达到最大装载量。此外，为了确保货物的安全和完好，货主还需要对货物进行适当的包装和固定，并在装箱前与船公司或运输公司协商好运费、保险等相关事宜。在装箱过程中，货主或装箱员还需要对集装箱进行检查和清洁，确保集装箱内部没有残留物和异味，以保证货物的质量和安全。

②拼装集装箱

拼装集装箱（Less than Container Load，LCL）是指没有达到整箱装载标准的货物需要拼装在同一集装箱内进行运输。这些货物通常是小批量、零散的货物，如服装、鞋子、日用品等。由于每个客户的货物数量和规格不同，可能会出现不同规格的集装箱被同时使用的情况。

拼装集装箱需要经过拆箱、拼箱等操作，将多个客户的货物拼装在一起后装入同一集装箱内进行运输。因此，拼装集装箱通常需要使用堆场、仓库等场地进行操作，同时需要准确地计划和管理来确保整个过程的顺利进行。

（8）运输保险

通常双方在签订购货合同中已事先约定运输保险的相关事项。常见的保险有海洋货物运输保险、陆空邮货运输保险等。其中，海洋运输货物保险条款所承保的险别，分为基本险别和附加险别两类。

①基本险别有平安险（Free from Particular Average，F.P.A）、水渍险（With Average or With Particular Average，W.A or W.P.A）和一切险（All Risk，A.R.）3种。平安险的责任范围包括：由于海上自然灾害引起的货物全损；货物在装卸和转船过程中的整体灭失；由于共同海损引起的牺牲、分担和救助费用；由于运输船只触礁、搁浅、沉没、碰撞、水灾、爆炸引起的货物全损和部分损失。水渍险是海洋运输保险的基本险之一。按中国人民保险公司的保险条款，其责任范围除了承担平安险所列各项风险外，还承担恶劣气候、雷电、海啸、洪水等自然灾害的风险。一切险的承保责任范围相当于水渍险和一般附加险的总和。

②附加险别有一般附加险和特别附加险两种类型。一般附加险有偷窃提货不着险、淡水雨淋险、抽窃短量险、渗漏险、破损破碎险、钩损险、混杂沾污险、包装破裂险、霉变险、受潮受热险、串味险等。特别附加险有战争险、罢工险等。

（9）签发提单

提单是出口商办理完出口通关手续、海关放行后，由外运公司签出、供进口商提货、结汇所用单据。

所签提单根据信用证所提要求份数签发，通常为三份。出口商留两份，办理退税等业务，一份寄给进口商用来办理提货等手续。

进行海运货物时，进口商必须持正本提单、箱单、发票来提取货物（须由出口商将正本提单、箱单、发票寄给进口商）。

若是空运货物，则可直接用提单、箱单、发票的传真件来提取货物。

（10）结汇

出口货物装出之后，进出口公司即应按照信用证的规定，正确缮制（箱单、发票、提单、出口产地证明、出口结汇等）单据。在信用证规定的交单有效期内，递交银行办理议付结汇手续。

除采用信用证结汇外，其他付款的汇款方式一般有电汇、票汇、信汇等方式，由于电子化的高速发展，现在汇款主要使用电汇方式。

（11）退税

凭增值税发票前往国税局办理出口退税。

 课后阅读

跟单信用证统一惯例简介

跟单信用证统一惯例（Uniform Customs and Practice for Documentary Credits, UCP），是国际银行界、律师界、学术界自觉遵守的"法律"，是全世界公认的较为成功的一套非官方规定。

一、UCP 介绍

UCP 是国际商会制定的、旨在统一各国对跟单信用证条款的解释而供银行界自愿采用的条例，1930 年 5 月 15 日公布，先后于 1951 年、1962 年、1967 年、1974 年、1983 年、1993 年和 2006 年进行 7 次修改。目前使用的是 2007 年 1 月 1 日生效的修订本。该惯例由总则与定义、信用证的形式与通知、责任与义务、单据、杂项规定、可转让信用证和款项让渡 7 部分组成，共 49 条。该惯例仅为国际商会推荐给国际银行界采用的业务惯例，不具有普遍的法律约束力，不采用的银行也不受其约束。但它已被许多国家和地区的银行界所采用，在国际上具有很大的影响。目前中国尚未正式承认该惯例，但在具体业务中亦参照该惯例来处理信用证中的问题及当事人之间发生的纠纷。

二、UCP 600 的主要变化

UCP 600（国际商会第 600 号出版物）共有 39 个条款、比 UCP 500 减少 10 条，但比 UCP 500 更准确、清晰，更易读、易掌握、易操作。UCP 600 纠正了 UCP 500 造成的许多误解。

第一，把 UCP 500 难懂的词语改变为简洁明了的语言，取消了易造成误解的条款，如"合理关注""合理时间"及"在其表面"等短语。这一改变可能会减少昂贵的庭审费用，意指法律界人士丧失了为论证或反驳"合理""表面上"等所收取的高额费用。

第二，UCP 600 取消了许多无实际意义的条款。如"可撤信用证""风帆动力批注""货运代理提单"及 UCP 500 第 5 条"信用证完整明确要求"及第 12 条有关"不完整不清楚指示"的内容也从 UCP 600 中消失。

第三，UCP 600 的新概念描述清楚准确。如兑付（Honor）定义了开证行、保兑行、指定行在信用证项下，除议付以外的一切与支付相关的行为。议付（Negotiation），强调是对单据（汇票）的买入行为，明确可以垫付或同意垫付给受益人，按照这个定义，远期议付信用证就是合理的。另外还有"相符交单""申请人""银行日"等。

第四，更换了一些定义。如对审单做出单证是否相符决定的天数，由

"合理时间"变为"最多为收单翌日起第5个工作日"。又如,"信用证"UCP 600仅强调其本质是"开证行一项不可撤销的明确承诺,即兑付相符的交单"。再如,开证行和保兑行对于指定行的偿付责任,强调是独立于其对受益人的承诺。

第五,方便贸易和操作。UCP 600有些特别重要的改动。如拒付后的单据处理,增加了"拒付后,如果开证行收到申请人放弃不符点的通知,则可以释放单据";增加了拒付后单据处理的选择项,包括持单候示、已退单、按预先指示行事。这样便利了受益人和申请人及相关银行操作。又如,转让信用证方面,UCP 600强调第二受益人的交单必须经转让行。但当第二受益人提交的单据与转让后的信用证一致,而第一受益人换单导致单据与原证出现不符时,又在第一次要求时不能做出修改的,转让行有权直接将第二受益人提交的单据寄开证行。这项规定保护了正当发货制单的第二受益人的利益。再如,单据在途中遗失,UCP 600强调只要单证相符,即只要指定行确定单证相符、并已向开证行或保兑行寄单,不管指定行是兑付还是议付,开证行及保兑行均对丢失的单据负责。

项目练习

一、单选题

1. 根据Incoterms® 2020的规定,由卖方支付出口运费的贸易术语是( )。
   A. EXW   B. FCA   C. FOB   D. CFR
2. 按照Incoterms® 2020的解释,CIF与CFR的主要区别在于( )。
   A. 办理租船订舱的责任方不同   B. 办理货运保险的责任方不同
   C. 风险划分的界限不同   D. 办理出口手续的责任方不同
3. 跨境电子商务的"三流"主要指的是( )。
   A. 资金流   B. 信息流   C. 物流   D. 以上都是
4. 市场采购贸易方式海关监管方式代码为( )。
   A. 1039   B. 9610   C. 1210   D. 9710

二、判断题

1. 根据Incoterms® 2020的规定,在以FOB术语成交的合同中,货物的价格构成是货物成本+运费+保险费。( )
2. Incoterms® 2020总共包括13种术语,分为E、F、C、D 4组。( )

3. 根据 Incoterms® 2020 的规定，按 CIF 术语成交，尽管价格中包括至指定目的港的运费和保险费，但卖方不承担货物必然到达目的港的责任。（ ）

4. 一般情况下，跨境电商是指广义的跨境电商，不仅包含 B2B，还包括 B2C 部分，不仅包括跨境电商 B2B 中通过跨境交易平台实现线上成交的部分，还包括跨境电商 B2B 中通过互联网渠道线上进行交易撮合线下实现成交的部分。（ ）

5. 跨境电商减少了对外贸易的中间环节，提升了进出口贸易的效率，为小微企业提供了新的机会。（ ）

项目1.2 认识外贸单证岗位要求和单据的电子化

 **知识目标**

1. 了解国际贸易单证的分类；
2. 熟悉制单基本要求；
3. 掌握贸易单证制作的电子化趋势；
4. 熟悉电子化制单系统。

 **能力目标**

1. 能迅速查找到常用外贸单证分类；
2. 能对常用外贸电子单证进行归类；
3. 能扫描、归档常用外贸纸质单证。

👉 **引导案例**

外贸单证员工作疏忽造成企业损失

2023年，江苏经济技术开发区A进出口公司出口美国一批纺织品，信用证内规定商品的规格是13cm×36cm，货物实际出运时与信用证和合同的描述完全相符。但是在制单时，由于单证员的疏忽，误将36打成33，事先没有发现。

单证到了国外后，因市场行情不好，无利可图，进口商B公司抓住A公司在发票上的一字之错，拒付货款。经过磋商，A公司只能将货物运回，因而造成了巨大的损失。

本案例告诉我们，制单工作上的任何疏忽大意都可能会给公司或个人造成巨大的损失。工作责任心强，可及时解决并杜绝差错事故的发生，避免带来不必要的经济损失。

模块一
认识外贸单证和单证岗位

讨论题

1. 单证员个人是否需要承担案例中货物运回造成的损失？如果需要，该如何承担损失？

2. 外贸单证员该具备什么样的素质？

任务1　认识外贸单证岗位职责

公司人事部安排新入职员工接受岗位培训。人力资源部门负责新员工通用知识培训，让新员工了解公司历史、企业文化和管理制度。单证部负责新员工专业岗位的知识和技能，使新员工的单证处理能力、知识和技能得到提升，快速适应岗位的需要。

小李拿到了厚厚的一叠培训资料。作为职场新人，勤做笔记、善做笔记是做好工作的必要技能，小李打算在培训期间用思维导图归纳单证岗位的性质和职责，你能和小李一起画出单证岗位职责的思维导图吗？

任务要求

1. 5~6人为一组，以小组为单位，整理、分析单证岗位的性质和职责，以小组为单位画出单证岗位职责的思维导图。

2. 将思维导图电子文件发至任课老师邮箱（如果是纸质版思维导图，请拍照上传）。

课程思政

粤商精神

广东商帮，也被称为粤商，包括广府商帮、客家商帮、潮汕商帮等不同的派系，主要由广州和潮州的商人所组成。无论是古代还是现代，粤商都保持着强大的活力和影响力。粤商的历史可以追溯到秦汉时期，是中国最早走出国门的商帮，也是中国对外贸易的先锋。在改革开放的大潮中，粤商更是敢为人先，成为时代的先驱。

自汉代以来，中国就开始了与东南亚地区和欧洲的海上贸易。广州逐步成了中国对外贸易的中心之一。这一时期奠定了广东海外贸易的基础。

到了唐代，市舶使的设立使广州成为中国最大的贸易港口。宋元时期，政府坚持对外开放的政策，大力促进海外贸易的发展。这一时期，中国的"海上丝绸之路"达到了空前的繁盛，广州也成为当时全球知名的中国对外贸易大港。

到了明清时期，在广州设立了"十三行"来进行海外贸易。1757年，清政府实施一口通商的政策，仅保留广州作为中国海外贸易的唯一口岸。在这个时期，粤商崛起并形成了中国的一大商帮。

如今，广州南沙、深圳前海蛇口、珠海横琴三大自贸试验区是中国经济与世界连接的重要门户。改革开放以来，广东一直以开放、包容、创新的态度走在前列。作为改革开放的先驱，广东以海纳百川的胸怀接纳了海外企业，并通过良好的政策带动了民营企业的迅速成长，推动了民营经济的快速发展。敢为人先、务实开放、崇信守法、爱国奉献，既是对粤商精神的历史传承，又体现了新时代对粤商精神的不断丰富和发展。

知识链接

1. 单证基础知识

（1）单证的概念

广义的国际贸易单证（International Trade Documents）是国际贸易中使用的各种单据、文件与证书的统称。通常凭借国际贸易单证来处理进出口货物的交付、运输、保险、检验检疫、报关、结汇等。狭义的国际贸易单证通常指结算单证，特别是信用证支付方式下的结算单证。

国际贸易单证的使用与进出口贸易程序密切相关，单证工作贯穿于进出口企业的外销、进货、运输、收汇的全过程，工作量大，时间性强，涉及面广，除了进出口企业内部各部门之间的协作配合外，还必须与银行、海关、交通运输部门、保险公司、检验检疫机构以及有关的行政管理机关发生多方面的联系，环环相扣，互有影响，也互为条件。

（2）国际贸易单证的分类

①URC 522（《托收统一规则》）的分类

URC 522总则与定义中第2条B款将单据分为金融单据（Financial Documents）和商业单据（Commercial Documents）两大类，这是根据国际贸易单证性质所作的分类。金融单据具有货币的属性，例如汇票、本票、支票或其他用于取得付款资金的类似凭证；商业单据具有商品的属性，例如商业发票。

《URC 522》的分类方式使得商业单据的范畴相当广泛，涵盖了除金融单据以外的所有单据，实际上商业单据还可以进一步细分为基本单据和附属单据。基本单据在实际业务中使用频率很高，通常包括商业发票、海运提单和保险单。附属单据通常在实际业务中，根据约定由买方要求卖方提供，可分为两类：一类是进口地官方要求的单据，如领事发票、海关发票、原产地证明等；另一类是买方要求说明货物及相关情况的单据，如装箱单、重量单、品质证书、寄单证明、寄样证明、装运通知、船龄证明等。

②UCP 600 的分类

UCP 600 将信用证项下的单据分为 4 大类：

一是运输单据（Transport Documents），包括海运提单；非转让海运单；租船合约提单；多式联运单据；航空运单；公路、铁路和内陆水运单据；快递收据、邮政收据或邮寄证明。

二是保险单据（Insurance Documents），包括保险单、保险凭证、投保声明、预约保险单等。

三是商业发票（Commercial Invoice）。

四是其他单据（Other Documents），包括装箱单、重量单、产地证明书、普惠制单据、检验检疫证书、受益人声明或受益人证明等。

③UN/EDIFACT 的分类

联合国欧洲经济委员会从事国际贸易程序简化工作的第四工作组（UN/ECE/WP4）将 EDI 国际标准分为 3 个领域：行政（Administration）、商业（Commerce）和运输（Transportation），并于 1986 年发布了 EDI 国际通用标准 UN/EDIFACT（United Nations/Electronic Data Interchange For Administration, Commerce and Transport）。

UN/EDIFACT 标准将国际贸易单证分为 9 大类：生产单证、订购单证、销售单证、银行单证、保险单证、货运代理服务单证、运输单证、出口单证、进口和转口单证。

④按照单证形式分类

国际贸易单证按照单证的形式分为纸面单证和电子单证，根据（Incoterms® 2020），纸面单证和电子单证具有同等效力，在实际业务中，出口商既可以提供纸面单证，也可以使用电子单证。

（3）单证工作的环节与要求

国际贸易单证工作的基本环节包括制单、审单、交单和归档。信用证支付方式下，在制单环节前还有审证环节。

审证是指银行和受益人合理谨慎地审核信用证，针对发现的问题区别其性质，根据合同条款的规定及履行合同各环节中出具单据的各当事人的具体做法和意见，做出是否修改信用证的决定。

制单是指依据买卖合同、信用证、有关商品的原始资料、相关国际惯例、相关国内管理规定、相关国外客户要求等缮制单证。

审单是指审核并确定已经缮制完成的各种单证是否符合买卖合同、信用证、有关商品的原始资料、相关国际惯例、相关国内管理规定、相关国外客户要求等，如发现不符，应进一步采取修改、重新缮制或更换等措施。

交单是指在合同、信用证规定的时间，以正确的方式，将符合要求的单证交给正确的当事人。通常在托收和信用证支付方式下，应到银行交单，在汇付方式下应直接向进口人交单。

归档是指在合同履行过程中随时注意将我方已经缮制的单证留底、存档（如商业发票、装箱单），将由他人缮制并经我方审核无误的单证妥善保存，必要时复印备份，留待交单或事后备查（如海运提单、商检证书），随时追踪已经交给有关部门办理的业务，应退回但尚未退回的单证，一旦退回立即归档或进入下一业务环节。

（4）制单基本要求

国际贸易单证的质量如何，不但关系到交易双方能否安全迅速地收汇或接货，同时也从一个侧面反映出进出口商的业务素质和管理水平。所以，单证不能随意地缮制，必须符合有关商业惯例、法令规定及实际需要。各种进出口单证原则上应该做到正确、完整、及时、简明、整洁。

①正确

在制单工作的各项要求中，正确是最重要的一条。做不到这一条，便会影响出单效果，甚至会引起不良的后果，其他几条要求也就无从谈起。

正确是单证工作的前提，单证不正确就不能安全结汇。因为不管是托收还是信用证项下，单据不正确，买方都有拒付货款的权利。

这里所说的正确，至少包括两个方面的内容：一方面是要求各种单据必须做到"三相符"，即单据与信用证相符、单据与单据相符、单据与贸易合同相符。另一方面则要求各种单据必须符合有关国际惯例和进口国的有关法令和规定。通常从银行来说，它们主要控制"单证相符"和"单单相符"，以及与相关国际惯例相符；对进出口企业来说，除以上三个"相符"外，还有一个"单货相符"需要严格控制，这样单证才能真实代表出运货物，不致错发和错运。

各种单据必须符合"三相符"要求。在以信用证方式收取货款的交易中，单证必须坚持严格符合的原则（the Doctrine of Strict Compliance）。而在银行托收业务中，虽然对单证的正确性的要求不如信用证业务那样严格，但如果不符合买卖合同的规定，也可能被进口商找到借口，拒付货款或延付货款。

从"严格相符"的要求来看，"单证相符"占首要地位。这是因为"单单相符"是以"单证相符"为前提的，离开了这个前提，"单单"之间即使相符，也会遭到银行的拒付。至于"单货相符"，主要是指单据的内容应该与实际的交货相符，亦即与合同相符。这里，"单货相符"也必须满足"单证相符"的前提和条件。因为信用证虽然体现了合同的内容，但对银行来说，信用证是一个独立的文件，它既不依附于合同，也不管实际交货是否与单据的论述相一致。因此，当信用证的某一方面与合同不符，而且未做修改时，缮制出口单据应以信用证的规定为准。所以，从安全收汇的角度来说，结汇单据必须首先注意处理好单、证是否相符的问题。

因此，在信用证业务中，要求单证精确到不能有一字之差，同时还要求出口人出具的各种单据的种类、份数和签署等必须与信用证的规定相符。所以，企业在出单时，一定要认真梳理信用证的有关规定，严格按照信用证的要求出具各种单据。

单据必须与有关惯例和法令规定相符。目前，各国银行开立的信用证，绝大多数都在证内注明按照国际商会 UCP 600 解释。银行在审单时，除信用证另有特殊规定外，都是以 UCP 600 作为审单的依据。因此，在缮制单据时，应注意不要与 UCP 600 的规定有抵触，否则，就会被银行当成出单不符而退还或拒付。此外，在缮制单据时，还应注意进口国对单据或进口货物有无特殊规定。目前，有不少国家对进口的单据都有特殊的规定，如果出单时，疏忽了进口国的这些规定，就很有可能遭到进口国当局的拒绝。

②完整

单证完整的一种意义是指成套单证的群体的完整性。单证在通过银行议付或托收时，一般都是成套、齐全，而不是单一的。例如，在 CIF 交易中，卖方向买方提供的单证至少应有发票、提单和保险单。在以信用证为支付方式的情况下，出口商只有按照规定备齐所需单证，银行才能履行议付、付款或承兑的责任。国外有些地区开立的信用证所列条款日趋繁复，所需单证类别甚多，除发票、提单、保险单等主要单据外，还有各种附属证明，如检验证书、重量单、装箱单、产地证、航行证、邮政收据等，这些单证都需要经过一定手续和事先申请才能取得。在单证制作和审核过程中，必须密切注意，及时催办，防止遗漏和误期，以保证全套单证的完整无缺。

单证完整的另一种意义是要求每一种单据的所填内容必须完备齐全。任何单证都有它的特定作用，这种作用是通过单证本身的特定内容即格式、项目、文字、签章等来体现的，如果格式使用不当，项目漏填，文理不通，签章不全，就不能构成有效文件，也就不能被银行所接受。例如，签署和背书，一般只需盖一个章即可，但如果漏盖了章，这项单据便成为"未签署"的单据，而未经签署的单据是无效的。背书是使单据的转移得以实现的手段，不同的背书形式直接影响到单据的流通价值和作用。又如，格式 A 产地证书的"原产地标准"栏，虽然仅需填一个字母或再加上税则号码或进口成分，但如果漏填或填得不正确，便会使证书变成一张废纸，毫无作用。所以单证的齐全和完整是构成单证合法性的重要条件之一，必须十分重视。

此外，完整还要求出口人所提供的各种单据的份数要如数交齐，不能短缺。尤其是提单的份数，更应注意按要求出齐，避免不符。

③及时

进出口单证工作的时间性很强，各种单证都要有一个适当的出单日期。及时出单是指各种单据的出单日期必须合理、可行，也就是说，每一种单据的出单日期不能超过信用证规定的有效期限或按商业习惯的合理日期。例如，保险单的日期必须早于提单的签发日期或同一时期，提单日期不得迟于装运期限，装运通知书必须在货物装运后立即发出等，这些日期如果有误，同样会造成出单不符。

及时出单还反映在交单议付上。主要是指向银行交单的日期不能超过信用证规定的交单有效期。有些信用证除了规定有效期外，还另外规定了交单期限。按照国际商会 UCP 规定，"除交单到期日以外，每个要求运输单据的信用证还应该规定一个运输单据出单日期后必须交单付款、承兑或议付的特定限期，如未规定该限期，银行将拒收退于运输单据出单日期 21 天后提交的单据，但无论如何，单据也不得退于信用证到期日提交。"过期交单将会遭到拒付或造成利息损失。因此，如果在信用证允许的前提下能尽量提早交出单据，将有利于尽早收汇。

就企业内部而言，在出口业务中，由于出口装船和单证结汇是一项多环节的综合性工作，单证工作不及时，会严重影响相关部门的工作。如货运公司的配载和市内车辆托运、外轮公司的缮制舱单和绘制舱图、检验检疫机构的品质监管、海关的查验、港区的作业安排等，都以单证为纽带，环环相扣，一环脱节，下一环的工作就无法进行，连锁反应，牵动全局，轻则打乱工作秩序，重则发生经济损失甚至引发其他影响。

④简明

单证的内容应力求简化，要力戒烦琐，如果画蛇添足，反而有可能弄巧成拙。国际商会 UCP 中指出，"为了防止混淆和误解，银行应劝阻在信用证或其任何修改书中加注过多细节的内容。"其目的就是避免单证的复杂化。

单证的简洁、明了，要求各种单证在论述各项内容时，造句流畅、语法规范，用词应力求简明扼要，恰如其分，尽量避免烦琐冗长。简化单证不仅可以减少工作量和提高工作效率，而且也有利于提高单证的质量和减少单证的差错。

近年来，许多国家组织专业力量研究贸易程序和单证的简化工作，并已做了不少有益的尝试。随着我国外贸业务量的迅速增加，单证工作也日益繁重，如何适应贸易的发展，避繁就简，改革单证工作，这是一个十分值得研究的课题。

⑤整洁

单证的外观质量在一定程度上反映一个国家、一个企业的业务和技术水平。如果说正确和完整是单证的内在质量，那么整洁则是单证的外观质量。所谓整洁，主要是指单证的表面清洁、美观、大方；单据中的各项内容清楚、易认，各项内容的记载简洁、明了。单据是否整洁，不但反映了制单人制单技术的熟练程度和工作态度，而且还会直接影响出单效果。单证的整洁要求单证格式的设计和缮制，力求标准化和规范化，单证内容的排列要行次整齐、字迹清晰，重点项目要突出醒目。有时即便单证相符和正确无误，而单据却涂改累累，不但不雅观，而且说明制单水平低，还给人一种单据可能不真实的印象。所以，应该尽量减少甚至不应该出现差错涂改的现象。各种单证的更改都要有一个限制点，不允许在一份单证上做多次涂改。若有更改处一定要盖校对章或简签。如涂改过多，最好应重新缮制。

单证的清楚、易认，要求在单证各项内容布局合理，层次分明，清楚简洁，切不可将各项内容互相混合。同时，对单证内的各项内容也应该按照其主次顺序安排好，不要喧宾夺主。

总之，单证工作技术性强，既有国际规范化的一面，也有地区特殊性的一面。单证工作是对外贸易的一项基本工作，其质量高低直接影响到对外贸易的发展。因此，提高制单人员的素质、提高单证工作的质量，是我国发展对外贸易、促进经济发展的必然要求。随着计算机的广泛应用，单证工作将逐渐变得简单、迅速；而单证设计的标准化（国际化）和单证制作及管理的现代化，都将对单证的缮制、传递及应用起到积极的作用。无论是过去、现在还是将来，无论国际贸易方式或单证工作有何变革，对单证的基本要求，即"正确、完整、及时、简明和整洁"是不会改变的，对于制单人员来说，理解并掌握这些基本要求是十分重要的。

（5）制单的依据

缮制和审核国际贸易单证的主要依据是买卖合同、信用证、有关商品的原始资料、相关国际惯例、相关国内管理规定、相关国外客户要求等。

买卖合同是制单和审单的首要依据，从狭义角度说，国际贸易单证中的各项内容应与买卖合同的相应内容一致，特别是应与本文部分的品名条款、品质条款、数量条款、包装条款、价格条款、装运条款、保险条款、支付条款的内容一致；从广义角度说，买卖双方往来的业务函电也可作为制单和审单的依据。

在以信用证为支付方式的交易中，信用证取代买卖合同成为主要的制单和审单依据。因为信用证是独立于合同之外的文件，银行的付款原则是"只凭信用证而不问合同"，所以各种单证的内容必须完全符合信用证的规定，银行才承担付款责任。在制单之前的审证环节中，如果发现信用证条款与买卖合同条款彼此矛盾，应提出修改信用证。如果不能修改或同意接受信用证条件，则必须以信用证为制单和审单的依据，才能达到安全收汇的目的。

有关商品的原始资料主要指由生产制造厂商提供的一些资料，如货物出厂装箱单中显示的货物具体规格、型号、数量、毛量、净重、尺码等，往往是缮制装箱单的基本依据。

相关国际惯例主要指国际商会的 UCP 600、《跟单信用证项下银行间偿付统一规则》（URR 725）、《审核跟单信用证项下单据的国际标准银行实务》（ISBP 681）、《托收统一规则》（URC 522）、Incoterms® 2020 等，这些国际惯例也是正确处理一些单证问题的依据。

2. 单证员岗位介绍

单证员是指在对外贸易结算业务中，买卖双方凭借在进出口业务中应用的单据、证书来处理货物的交付、运输、保险、商检、结汇等工作的人员。

（1）国际贸易从业人员职业类别和等级

依据 GB/T 6565—2015 的规定并结合国际贸易从业人员各项职业的工作内容，将国际贸易从业人员各项职业分为表 1-2-1 所示的 4 个类别和 4 个职业等级。4 个类别为国际贸易业务运营类、国际贸易单证类、国际贸易财会类、国际贸易翻译类。4 个职业等级为一级、二级、三级、四级，其中一级为最高级。

表 1-2-1　国际贸易从业人员职业类别与等级

等级	类别			
	国际贸易业务运营类	国际贸易单证类	国际贸易财会类	国际贸易翻译类
一级	高级国际贸易师	高级国际贸易单证师	高级国际贸易会计师	高级国际贸易翻译
二级	国际贸易师	国际贸易单证师	国际贸易会计师	国际贸易翻译
三级	助理国际贸易师	助理国际贸易单证师	助理国际贸易会计师	助理国际贸易翻译
四级	国际贸易业务员	国际贸易单证员	国际贸易会计员	
	国际贸易跟单员	加工贸易报审员	外汇业务核销员	
	国际贸易秘书		出口退税办税员	

（2）单证员素质和能力要求

单证质量是决定能否顺利结汇的前提，直接关系到进出口企业的经济利益，反映了一个进出口企业业务水平的高低，也在一定程度上体现了一个国家对外贸易的政策和管理水平。所以，作为国际贸易单证员必须达到以下要求。

①具备良好的职业道德

作为单证员，应充分认识到单证工作的重要意义，要有为国家、为企业默默奉献的精神和良好的职业道德、严谨的职业操守，热爱本职工作，责任心强，不计较个人得失，严格遵守外贸纪律和本企业的规章制度，在工作中能够不断努力学习，更新知识，充实自己。

②掌握必要的专业知识和技能

作为单证员，应知晓国家对外贸易的有关方针、政策及其最新变化；了解国际贸易发展现状和趋势以及相关国际法规和惯例；掌握进出口业务知识；熟悉进出口合同的各项条款内容，特别是与单证相关的内容；能熟练地审核信用证并缮制、审核各种单证；了解与国际贸易单证相关的国际标准和国家标准，并能熟练使用各种制单专业软件和现代化办公设备。

③打好扎实的外语基础

目前国际贸易单证工作中使用的语言以英语为主，只有个别国家要求某些进口单证或个别单证中的某些项目必须使用该国本国语言。所以单证员必须能够熟练使用英语缮制单证、阅读合同、信用证和相关单证。

④拥有丰富的实践经验

单证员必须在日常工作中不断丰富和积累经验，善于发现问题、处理问题、总结教训,掌握合同、信用证、相关国际法规和相关国际惯例,熟悉合同履行的各个环节,经常研究讨论各种业务案例以增强解决问题的实际能力。

⑤坚持认真的工作态度

单证工作内容烦琐,工作量大,时间性强,所以要求单证员必须具有一丝不苟、踏实细致的工作作风和认真负责、严格细致的工作态度。否则,一单之错,甚至一字之差都可能给合同的履行造成障碍和困难,给国家和企业造成经济损失。

(3) 单证相关岗位工作内容

①高级国际贸易单证师

一是对企业贸易单证工作进行统一部署;

二是编制需企业制定的单证样式和填制规范;

三是指导、审核并解决单证业务中的疑难问题。

②国际贸易单证师

一是释读、审核贸易合同及国际结算的相关要求并制作出口货物明细表;

二是缮制、审核国际贸易各种单证;

三是解决单证业务中的相关问题。

③助理国际贸易单证师

一是释读、审核贸易合同及国际结算的相关要求,缮制国际贸易各种单证;

二是完成单证交付处理单证传递、交付中的相关操作。

④国际贸易单证员

一是根据贸易合同及国际结算的相关要求和出口货物明细表缮制国际贸易各种单证;

二是完成单证交付及相关业务手续。

⑤加工贸易报审员

一是整理加工贸易单据、办理加工贸易业务批准及合同报审等事宜;

二是办理加工贸易合同备案、合同核销、银行台账、加工贸易相关出口退(免)税等相关事宜。

3. 思维导图

(1) 思维导图的概念

思维导图(Mind Map),又称心智图或脑图,它是一种有效的发散性思维工具。思维导图实质是一种可视化的图表,能够还原大脑思考和产生想法的过程。通过捕捉和表达发散性思维,可以对大脑内部进程进行外部呈现。

思维导图是一种结合图形与文字于一体,开发思维潜力、提高思维能力的简单高效的工具。思维导图是一种新的思维模式。它结合了全脑的概念，包括左脑的逻辑、顺序、条理、文字、数字，以及右脑的图像、想象、颜色、空间、整体等。透过思维导图，不但可以增强思维能力，提升注意力与记忆力，更重要的是能够启发联想力与创造力。

（2）思维导图的起源

20世纪60年代，一位正在读大学二年级的英国人东尼·博赞想要在图书馆获得一本谈论大脑和如何使用大脑的书籍，以帮助自己提升学习效率，但并未如愿。但他没有放弃探索，自学了心理学、信息理论、感知理论、大脑神经生理学等书籍，还广泛阅读了伟大思想家的笔记资料。经过大量的学习和研究，他认为，若将人类大脑的各个物理方面和资历技巧彼此协作，会显著提高人们的工作效率和生产效益。例如，用一些颜色涂写在重要笔记上，会使得记忆效率提高近一倍。

在此期间，东尼·博赞为一些智力缺陷的孩子做辅导，并大胆使用自己研究的理论，应用在教学中，结果是分外喜人的。这种全新的思维理论，可以帮助一位女孩在一个月的时间里，将智商从史上最低提升至160。东尼·博赞将这种思维方式命名为思维导图。

随后几年里，东尼·博赞一直在不断完善发散性思维和思维导图理念，并去往全世界，为政府、学校、企业介绍思维导图的价值。1995年，他撰写并发布了《思维导图》一书。正因为东尼博赞的研究与积极推广，全球近5亿人得以享受这项成果。

（3）思维导图的发展

近年来，随着社会的发展与进步，工作效率成为一项重要的技能指标。思维导图作为效率类的杰出工具，备受瞩目。在未来的几年里，思维导图逐步成为一种主流工具，被大众所接受。

为适应社会快速发展的需要，思维导图的绘制方法也呈现出多样化的形态。最早的思维导图，皆需要使用笔和画纸进行绘制。由于该方式的效率极其之低，便出现更多更高效的绘制方式。例如，如今流行的计算机思维导图，主要是通过计算机工具来协助绘图。其代表的计算机绘制工具如MindMaster、百度脑图、EdrawMax等。

科技的进步，必然会进一步推动思维导图的绘制效率。声音识别技术的发展，可以实现声控绘制思维导图，不用手绘，也不用键盘输入，直接语音输入即可自由操作。另外，伴随移动互联网的成熟，不少绘图软件可以被搭载在移动端电子产品上，大大方便使用者绘图，而随时随地创作和分享思维导图成为一种可能。

（4）思维导图的优缺点
①思维导图的优点

一是，思维导图因为与大脑发散性思维关系紧密，最主要的作用是可以改善人类的记忆与发散思维。

二是，对于抽象思维能力较差的学生，思维导图独特的"图像记忆"，可以帮助学生更容易记住知识。

三是，可应用的范围十分广泛，思维导图常用的领域：待办事宜、准备演示、做笔记、问题解决、做决定、知识管理、项目计划、项目管理、个人思考和写作等。

②思维导图的缺点

一是，思维导图是一种发散且分层展示的图示，不便于表达和比较复杂的信息内容。

二是，如果采用手工绘图，花费的时间成本较高（计算机软件绘图除外）。

三是，对于系统性思考，单一采用思维导图的方式局限性太强，应该综合加入鱼骨图、SWOT分析图、甘特图等。

（5）思维导图概念与结构

发散型思维导图，其特点可简单概括为以下3点：

①中心主题用于记录主要内容，例如，在使用思维导图描绘某个实物，那么就需要在中心位置放上该实物的图像。

②分支从这幅图像向四周延伸发散。首先会被分成各个二级主题，与中心主题直接连接，然后三级主题和更多子主题也会以分支形式表现出来，并依附在中心主题。

③分支是由一个图像或词语，与线条连接，共同构成一幅思维导图。

拓展阅读

外贸单证员的能力要求和就业前景

单证员是国际贸易企业开展业务的基础性人才，工作范围包括收证、审证、制单、审单、交单、归档等一系列业务活动，是外贸公司重要的岗位之一。

1. 外贸单证员应具备的基本能力

（1）专业知识

单证员必须掌握系统的外贸知识、单证知识、外语知识，善于学习更新知

识。在扎实的外贸专业知识基础上，还应清楚企业的运作流程，了解产品知识、生产工艺流程，以及掌握货代市场行情和一些贸易国别或地区的政策、单证习惯等相关知识。专业知识丰富，涉及面广泛是成为一名优秀单证员的前提。

（2）专业技能

单证员要求有较强的实践操作能力，单证质量的高低是衡量单证员业务能力的直接体现。在实际的外贸单证操作中，单证员需要有良好的沟通技巧，综合掌握英语、电脑及沟通工具的运用技巧，不断钻研业务、提高单证缮制技巧，降低单证出错率。

（3）工作态度

单证工作特别需要耐心细致、责任心强。许多单证员都有过因单证制作错误"花钱买教训"的经历，制单过程中最忌粗心大意、急于求成。在面对错误或困难的时候，需要调整心态，直视并勇于承担错误，积极的解决问题。如果没有严谨的工作态度，就会重复犯错。要善于时间管理、勤于记录备案、重视协调沟通，能够在工作中不断思考、总结，养成良好的工作习惯，这些都是高素质外贸单证员的必备条件。

2. 外贸单证员就业前景

外贸单证是国际贸易中关键环节之一，单证的正确与否也直接关系到业务的成败盈亏。很多学校设立了专门的外贸单证课程或者在相关课程中把单证作为重点来讲解。在我国外贸发展迅速的背景下，外贸单证员就业前景大好。

首先，外贸单位非常注重单证岗位工作。单证是需要长期操作的，任何一家外贸公司都不会愿意长期将单证业务委托给单证服务外包公司操作。因为"单证"上往往涉及很多企业的商业机密和信息。单证实务做"外贸"生意不同于"内贸"，除了价格、质量、客户、市场等因素之外，还有一道单证的环节。因为单证制作优劣，事关"进出口业务"收汇的头等大事。如果谈判、生产、质量、装船等环节都"水到渠成"，可是最后到了单证出了问题，可能前功尽弃。因而，历来"老外贸人"都十分关注单证这一环节。

其次，外贸企业需要专业单证人才。改制之前，省、市、县的外贸大公司多数设有一个专门的"单证科"，由单证专家把关。但是现在大多数出口企业都拥有了"自营进出口权"。有的小企业每月或每周只有一两票外贸业务，或者几个集装箱，如果都配备一个"单证科"，或专门的单证员，在人员设置上有点浪费。单证员若兼顾其他杂务，单证业务就不可能"精"和"专"。单证员需要有广博的专门知识，也有一些小企业把单证业务，放在"会计室"做。原因是单证员要与银行打交道，可是"单证员"不是"会计员"。做的业务性质有相同之处，但是实质上却有天壤之别。这就需要企业物色专门的

"单证人才"了。

任务 2　熟悉各种国际贸易单据

单证部主管陈先生带着小李熟悉各类进出口单证。陈主管从排列整齐的外贸单证档案柜中抽出几套交易单证，让小李熟悉、整理一下公司去年与泰国、韩国等国家的货物出口情况。

小李看到各货运公司的货运单据格式不同，泰国和韩国的通关文件格式也有差异，心里不禁纳闷：国际贸易单据的格式不统一会给外贸操作带来不便，在外贸实务中是否有标准化的外贸单据呢？

任务要求

1. 5~6人为一组，以小组为单位，收集外贸单证2~3套。
2. 比较收集到的外贸单据格式的不同之处，并与其他小组分享单据，进一步比较同一种单据（例如，发票、装箱单）会用到的不同单据格式。
3. PPT展示小组单据格式的不同。

知识链接

1. 单证格式不统一给外贸带来困扰

近年来，国际技术贸易壁垒形式多样，影响面大，一直广受各国（地区）关注，国际单证标准化问题尤为突出。进出口业务中应用的商业单据、金融单据、文件和证书统称国际贸易单证，在实务操作中，往往借助这些结算单证来处理国际货物的支付、运输、保险、商检、结汇。

以外贸单证中必不可少的商业发票（Commercial Invoice）为例，由于商业发票由出口公司填制，虽然填制内容大致相同，但是不同出口公司制作的商业发票在格式上存在较大的差异。详见图1-2-1至图1-2-3。

COMMERCIAL INVOICE

TO:
DATE: COMMERCIAL INDENT NO.:
PORT OF LOADING: PORT OF DISCHARGE:

MARKS	DESCRIPT. OF GOODS	NET WEIGHT (KGS)	GROSS WEIGHT (KGS)	QUANTITIES	EXW (CNY)
/					

TOTAL VALUE:

图 1-2-1 表格形式的商业发票（简约）

ISSUER	COMMERCIAL INVOICE		
TO			
	NO. 7966616	DATE NOVEMBER 20 2013	
TRANSPORT DETAILS FROM BRISBANE AUSTRALIA TO QINHUANGDAO PARTIAL SHIPMENTS :NOT ALLOWED TRANSSHIPMENT : PROHIBITED	S/C NO. SC-529 TERMS OF PAYMENT IRREVOCABLE L/C AT SIGHT	L/C NO. RRRI-601225	
Marks and Numbers	Number and kind of package Description of goods	Quantity	Unit Price	Amount
DATONG COAL CO SC-529 RRRI-601225 QINHUANGDAO	STEAM COAL GROSS CALORIFIC VALUE AT MIN 6300-6100 KCAL/KG (ADB) IN BULK	2000MT	USD266.00/MT CIF QINHUANGDAO	USD532000.00
	TOTAL:	2000MT		USD532000.00
SAY TOTAL:	US DOLLARS FIVE HUNDRED AND THIRTY-TWO THOUSAND ONLY			

NORTHERN ENERGY CORPORATION LIMITED
SIGNED

图 1-2-2 表格形式的商业发票（较常用）

页眉（公司名字/地址/网址/外贸人员联系方式等）

COMMERCIAL INVOICE

SC/INVOICE NO.: _____ 　　　　　　　　　　　DATE: _____

FROM: 发货公司名称
　　　　地址
　　　　联系方式

TO: 　收货公司名称
　　　　地址
　　　　联系方式

FROM: 启运港 _____　　　　　　　　　　TO: 目的港 _____

Shipping Marks	Commodities&Specification 产品名称描述等	Quantity	Unit Price (USD/MT)	Total Amount
唛头				
	COUNTRY OF ORIGIN:CHINA			
	FOB value			
	Sea Freight			
	Assurance			
	TOTAL:			

SAY:US DOLLARS

Incoterms

Package:

　　　　　　　Total:

图 1-2-3　混排形式的商业发票

根据联合国贸易和发展委员会（UNCTAD）及 UN/CEFACT 的统计与测算，国际贸易单证的平均费用占国际贸易货值的 5%~10%。对于发达国家而言，平均费用能达到 5%~7%；而对于发展中国家来说，平均费用通常在 8%~10%。

我国国际贸易出口单证由于不符合 UN/CEFACT 研制和发布的国际贸易单证标准，从而导致贸易环节中出现单单不一致、单证不一致、单货不相符等情况，造成货物运输链的某个或多个环节中断，导致货物延误、滞关、压仓、退货、无法履行合同等情况发生，对我国国际贸易造成很大损失。因此，遵守 UN/CEFACT 研制和发布的国际贸易单证标准是避免上述情况发生的关键。根据 UN/CEFACT 的测算，如果在国际贸易中全部采用 UN/CEFACT 的标准将会节省 50% 的单证费用，同时还会避免贸易环节中单单不一致、单证不一致、单货不相符等情况的发生。

2. 单证格式的国际标准化

国际贸易单证标准化主要是指信息记录和格式交换的标准化。其目的是保证商贸业务顺利开展，保证贸易各方在理解和执行单证所表达的内容方面获得一致，确保国际贸易过程的高效有序，解决和减少纠纷。

早在 20 世纪 50 年代，国际上就出现了单证改革的浪潮。瑞典是最早进行简化单证工作的国家，并在 1957 年创造了一种"套合式"的单证形式，仅此一项就使单据缮制费用减少 70%，而且大大降低了单据的差错率。1973 年，联合国欧洲经济委员会将其拟制成"欧洲经济委员会单证设计样"（EEC layout key），作为国际贸易单证标准格式正式向各国推荐，1978 年更名为"联合国贸易单证设计样式"（U. N. layout key for trade documents），如单据示例图 1-2-4 所示，由联合国贸易简化程序委员会出版并向世界发行、推广。国际贸易单证的种类虽然多种多样，且各种国际贸易单证的用途不一，但就其内容而言，大约有 80% 是相同的。例如，货物名称、数量、收货人、发货人、启运地、目的地等。对这些相同的内容，由于格式的不同，每一种单据都要单独填制，需要重复核对、审查，如有错填，又需要逐一更正。因而花费大量的时间和人力物力，而且仍难免出错。按照"联合国贸易单证设计样式"拟制的套合式标准单证格式，可减少各种单证相同内容的重复缮制、重复审核。

Consignor(Exporter)		LAYOUT KEY FOR TRADE DOCUMENTS	
		Date:Reference No.etc.	
Consignee		Buyer(if other than consignee)of other address	
Notify or delivery address		Country where consigned	
		Country of origin	Country of destination
Transport details		Terms of delivery and payment	
Shipping marks: Container No.	Number & kind of packages: Goods description	Commodity No.	Gross weight	Cube
			Net quantity	Value
		Place and date of issue:Authentication	

Free disposal

图 1-2-4 联合国贸易单证设计样式

套合式单证统一了单据的大小,并将各种单据中相同的项目放在同一位置。制单时只需将各项内容打印在一张总单据上，即"master document"，然后根据各种单据的需要，利用复印、复制、套印和影印技术将事先设计的有方格的遮盖板把不需要的部分盖住，复制出各种所需的单据，这样只需一次制单、校对和改错，大约只需要半小时即可将所有单据制成，从而大大节省了人力和时间、避免了差错、提高了工作效率。各国（地区）不同程度地采用了该套合式简化单证格式，使国际贸易单证工作有了很大改进。单证的规范化和标准化又为单证制作的电脑化和单证传递的电子化打下了良好的基础。

3. 我国外贸单证标准化存在的主要问题

（1）标准化工作起步晚，与发达国家差距大

我国国际贸易标准化工作起步于20世纪80年代初。根据1981年实施的《联合国贸易单证样式（UNLK）》，我国标准化机构制定了国内第一个国际贸易程序简化单证国家标准——《国际贸易单证样式》。此后，国内进出口机构开始使用这一单证标准。目前，全国电子业务标准化技术委员会已将UN/CEFACT发布的所有建议书、标准和技术规范转化为我国国家标准。经过标准化机构长期不懈的努力，我国外贸单证标准化工作取得了一定的成就，对促进我国对外贸易快速发展产生了积极的作用，但与发达国家相比，我国的外贸单证标准化水平仍然较低，差距较大。

（2）外贸单证成本高，使用不规范

我国外贸企业普遍对国际贸易程序简化和标准化缺乏全面、系统的了解，由此导致我国国际贸易单证成本远高于发达国家平均水平，一定程度上降低了我国外贸出口竞争力。此外，相当数量外贸进出口企业填写的金融保险等服务相关的单证，以及更多的由企业填写和申报的单证、标签等不符合国际标准。例如，部分企业经常因为填错商品名称代码面临退货，运输标志不标准造成提单、报关单、发票、箱单一错俱错，企业将单证上的国家码写成了三位数而不是联合国标准的两位数，导致货物被进口地海关计算机系统排除在外而长期滞留港口。因单证使用不规范造成的滞关、压仓、退货和货物损毁等事件造成的损失也是巨大的。

（3）单证实施差错率高，损失大

我国外贸单证的差错率是5%，发达国家外贸单证的差错率是0.25%，我国外贸单证差错率为发达国家差错率的20倍。据联合国贸发会和WTO的测算，国际贸易单证的平均费用一般占国际贸易总额的8%。按2023年我国对外贸易额41.76万亿元计，当年我国在国际贸易单证上的支出达3.33万亿元，这些贸易活动如果严格按照国际贸易单证标准实施，将节省其中50%的费用，约为1.67万亿元。

4. 我国外贸单证标准化探索历程

我国非常注重外贸单证标准化。中国标准化机构从 20 世纪 80 年代末开始追踪国际贸易标准化动态，并研制了中国第一个国际贸易单证标准。此后，中国标准化机构还陆续完成了包括数据标准、单证格式标准、EDI 标准、电子商务标准等在内的多个国家标准。1999 年，中国还设立了电子业务标准化技术委员会。以上构成了中国国际贸易单证标准体系，为简化和消除通关环节中的阻碍奠定了基础。

近年来，我国不断推动贸易便利化和标准化。2019 年自由贸易试验区积极开展陆上贸易规则探索，推进国际陆路运输"国家标准+核心单证+标准化体系"创新取得成效。参照国际货运代理协会联合会的可转让单证 FIATA FCT（货运代理运输凭证），增加背面附议条款，明确责任主体，作为国际陆路运输单证标准化体系的核心单证。研究制定《国际货运代理铁路联运作业规范》等 3 项国家标准。

任务 3　贸易单证制作的电子化

随着信息技术的发展，外贸制单也越来越多地使用软件，形成电子单证，加快了制单的速度，提高了单证处理效率。同时，电子化制单使国际贸易的交易管理实现无纸化、网络化。进出口商可以直接通过互联网办理与银行、保险、税务、运输各有关方面的电子单证和电子票据，并完成部分或全部的结算或索赔等工作，大大节省了交易时间和交易费用。

小李所在的部门早就开始使用单证系统制作外贸单据，随着信息化程度的不断提升，跨境电商等新型贸易模式出现，完全由系统生成数据的电子化通关模式正在不断成熟。

小李在想，新时代的外贸单证员该如何适应外贸单证制作的电子化趋势呢？

任务要求

以小组为单位讨论新时代的外贸单证员该如何适应外贸单证制作的电子化趋势。

 **知识链接**

1. 贸易单证制作的电子化

随着传真、复印技术和计算机技术的广泛运用,国际贸易单证的传递速度和对单证简化及标准化的要求进一步提高。各国(地区)越来越多地使用计算机制单,即将单证内容的各项资料编好程序纳入计算机系统,利用电子计算机来制作单证。这种方法使单证内容一次输入,多次、反复输出,使单证的审核、修改一次完成,避免在单证上出现错误和涂改,使单证整洁、清晰,提高了单证的制作水平和质量,加快了制单和流转的速度,节省了大量的时间和人力,从而减少了利息的损失。

在贸易领域,除利用计算机专门处理企业对外贸易的各类单证(业务类单证、运输类单证、海关通关单证和出口结汇类单证)以外,EDI 也应用于信用证分析、信用证管理、交单日期的预报、运输数据的储存等方面。但是,由于各国(地区)经贸系统的计算机制单产品繁杂且各成体系,其标准化、软件环境各有不同,因此缺乏统一的标准和要求。20 世纪 80 年代兴起的一种新颖的电子化贸易工具——EDI 系统在世界各国(地区)得到了普及和采用。

2. 贸易单证制作的电子化的可行性

继 2002 年公布 eUCP(跟单信用证统一惯例之电子交单)第一版后,时隔数年,国际商会于 2019 年 6 月公布 eUCP 2.0 版本以及 eURC(托收统一规则之电子交单)1.0 版本,并于 7 月 1 日起正式施行,以适应科技金融带来的巨大变革。这是国际商会出版物 UCP 以及托收统一惯例迈向电子化的又一里程碑,体现了全球范围内对于更新贸易金融业务流程及规则以适应电子时代的共识。

为顺应贸易金融领域的无纸化趋势,国际商会还筹备成立了电子化工作小组,并评估现有国际商会惯例对于电子化趋势的兼容性。这说明,单证实务以及标准已经跟随部分大型银行区块链、人工智能的应用以及贸易实务电子化的脚步,做出了适应性变革,这也为单证业务电子化的推广和普及奠定了理论基础。

3. 电子单证的优势

相较于传统纸质单证,电子单证的优势可归纳为以下几点。第一,电子单证可显著减少纸质单证缮制、校对、审核、往返流转的时间成本和差错成本,降低操作风险;第二,电子单证的应用将提升单证规范化程度,提高信息处理的安全性和准确性,有助于简化交易环节、提高运作效率,进而加速资金周转；第三，单证电子化是适应国际贸易竞争中数字化、信息化趋势的必要举措，对于提高贸易便利化程度具有积极意义。

4. EDI 系统与国际贸易单证

EDI 是按照协议对具有一定结构特征的标准经济信息，经过通信网络，在商业贸易伙伴的计算机系统之间进行自动交换和自动处理，使国际贸易往来过程不再依赖纸面单证，而逐渐被电子单证所代替。

EDI 是 20 世纪 80 年代发展起来的一种新颖的电子化贸易工具，是现代计算机与通信技术相结合的产物，是随科学技术的飞速发展而在国际贸易领域出现的新变化和新发展。EDI 的最大特点是将商业文件标准化，并用"电子数据"通信方式将市场需求、原料采购、生产制造、合同签订、商检、保险、银行汇兑、货物托运及海关申报等贸易链中的各个环节有机地结合起来，使贸易过程的时间缩短，同时降低人为干预程度、减少人为错误、提高经济效益。EDI 是改变传统商业贸易运行习惯的"催化剂"，是一场"结构性的商业革命"。

EDI 标准的发展经历了由产业标准、国家标准到国际标准三阶段。其中，较著名的国家标准有美国国家标准学会（ANSI）授权 ASC X.12 委员会依据行业 TDCC 标准开发、建立的跨行业且具有一般性的国家标准——ANSIX.12；欧洲较广泛使用由联合国欧洲经济理事会从事国际贸易程序简化工作的第四工作组（UN/ECE/WP4）负责发展及制定的 TDI 及 GTDI 标准；而英国使用了 TRADECOMS 等。因此，在全球推广 EDI 就必须制定统一的国际标准而非国家标准。为此，1985 年在联合国的赞助下，欧、美两大标准——北美 ANSI X.12 与欧洲 GTDI 开始广泛接触合作，进行国际 EDI 通用标准的研究与发展，UN/ECE/WP4 承办了国际性 EDI 标准制定任务。

考虑到各国 EDI 的发展现状，UN/ECE/WP4 将 EDI 国际标准分为 3 个领域：行政（administration）、商业（commerce）和运输（transportation），并于 1986 年正式以 UN/EDI FACT（United Nations/Electronic Data Interchange for Administration Commerce and Transport）的形式作为国际性 EDI 通用标准发布。1987 年，这个标准被国际商业协会体系所承认，后者向 ISO-TC/154 建议 EDIFACT 语法规则，并于 1987 年 8 月获得通过。ANSI X.12 于 1992 年决定在其第四版标准制定后将不再继续发展，全力与 UN/EDITACT 结合。因此，EDIFACT 成为国际标准。

UN/EDIFACT 公布之后，得到了世界上大多数国家（地区）的支持。1986—1988 年分别成立了北美、西欧和东欧三个地区性的 EDI 委员会。1990 年 4 月，澳大利亚和新西兰加入并成立第四个委员会。后来，亚洲和非洲也相继成立了相应的委员会。我国是亚洲 EDIFACT 委员会（ASEB）的成员方。1991 年成立了中国 EDI FACT 委员会（CEC），对内又称中国促进 EDI 应用协调小组（原外经贸部 EDI 中心）。为了实现进出口手续的 EDI 管理和符合国际标准。1994 年我国根据联合国的标准单证样式制定了一系列标准的外贸出口单证格式（GB/T 15310），包括商业发票、装箱单、装运声明等，以加速与国际标准的接轨。

5. 外贸单证管理系统

（1）外贸单证管理系统的作用

外贸单证管理系统支持制单、配船、订舱、打印多种单证格式。有助于实现相同的数据支持所有单据共享，自动做到所有单据的数据完全相符。能实现一套数据两套单据，方便报关和结汇单据的不同需求。

外贸单证管理系统能最大限度地整合企业信息数据，真正把分散于个人资源数据，整合成为公司整体的资源数据。根据企业行业特点及管理需要，动态配置相应系统模块，加强业务风险的管理，实现精细化作业模式。从收付两条线源头的数据管控开始，配合各岗位节点的监控，与实时数据查询分析系统配合，从而确保资金流向的正确性和安全性。

（2）常用外贸单证管理系统的特点

①单证样式可以按照客户的要求去定制模板；

②支持生成成套单据：报关单据、结汇单据、商检单据、清关单据；

③通过软件自动生成的单据格式，可以直接生成 Word、Excel、PDF、jpg 等文件；

④单据格式上可以直接挂接公司的电子签章和法人签名。

 课后阅读

与单证填制相关的技能竞赛和实训平台

使用实训教学平台和参加技能竞赛是开展单证教学和检验教学成果的有效方式。与单证填制相关的技能竞赛有互联网+国际贸易综合技能赛项（国赛、省赛）和 POCIB 全国外贸从业能力大赛（行业赛），与单证填制相关的实训平台有 POCIB 国际贸易从业技能综合实训平台和商务英语单证实训系统等平台。

一、与单证填制相关的技能竞赛

1. 互联网+国际贸易综合技能赛项

互联网+国际贸易综合技能赛项竞赛内容本竞赛分为外贸业务能力B2B模块、外贸业务能力B2C模块、外贸跟单能力模块和外贸英语沟通能力模块四项内容。

外贸业务能力B2B模块：各参赛院校选手通过B2B跨境电子商务平台推广公司和产品，并与其他国家和地区的选手磋商交易，业务操作至合同签订为止。选手需在规定时间内争取尽量多的业务时机，并尽可能多地签订合同，表达业务多样性，同时还必须做好每笔业务的本钱核算，实现利润最大化。

外贸业务能力B2C模块：各参赛院校选手通过B2C跨境电子商务竞赛系统，在规定时间内就B2C跨境电子商务平台产品推广、产品开发、运费模板设置、数据挖掘与分析、引流营销、客户效劳、平台规则、物流采购等业务操作环节作答。考察选手在基于B2C跨境电子商务平台下的外贸业务应用能力。

外贸跟单能力模块：根据给定的进出口合同，每队选手需完成一笔出口业务和一笔进口业务的后续履约流程。考查选手在不同贸易术语和结算方式下的外贸单证制作能力和外贸跟单能力。

外贸英语沟通能力模块：以外贸业务流程、商务接待、商务谈判等情境为背景，以沟通过程与内容为载体，以英语口语表达为形式，考查选手在外贸业务环节中的英语沟通能力。

2. POCIB全国外贸从业能力大赛

从2011年开始，商务部中国国际贸易学会和全国外经贸职业教育教学指导委员会依托POCIB实训课程平台，联合主办了POCIB全国外贸从业能力大赛，促进全国高校在国际贸易领域的研讨和交流，加强国际贸易实践教学，全面提高教学质量，激发学生的学习热情，提升学生的学习能力、实践能力和创新能力。

（1）大赛要求

大赛要充分体现公开、公平、公正的原则，各参赛院校组织国际贸易相关专业且之前未参加过POCIB大赛的在校学生进行校内选拔，从中选拔优秀选手组队参加大赛。所有参赛学校均不得弄虚作假，如有弄虚作假，一经查出，取消获奖资格，并予以通报。

（2）大赛内容

国际贸易买卖合同的磋商过程，询盘、发盘、还盘和接受环节的英文函电写作技巧；主要贸易术语和结算方式的细节和运用；进出口商品的价格核算、成本控制和扩大利润的方法；国际贸易买卖合同的商定；进出口业务履约基本技巧；主要进出口单据的缮制与运用等。

二、与单证填制相关的实训平台

1. POCIB 国际贸易从业技能综合实训

随着我国经济持续稳定的发展，我国和世界各国经济文化交往的不断深入，国际贸易相关的技能将逐步成为企业需要的较为常规的业务技能。对于企业来说，国际贸易业务能力和操作技能需要在实际工作中逐步培养，这往往意味着较大的业务风险和时间成本；对于学校来说，实践是国际贸易相关专业的一个重要教学环节，需要通过实践，使学生熟悉国际贸易实务的具体操作流程，增强感性认识，并可从中进一步了解、巩固与深化已经学过的理论和方法。

（1）POCIB 国际贸易从业技能综合实训介绍

POCIB（Practice for Operational Competence in International Business）国际贸易从业技能综合实训是中国国际贸易学会继外销员考试、跟单员考试等考试项目之后，联合国际贸易杂志社和世格软件共同推出的互联网培训证书课程。POCIB 项目重点针对国际贸易及相关专业的高校学生以及国际贸易行业新进人员，以提高学习者的外贸综合业务技能为目标，以仿真的在线国际贸易游戏为核心方式，为我国外经贸人才培养引入了创新、高效、务实和科学的教学方法和培训手段。

（2）POCIB 国际贸易从业技能综合实训优势

课程内容真实体现现有国际贸易理论和实务框架，并可以根据现实的国际贸易环境快速调整和应用，更加贴近现实，符合国家经济贸易形式的发展节奏，符合企业迫切的人才需求。

通过体验式学习，帮助学习者在短期内全面体验国际贸易企业运作的过程，获得对国际贸易相关工作的系统性认识，熟练掌握相关的工作技能。对高校来说能有效帮助学生加强对国际贸易理论知识的感性认识，熟悉和了解就业环境，做好前置的技能准备；对企业来说统一了培训标准和评价方法，全面提高新员工业务能力，大大缩短了新员工的培训周期，同时也减少了业务风险。

覆盖整个学习过程的持续评价过程，区别于传统的以考试为主的评价方式，更加细致和客观。量化的评价方式，能够从国际贸易业务的各个技能点出发，对学习者的操作能力进行综合有效的评价，避免了传统授课和培训过程中因为授课环境和个人因素所带来的培训效果的差异。

通过互联网提供课程服务，不受时间、地理位置、天气因素的影响，可以更加灵活地组织和实施高校的实践教学和企业的新员工的培训。

2. 商务英语单证实训系统

（1）商务英语单证实训系统介绍

商务英语单证实训系统运用先进的动画技术模拟国际贸易实务场景，通过真实的贸易案例和丰富的实训任务，为学生打造综合的单证实训平台。系统旨在帮助学生理解进出口业务流程，掌握单证基础知识，提高审单、制单等实务技能，同时可降低教师人工搜集、制作以及批改单据的负担，提高教学效率。

（2）商务英语单证实训系统特点

①学、练、训、考一体化

以实训为主、兼顾理论，设计基础知识、单项技能、综合实训、考试测评四大模块，由理论到实操、从单项到综合，满足单证课程教学、练习、实训、考核等多种需求。

②单据齐全，重点突出

覆盖进出口贸易业务中主流的商业单据、货运单据、金融单据、保险单据，以及官方监管单据；在案例选取和单据任务的设置上，既考虑国际贸易单据业务的完整性，提供全流程的案例和业务操作，又兼顾商务英语专业单证课程的教学特点，侧重提高主流业务单据的审单和制单能力。

③Flash 场景+角色体验

提供丰富的动画仿真场景，模拟进出口业务中与单据操作相关的建筑和办公场景，如贸易公司、工厂、商检、海关、货代公司、银行等；通过角色体验，在仿真的场景中完成单据实训任务，理解各类单据之间的关联性，掌握进出口业务全流程。

④单据批改，实时反馈

可实现单据自动批改，并实时反馈批改结果，有助于提高学生自学效率，降低教师教学负担；得分率统计功能，可具体到每个单据、每个空格，便于教学分析。

项目练习

一、单选题

1. 单证缮制必须做到正确、完整、及时、简明和整洁，其中（　　）是单证工作的前提。

A. 正确　　　　B. 完整　　　　C. 及时　　　　D. 整洁

2. 在单据的"三相符"中,占首要地位的是（　　）。
A. 单同相符　　　　B. 单证相符　　　C. 单单相符　　　D. 单货相符

二、简答题

1. 简述制单的 5 个基本要求。
2. 列举制单的依据。
3. 简述单证员的要求。

三、问答题

1. 电子数据交换的含义及其在国际贸易中的地位如何？
2. 我国发展电子单证有何优势？
3. 我国外贸单证标准化存在什么问题？

项目1.3 签署国际贸易合同

知识目标
1. 了解出口合同的格式；
2. 熟悉英文姓名、地址和单位名称的写法；
3. 掌握外贸合同审核要求；
4. 掌握外贸合同审核要点。

能力目标
1. 能根据交易磋商内容起草合同；
2. 能审核合同并对合同不符点提出修改；
3. 能在实训平台起草外贸合同。

引导案例

外贸合同"软条款"

随着我国国际化进程不断加快，国内企业签订的国际贸易合同逐年递增。然而，国际贸易合同存在着较高的风险，一旦我们的企业对合同的风险管理意识有所松懈，往往造成一些不必要的甚至严重的损失。

在签订外贸合同的过程中，买卖双方都有可能在合同中明显设置或隐含许多"风险条款"。合理利用对我方有利的"风险条款"，规避对我方不利的"风险条款"，能有效地规避风险，成为买卖双方在签订合同时须慎之又慎的关键所在。

我国某省精明化工厂利用加拿大政府贷款，通过蓝天公司分批从加拿大王牌公司引进280万美元的化工设备，在商订合同时，精明化工厂为协调配套设备资金及建设情况，在合同装运条款中加列了"卖方在装运前通知买方，并取得买方的同意，方可进行装运"的条款。

卖方对此无异议，并如期签订了合同，日后，卖方按合同要求开始备货，在首批货物中，30%为外购货，70%为自己生产的产品。完成备货后，王牌公司向蓝天公司发出装运通知，但是，精明化工厂以配套资金没有到位，附属设施没法开工为由，拒绝卖方发货。

后经多次协商，精明化工厂同意在王牌公司同意支付每年2万美元仓储费的前提下，接受第一批货物。之后考虑到当地化工市场的情况，为避免损失，精明化工厂不再同意接受后几批货物。最后，该合同以精明化工厂另外找到新的买家，才得以继续执行。

精明化工厂合理巧妙地利用了"风险条款"，有效地保护了自己的利益。"经买方同意卖方方可装运"的条款属于"风险条款"。作为买方，在该条款订立之初，完全出自客观原因，考虑为协调各部分资金及工程建设情况设置该条款，也被卖方接受。随时间的推移，在市场出现不利的情况下，该条款又使买方成功地减少了仓储费，推迟了合同执行时间，顺利地转卖给其他客户，从而规避、转移了风险，收到了当初没有预想到的结果。

由此可见，合理巧妙地利用风险条款对于保护一方利益既是可行的又是有效的。但该案例也暴露出买方的一些问题：一是买方前期调查不深入，市场预测不准，造成该项贷款合同没成功。二是在一定程度上也影响了自己的信誉，为以后的贸易带来了负面影响。相反，作为卖方，当初接受该条款时，并没有充分考虑该条款的风险及对自己的不利后果。在合同实施时，也没有适时把握这一条款，只把它作为贸易合同中一般的装运通知条款来看待，事前没有征得买方同意就开始备货，直到装运前才通知买方，致使买方拒收货物，最后不得不自食苦果，承担仓储费及长时间占压资金的损失。

讨论题

如果你是卖方，会怎样处理案例中的软条款？如果你是买方，是否赞成设置案例中的条款？

任务1　拟订外贸合同

公司与外商NEO公司磋商出口一批餐具，经过频繁的磋商与函电、电邮往来，双方就交易的条款达成一致意见后就进入合同签约阶段。陈经理想争取合同起草的主动权。合同文本由哪方起草，哪方就容易掌握主动。一般来说，邮件洽商的内容要转化为文本有一个过程，有时仅仅是一字之差，意思则有很大区别。合同起草的一方在合同拟写过程中可以根据双方协商的内容认真考虑写入合同中的每一项条款，斟酌选用对自己有利的措辞。

国际贸易单证实务

陈经理安排小李和其他几位同事准备合同的起草。小李是第一次从事进出口合同的起草工作,想要做"一个早起的鸟儿",提前熟悉常用外贸合同条款,尽量避免出现漏洞和软条款。

如果你也是小李团队的一员,该如何起草外贸合同?

任务要求

1. 小组协同合作,收集2~3套常用外贸合同模板;
2. 讨论外贸合同起草时的注意点,如何规避外贸合同常见的软条款;
3. 小组协商拟订合同,或在实训平台填制进出口合同。

任务相关信息

经过多次交易磋商,中国广州进出口有限公司和加拿大NEO公司就陶瓷餐茶具的各项交易条件达成共识,于2023年3月22日在广州签订销售合同:

1. 卖方(Seller):
广州进出口有限公司
Guangzhou International Trading Co., Ltd
Address: No. 113 Shatai Nanlu, Guangzhou 510720, P. R. China
Tel: +86-20-25763369

2. 买方(Buyer):
NEO GENERAL TRADING CO.
#362 JALAN STREET, TORONTO, CANADA

3. 货号品名规格:

品名及规格 Commodity & Specification	数量 Quantity	单价及价格条款 Unit Price & Trade Terms	金额 Amount
			CIF TORONTO
CHINESE CERAMIC DINNERWARE			
DS1511 30-Piece Dinnerware and Tea Set	542SETS	USD23.50	12737.00
DS2201 20-Piece Dinnerware Set	800SETS	USD20.40	16320.00
DS4504 45-Piece Dinnerware Set	443SETS	USD23.20	10277.60
DS5120 95-Piece Dinnerware Set	254SETS	USD30.10	7645.40
Total:	2039SETS		46980.00

4. 唛头：

AT BUYER'S OPTION.

5. 成交价格条件：

CIF TORONTO, CANADA

6. 包装条件：

DS2201 IN CARTONS OF 2 SETS EACH AND DS1151, DS4505 AND DS5120 TO BE PACKED IN CARTONS OF 1 SET EACH ONLY. TOTAL：1639 CARTONS.

7. 交货/装运条件：

TO BE EFFECTED BEFORE THE END OF JUNE 2021 WITH PARTIAL SHIPMENT ALLOWED AND TRANSHIPMENT ALLOWED.

8. 装运港：SHANGHAI, CHINA

目的港：TORONTO, CANADA

9. 保险条件：

THE SELLER SHALL COVER INSURANCE AGAINST WPA AND CLASH & BREAKAGE & WAR RISKS FOR 110% OF THE TOTAL INVOICE VALUE AS PER THE RELEVANT OCEAN MARINE CARGO OF P.I.C.C. DATED 1/1/1981.

10. 付款条件：

BY IRREVOCABLE SIGHT LETTER OF CREDIT

11. 合同号码：

SHDS09027

中国传统契约文化的内涵与价值

契约的概念起源于西方，随着生产力的进步和对外贸易的扩张，商品经济迅猛发展，传统的血缘、地缘、人缘等社会关系被打破，逐渐形成了以经济关系为主导的契约关系。除了法律属性，契约文化在精神层面主要表现为自由精神、平等精神、信守精神、救济精神。

在中国，"契"的古义为"刻"，后被引申为被刻物，如"符契"。古代符契刻字后，一分为二，双方各持一半作为凭证。因此，"契"也含有"要约"之意，如《韩非子·主道》中的"符契之所合，赏罚之所生也"。

国际贸易单证实务

早在西周时期，青铜器铭文中已有类似契约的内容。而后，大量出土的契约实物，如居延汉简中的契约，证明了中国早已存在契约文化。到了明清时期，"contract"这一西方词汇被引入中国，并被译为"契约"。

东西方契约文化的本义是一致的。但由于国家制度、社会结构和文化的差异，东西方的契约文化呈现出不同。

契约文化起源于经济关系，而经济关系需法律保障。在中国传统社会中，律法为经济交换提供制度保障。除了律法，庞大的社会体系也基于传统农业经济对人与人、人与社会间的经济关系产生影响。中国家国同构的社会体系赋予了契约文化独特的内涵。

知识链接

1. 国际贸易合同概念和分类

（1）国际贸易合同的概念

国际货物买卖合同（Contracts for International Sale of Goods）是指营业地在不同国家（地区）的当事人之间就货物买卖订立的合同，也称为国际货物销售合同。

国际贸易合同受国家法律保护和管辖，是对签约各方都具有同等约束力的法律性文件，是解决贸易纠纷，进行调解、仲裁与诉讼的法律依据。国际贸易合同属于社会交往中比较正式的契约文体，具有准确性、直接性和法定效力性等特点。了解国际贸易合同的独特文体特征有助于对其理解和运用。

（2）国际贸易合同的特点

在国际贸易中，国际货物买卖合同的当事人处于不同的国家（地区），因此国际货物买卖合同与国内货物买卖合同相比，具有不同的特点。

①国际性

国际性即订立国际货物买卖合同的当事人的营业地在不同的国家（地区），如果当事人的营业地在不同的国家（地区），其签订的合同即为"国际性"合同；反之，合同被称为"国内"合同。如果当事人没有营业地，则以其长期居住所在地为"营业地"。

②合同的标的物是货物

国际货物买卖合同的标的物是货物，即有形有产，而不是股票、债券、投资证券、流通票据或其他财产，也不包括不动产和提供劳务的交易。

③国际货物买卖合同的货物必须由一国（地区）境内运往他国（地区）境内

国际货物买卖合同的订立可以在不同的国家（地区）完成，也可以在一个国家（地区）完成，同时，卖方交付的货物必须运往他国（地区）境内，并在其他境内完成货物交付。

④国际货物买卖合同具有涉外因素

调整国际货物买卖合同的法律涉及不同国家（地区）的法律制度、适用的国际贸易公约或国际贸易惯例。

国际货物买卖合同具有涉外因素，被认为与一个以上的国家（地区）有重要的联系，因此在法律法规的适用性上，各国法律法规的规定就与国内合同有所不同。概括起来，国际货物买卖合同适用的法律有3种：国内法、国际贸易惯例、国际条约。

（3）合同的形式和内容

①合同的形式

合同的形式是合同当事人内在意思的外在表现形式。在国际贸易中，交易双方订立的合同有下列3种形式。

一是书面形式，包括合同书、信件及数据电文（如电报、电传、传真、电子数据交换和电子邮件）等可以有形地表现所载内容的形式。采用书面形式订立的合同，既可以作为合同成立的证据，也可以作为履行合同的依据，如履约中发生纠纷，也便于举证和分清责任，故书面合同成为合同的一种主要形式。

二是口头形式，又称口头合同或对话合同，指采用口头形式订立的合同，当事人之间通过当面谈判或通过电话或视频方式达成协议而订立的合同。采用口头形式订立合同，有利于节省时间、简便行事，对加速成交起着重要作用。但是，因无文字依据，空口无凭，一旦发生争议，往往造成举证困难，不易分清责任。这是导致有些国家的法律、行政法规强调必须采取书面合同的最主要原因。

三是以行为表示，指以行为方式表示接受而订立的合同。例如，根据当事人之间长期交往中形成的习惯做法，或发盘人在发盘中已经表明受盘人无须发出接受通知，可直接以行为做出接受而订立的合同，均属此种形式。

《联合国国际货物销售合同公约》第11条规定，销售合同无须以书面订立或书面证明，在形式方面也不受任何其他条件的限制。销售合同可以用包括人证在内的任何方法证明。由此可见，当事人签订合同时，究竟采用什么形式，应根据有关法律、行政法规的规定和当事人双方的意愿行事。

② 书面合同的形式

根据国际贸易的一般习惯做法，交易双方通过口头或书面形式达成协议后，多数情况下还会签订书面合同，以利于合同的履行。

在我国进出口贸易实践中，书面合同的形式包括合同（Contract）、确认书（Confirmation）和协议书（Agreement）等。其中，以采用"合同"和"确认书"两种形式的居多。从法律效力来看，这两种形式的书面合同没有区别，不同的只是格式和内容的繁简有所差异。根据书面合同的草拟人不同，合同又可分为售货合同（Sales Contract）和购货合同（Purchase Contract）。前者是指卖方草拟提出的合同，后者是指买方草拟提出的合同。确认书是合同的简化形式，它又分为售货确认书（Sales Confirmation）和购货确认书（Purchase Confirmation）。前者是卖方出具的确认书，后者是买方出具的确认书。合同或确认书通常签订一式两份，由双方合法代表分别签字后各执一份，作为合同成立的证据和合同履行的依据。

2. 外贸合同的形式和内容

合同的基本内容通常包括约首、本文和约尾3个组成部分。

（1）约首部分

约首是指合同的序言部分。一般包括合同名称、合同编号、订约双方当事人的名称和地址（要求写明全称、联系方式等）。除此之外，在合同序言部分常常写明双方订立合同的意愿和执行合同的保证。该序言对双方均具约束力，因此在规定该序言时，应慎加考虑。

SALES CONTRACT

S/C NO.：SSC2023611
DATE：MAY. 18, 2023
SIGNED AT：Guangzhou

The Sellers：Guangzhou International Trading Co., Ltd
Address：No. 113 Shatai Nanlu, Guangzhou 510720, P. R. China
Tel：+86-20-25763369
Fax：+86-20-25763368
The Buyers：MTY (UK) LIMITED
Address：566, BOROUGH HIGH STREET, LONDON
　　　　　SE1 1HR, UNITED KINDOM
　　　　　TEL：+44-207-407-4035
　　　　　FAX：+44-207-407-4080

This Sales Contract is made by and between the Sellers and the Buyers, whereby the sellers agree to sell and buyers agree to buy the under-mentioned goods according to the terms and conditions stipulated below.

（2）本文部分

本文部分是合同的主体部分，具体列明各项交易的条件或条款，这些条款体现了双方当事人的权利和义务。

本文部分包括主要交易条件和一般交易条件。主要交易条件是指与具体交易标的息息相关的条款，例如，品名条款、品质条款、数量条款、包装条款、价格条款、运输条款、保险条款、支付条款、商品检验条款等。一般交易条件是指其他一些使合同得以完善的相关条款，例如，索赔条款、不可抗力条款、仲裁条款等。

①品质规格条款

品质规格条款是合同的主要条款，由于国际货物买卖的双方分处不同的国家，因此双方在合同中对货物品质的约定就更加重要。买卖合同中有关货物品质的说明是合同的要件，如果卖方所交货物的品质与合同的约定不符，买方有权拒收货物，并可以要求损害赔偿。在国际货物买卖中，不同种类的货物有不同的品质的表示方法，主要有下列几种。

一是凭样品确定货物品质的买卖，指交易双方约定以样品作为交易的品质依据的买卖。这样的买卖依《联合国国际货物销售合同公约》第35条的规定，货物的质量应与卖方向买方提供的货物的样品或样式相同。否则，即为与合同不符，卖方须承担此种不符合同的责任。由于凭样品的买卖多属于品质难以规范化或标准化的货物，有时很难做到货物的品质与样品完全相同，因此合同中也有约定交货品质与样品大致相符的情况。

二是凭规格、等级或标准确定货物品质的买卖。规格指反映商品品质的一些主要指标，如重量、长短、大小、纯度、强度、拉力等。等级指对同类商品进行的级别分类，如一级、二级、特级等。标准是企业、行业、政府或国际组织对某类商品的规格和等级进行的规范化。在进行此种确定品质的买卖时，卖方所交付的货物应与合同规定的规格、等级或标准相一致；否则，即属违约。

三是凭商标或牌名确定货物品质的买卖。在国际贸易中，对于某些品质稳定并树立了良好信誉的商品，可以采用凭商标或牌名来确定货物的品质。一般来说，商标或牌名特别是良好信誉的商标或牌名代表了一定规格的商品品质，因此，此种买卖可以不再订明具体标准或提供样品。但由于同一商标或牌名的产品可能在不同的国家或地区生产，也会存在规格上的差异，因此，有些凭商标或牌名的买卖除规定了货物的牌名或商标外,也会对产品的具体规格进行规定。

四是凭说明书确定货物品质的买卖。商品的说明书是说明商品的性能、构造等的文字材料。在国际贸易中,买卖一些构造和性能复杂的设备时,有时须凭详细的说明书具体说明其构造、用材、性能和使用方法等。在凭说明书的买卖中,有的合同除说明书外,还有规定品质保证的条款,用以保证卖方出售的货物品质在一定期限内符合说明书上的技术指标,如买方在保证期限内发现品质与说明书不符,则可以要求退货。

货物的品质条款一定要明确,并应依合同约定的品质履行,有时超过了合同约定的标准也会引起争议,特别是在买方对货物有特殊要求时,例如,有客商订的电吹风不要求很长的寿命,这样有利于市场的更新换代,并降低成本。

品名条款示例详见图 1-3-1。

```
Commodity & Specification

WORK SHORT TROUSERS - 100 PCT
COTTON TWILL AS PER ORDER
D0900326,
WORK SHORT TROUSERS - 100 PCT
COTTON TWILL AS PER ORDER
D0900327,
```

图 1-3-1　品名条款示例

常见品名条款(凭等级)如下。
9371　中国绿茶特珍一级凭规格
2345　芝麻　水分(最高)8%
　　　　　　杂质(最高)2%
　　　　　　含油量(最低)52%
0708　中国灰鸭绒含绒量为 90%,允许 1%上下浮动
②数量条款

国际货物买卖合同中的数量通常用重量、体积、长度、面积、个数等单位表示。但由于各国(地区)的度量衡制度不同,同一计量单位所代表的数量可能也会有差异,因此合同中必须规定明确。数量条款是确定卖方交货数量的依据。对于有些农产品货物或矿产品货物,由于货物本身的特性,或受包装和运输工具的限制,或由于蒸发的原因等,使货物的重量和数量很难与

合同相同，对于此类货物，国际惯例也允许在合同规定的数量与实际交货的数量之间有一定的机动幅度。通常有两种规定机动幅度的方法：一是在合同中规定"溢短装条款"，允许卖方按一定的机动幅度多交或少交一定数量的货物。二是在货物的数量上规定一个约数，如规定"约1000公吨"，则货物的数量可以在一定的幅度内机动。外贸合同常用数量条款如图1-3-2所示。

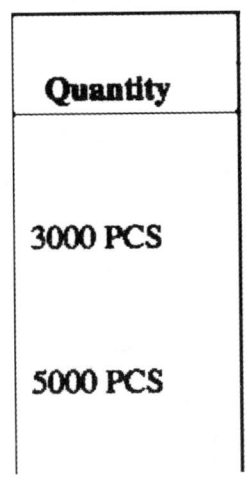

图1-3-2　数量条款示例

此外，在合同中通常还规定对超过合同的数量按什么价格支付的条款，如果双方当事人对此没有规定，一般对于超过合同数量的货物按合同规定的价格支付货款。

③包装条款

包装条款主要包括包装的种类和性质、包装材料、包装尺寸、包装费用和运输标志等内容。在国际贸易中，除一些货物因其本身特点不需要包装外，多数货物都需要有一定的包装。包装的费用计入成本之中。货物的包装主要分为两类：

一是运输包装，又称大包装或外包装，主要作用是为了保护货物的安全运输，便于装运和储存。

二是销售包装，又称小包装或内包装，其作用是为了保护商品的质量、数量。

此外，还有介绍商品的作用。包装条款应依货物的性质进行协商，同时还应考虑对方国家的习惯和法律规定，例如，有的国家对以陶瓷作为包装材料的货物课以重税。

常见包装条款如下：

IN WOODEN CASES OF 30 KILOS NET EACH.（木箱装每箱净重 30 千克。）

IN CARTONS OF 50KGS NET EACH THEN ON PALLETS.（纸箱装每箱净重 50 千克然后装托盘。）

IN INTERNATIONAL STANDARD TEA BOXES. 20 BOXES ON A PALLET. 10 PALLETS IN A FCLCONTAINER.（国际标准茶叶纸箱装 20 纸箱一托盘，10 托盘一集装箱。）

④价格条款

价格条款主要规定货物的计价货币、计价单位、单位价格金额等。国际贸易术语常常被用来表示货物的单价，如规定"每公吨 500 美元 CIF 纽约"的单价中，重量的单位是公吨，计价货币是美元，单位价格金额是 500 美元，目的港是纽约，价格构成是货物的成本加运费加保险费。货物买卖合同的总价是以单价乘以交易商品的数量。价格条款是确定买方支付义务的主要依据。

Price Terms	
Unit price	Amount
CIF ANTWERP	
USD10.50/PC	USD31 500.00
USD12.00/PC	USD60 000.00

图 1-3-3　价格条款示例

⑤商检条款

商检条款通常规定商品检验所应依据的标准、检验机构、检验期间及商检权等内容。商检条款的作用是提供一个确定卖方所交货物是否符合合同的依据，关系到合同的履行、索赔、诉讼等许多法律问题。商检条款主要包括下列内容。

一是关于商检权问题。商检权关系到买卖双方由哪方决定商品品质、数量或包装是否符合合同的问题。在国际贸易中，对商检权一般有下列三种不同的规定方法：

以离岸品质、重量为准。在此种条款下，买方在货物到达后原则上不能对货物的品质和数量提出异议。这种做法对卖方比较有利。

以到岸品质、重量为准。在此种条款下，买方可以根据目的港检验机构签发的商检证书向卖方提出品质、数量方面的异议。这种做法对买方有利。

以装运港的检验证书作为议付贷款的依据，但在货到目的港后允许买方有复验权。如复验后发现货物的品质、数量与合同不符，买主可根据交验的结果向卖方提出索赔。这种做法比较公平合理，兼顾买卖双方的利益，在国际贸易中使用比较普遍。

二是关于商检机构。在国际贸易中，进行商品检验的机构主要有以下3类：其一，是由国家设立的商品检验机构；其二，是由私人或同业公会、协会开设的公证行；其三，是生产、制造厂商或产品的使用部门设立的检验机构。

三是关于商检的期限。商检的时间一般就是品质、数量索赔的期限。在检验条款中通常都规定，买方必须于货物到达目的港后若干天内（如60天内）进行检验。或规定买方应于货物在目的港卸货后若干天内进行检验，如果超过规定的期限不进行检验，买方就失去检验的权利等。

四是关于商检的标准和方法。各国（地区）对同一商品规定的品质标准不完全一致，而且每个国家（地区）的标准（包括各同业公会的标准）各年的版本又有可能不同，内容也有差异，因此，在签订合同时，如按标准确定商品的品质，不仅要规定是按哪个国家（地区）的标准，而且还需规定是按照哪个版本的标准。有些商品，在检验时常因所采用的检验方法不同，而出现不同的结果。所以在签订合同时，对于可能有几种检验方法检验的商品，应明确采用哪一种。

常见的商检条款如下。

WEIGHT, PHYTOSANITARY AND QUALITY INSPECTION CERTIFICATES IN ONE FOLD ISSUED BY CHINA NATIONAL IMPORT & EXPORT COMMODITIES INSPECTION CORPORATION (CCIC).

THE BUYER WILL SEND HIS TECHNICIANS TO INSPECT CARGO BEFORE SHIPMENT AND BUYER MUST APPROVE QUALITY BEFORE SHIPMENT.

⑥装运条款

装运条款主要规定装运时间、装运港或装运地、装运通知等事项。装运是指将货物装上运输工具。装运条款会涉及运输问题和支付单据中的要求。

常见装运条款如下。

Time of Shipment：DURING OCT. 2022 BY SEA

Loading Port and Destination：FROM SHANGHAI, CHINA TO

ANTWERP, BELGIUM

　　Partial Shipment and Transshipment: ALLOWED

　⑦保险条款

　　合同中的保险条款是指具体规定由哪方当事人负担货物运输的保险责任及应投保的险别等内容的条款。其目的在于把保险责任具体化。例如，货物是按 FOB 价格条件出售的，则保险费用应由买方支付，即使卖方经买方的请求而投保，其保险费用也应由买方承担。

　　常见保险条款如下。

　　Terms of Insurance: TO BE EFFECTED BY THE SELLER FOR 110% OF THE FULL INVOICE VALUE COVERING INSTITUTE CARGO CLAUSES (A) AS PER I.C.C DATED 1/1/1981.

　⑧支付条款

　　支付条款是合同中有关买方支付货款内容的条款，包括下列内容：

　　一是支付与结算使用的货币的币种；

　　二是支付工具，即是货币还是票据，一般是采用票据中的汇票；

　　三是支付方式，指是采用汇付、托收还是信用证，合同中经常采用的是跟单信用证付款方式，有些情况下也采用托收的方式；

　　四是支付的时间与地点。

　　此外，还有卖方为取得贷款应提供的单证等各项规定。

　　常见支付条款如下。

　　Terms of Payment: THE BUYER SHOULD OPEN THROUGH A BANK ACCEPTABLE TO THE SELLER AN IRREVOCABLE LETTER CREDIT PAYABLE AT 30 DAYS AFTER SIGHT FOR 100% OF TOTAL CONTRACT VALUE TO REACH THE SELLER BEFORE JUNE.21, 2023 AND VALID FOR NEGOTIATION IN CHINA UNTIL THE 15th DAY AFTER THE DATE OF SHIPMENT.

　⑨不可抗力条款

　　不可抗力条款是规定在合同订立后发生当事人在订合同时不能预见、不能避免、不可控制的意外事故，以致不能履行合同或不能如期履行合同时，遭受不可抗力的一方可以免除履行合同责任的条款。

　　构成不可抗力的意外事故应具备的条件如下。

　　一是意外事故是在签订合同以后发生的。

　　二是意外事故是当事人所不能预见、不能避免和不可控制的。不可抗力的事故主要包括两种情况，一种是由于自然力量引起的，如水灾、风灾、旱灾、地震等；另一种是社会原因引起的，如战争、封锁、政府禁令等。

三是意外事故的引起没有当事人疏忽或过失等主观因素。

不可抗力的法律后果与结果。依1980年《联合国国际货物销售合同公约》的规定，遭受不可抗力的一方可解除合同或延迟履行而不承担责任。只有在不可抗力因素与当事人的过失同时存在的情况下，当事人才承担相应的赔偿责任。遭受不可抗力后合同的结果主要如下。

一是解除合同。一般来说，如果不可抗力事故使合同的履行成为不可能，则可解除合同。如在买卖特种粮食的交易中，该特种粮食的产地因水灾而失收，在这种情况下，可以解除合同。

二是延迟履行。如不可抗力只是暂时阻碍合同的履行，则只能延迟履行。例如，由于不可抗力使交通受阻，可能延迟履行，等通车后再履行。

常见不可抗力条款如下。

"Force Majeure" includes all incidents that happen after the signing date, unforeseen when signing the contract, unable to avoid and overcome the occurrence and results, and that prevent any of the parties to perform parts or the whole of the contract. The incidents should include earthquake, typhoon, flood, fire, war, national or international transportations break off, governmental or official actions, epidemic, civil turbulence, strike and any other unforeseen or unavoidable or unconquerable incidents, including all incidents that conventionally considered as Force Majeures in international commercial practice.

⑩仲裁条款

在争议的解决上，国际货物买卖合同中一般规定，如发生与本合同有关的争议，应友好协商解决；协商不能解决时，应将争议提交某仲裁机构进行仲裁。合同的仲裁条款中应订明仲裁地点、仲裁机构、仲裁规则等方面的内容。

常见仲裁条款如下。

All disputes in connection with this Contract or the execution thereof shall be settled through friendly negotiations. In case no settlement can be reached through negotiations the case should then be submitted for arbitration to the FOREIGN TRADE ARBITRATION COMMISSION of the CHINA COUNIL FOR THE PROMOTION OF INTERNATIONAL TRADE BEIJING, in accordance with the provisional rules of procedure of the FOREIGN TRADE ARBITRATION COMMISSION of the CHINA COUNCIL FOR THE PROMOTION OF INTERNATIONAL TRADE. The arbitration shall take place in Beijing and the decision rendered by the said

Commission shall be final and binding upon both parties; neither party shall seek resource to a law court or other authorities for revising the decision. The arbitration fee shall be borne by the losing party.

⑪索赔条款

索赔条款是指双方当事人在国际货物买卖合同中约定,当发生违约情况时,一方应承担什么责任,另一方可享有什么权利以弥补损失。

常见索赔条款如下。

CLAIM:Any claim by the buyer regarding the goods shipped should be filed within 30 days after the arrivals of the goods at the port/place of destination specified in the relative bill of lading or transport document and supported by a survey report issued by a surveyor approved by the seller. Claims in respect of maters within responsibility of insurance company, shipping company/other transportation organization will not be considered or entertained by the seller.

⑫法律适用条款

法律适用条款是当事人依意思自治原则经过双方的协商选择的适用于合同的法律。我国的司法解释要求当事人对法律的选择应当是明示的,当事人的选择一般应与合同有一定的联系。当事人可以选择适用某国的国内法,也可以选择适用国际公约或国际惯例。

以上是国际货物买卖合同正文部分的主要条款,其多寡繁简一般根据货物的性质、交易量的大小、当事人之间的关系、签约当事人的法律知识与水平等因素而协商决定。

(3) 约尾部分

约尾部分一般包括合同份数、使用文字及其效力,以及双方当事人的签字等内容。如果通过传真签约,则可不列明合同份数;如果合同使用两种或两种以上语言,要明确使用文字及其效力;如果合同生效受某个条件约束,则需注明生效时间。

本业务中填写的约尾如下。

The Sellers:Guangzhou International Trading Co., Ltd
Signature:

The Buyers:MTY (UK) LIMITED
Signature:

3. 外贸合同拟订中姓名和地址的写法

经济全球一体化发展背景下,众多国家、地区相互间贸易活动变得越来越频繁。外贸合同作为国际经济与贸易中的一种重要文件,也是一种不可或缺的法律依据，而商务英语则是国际贸易从业者必不可少的语言，也是外贸合同中的主要语言。外贸合同中每个字词、每段语句均可能对合同双方经济利益带来极大影响，所以对于外贸合同的相关条款的表述要做到准确到位。

（1）中文拼音姓名的写法

西方人的习惯是名字在前，姓在后，二者间如果有中间名（Middle name），一般用简写，中国人如果有英文名字，在正式的场合可以参照这种格式。例如，搜狐创始人张朝阳的英文名字就写成 Charles CY. Zhang。

如果没有英文名字，那么应该按照中国人的习惯（姓在前名字在后）直接把中文名字翻译成汉语拼音作为英文写法。例如，奥运会上所有中国运动员运动服上的名字都是姓在前名字在后。《汉语拼音方案》是拼写中文人名地名的标准，对外交往中中国人姓名的拼音方法得到了规范。

姓名的汉语拼音方法及规范化书写格式可归纳为以下6点：

①汉语姓名的拼音法必须以普通话（不能用方言）为准；
②汉语姓名必须将姓和名分写，并且姓在前名在后；
③姓和名中的第一个字母必须大写，其余的字母一律小写、连写；复姓或双字名，字间既不空格也不用半字连接线；
④一般情况下姓和名均不加调号；
⑤应按《汉语拼音方案》规定，必要时用隔音符号（'）；
⑥汉语姓名中的姓和名均无缩略形式，凡缩写都是错误的。

中国人名汉语拼音字母拼写法示例如表1-3-1所示。

表1-3-1 中国人名汉语拼音字母拼写法示例

姓名形式	汉语姓名	错误写法	正确写法
单姓单字名	杨立	YANGLI YANG LI	Yang Li
单姓双字名	杨为民	Wei-min Yang Yang WeiMin Yang Wei-min	Yang Weimin
复姓单字名	欧阳文	OuYang Wen Ou-yang Wen	Ouyang Wen
复姓双字名	欧阳文安	OuYang Wen An OY Wenan	Ouyang Wenan
应加隔音符号名	李西安	Li Xian	Li Xi'an

(2) 国际邮件的地址写法

外贸合同中地址的写法一般遵从国际邮件的地址写法。国际邮件的传递是由两个或两个以上国家的邮政部门共同完成的。因此，对国际邮件的规格、质量和邮递各环节的处理要有统一的标准和要求。《万国邮政公约》和各项协定对国际邮件的种类、资费、规格、封面书写、处理、各项费用的结算等做出了统一的规定。

①城市名的写法

我国城市名称有用英文等书写的，也有用汉语拼音书写的。例如"北京"英文写为"Peking"，汉语拼音写为"Beijing"，二者虽然都是用拉丁字母组成，但拼读方法不同，前者是以音标相拼，而后者则是用声母和韵母相拼，批译时要注意识别。

②街道地址及单位名称的写法

英文地址的写法与中文相反；英文住址原则上是由小至大，先写门牌号码、街路名称，再写城市、省（州）和邮政区号，最后一行则写国家的名称。常见有英文书写、汉语拼音书写、英文和汉语拼音混合书写 3 种。

英文习惯书写。例如，6 East Chang'an Avenue Peking，译为北京市东长安街 6 号。

汉语拼音书写。例如，105 Niujie Beijing，译为北京市牛街 105 号。

英文、汉语拼音混合书写。例如，中华人民共和国外交部官方网站的地址为 No. 2, Chaoyangmen Nandajie, Chaoyang District, Beijing 北京市朝阳区朝阳门南大街 2 号。

我国加入《万国邮政公约》时填报的地址写法是第三种，所以在以上 3 种写法中，推荐第三种写法。

③机关、企业等单位写法

收件人为机关、企业等单位的，应先译收件人地址，再写单位名称。批译方法如下。

一是按中文语序书写的要顺译。例如 SHANGHAI FOODSTUFFS IMP AND EXP CO. 可译为上海食品进出口公司。

二是以英文介词短语充当定语，一般位于被修饰的名词之后，译在该名词之前。例如 Civil Aviation Administration of China 可译为中国民用航空局。

三是机关、企业单位的分支机构一般用英文"branch"（分部、分公司等）表示。例如 Beijing Electronics Co. Ltd. Xi'an Branch 可译为北京电子有限公司西安分公司。

4. 外贸单证标题写法

外贸进出口涉及众多单证，各类单证标题属于专有名称标题，一般采用全部字母都用大写的方式,例如,CONTRACT、COMMERCIAL INVOICE 等。外贸合同和信用证的文本部分也常采用全大写方式,以避免可能存在的大小写不一致引发的贸易纠纷。

如果采用大小写结合的方式撰写单证标题,有以下规则:

(1) 一般实词(名词、动词、代词、形容词、副词等)首字母大写,虚词(介词、冠词、连词、感叹词)首字母小写。

(2) 标题第一个单词,无论是实词还是虚词,首字母都要大写。

(3) 5 个及 5 个字母以上的虚词,例如,between、without、alongside、underneath 等,都应该大写。

 **拓展阅读**

国外公司英文名称的正确写法

交易国(地区)别是我国国际收支统计记录中一个重要的申报要素。在对交易对方和交易国(地区)别的核查过程中,可发现很多国家和地区的收付款人(公司)名称中存在各式各样的表示企业类型的缩略语,如 Co. Ltd、Corp.、SA、GmbH 和 BHD SDN 等。上述现象存在的主要原因,一是各国(地区)语言文字不同,同一词汇在不同的国家具有不同的称谓,例如,"公司"在英语里一般简称 Co.、Inc. 或 Corp.,在瑞典语里的简称则是 AB;二是各国(地区)法律制度和使用习惯存在差异,导致一些国家和地区的企业名称比较独特,比如,新加坡法律规定私人企业名称中必须出现 Pte. 字样,而其他国家(地区)则绝少有此现象。由于有的缩略语为某个国家独有,有的则是同一语种国家和地区所共有。因此,我们可通过交易对方中的缩略语来排除掉或推定出某一笔国际收支交易的国(地区)别。

1. SDN BHD

SDN 是马来语 Sendirian 的缩写,意为"私人"。BHD 系 Berhad 的缩写,意为"公司"。

SDN BHD 指"私人有限公司",BHD 一般指"公众有限公司"。

在马来西亚,企业一般注册为个人企业、合伙人企业或私人有限公司,其中以 SDN BHD 私人有限公司最为常见。如:

CSP CORPORATION M ALAYSIABHD;

UNITED MS ELECTRICAL MFG(M)SDN BHD。

除新加坡、文莱(马来语是两国常用语言)企业名称偶尔出现 SDN BHD

外，其他国家企业名称基本上没有 SDN BHD 字样，因此，如果交易对方中出现 SDN BHD，而交易国别不是马来西亚，则基本上可认定交易国别有误。

2. GmbH

GmbH 是德文 Gesellschaft Mit Beschrankter Haftung 的缩写，相当于英文中的 Limited liability company，即"有限责任公司"。

有限责任公司为介于大型股份公司与小型合伙企业之间的企业形态，为目前德国采用最为广泛的企业形式。如：

B. TEAM EDV. EDITION B. BREIDENSTEIN GMBH（德国）；

MESSE FRANKFURT MEDJEN UND SERVICE GMBH（德国）。

此类公司形式主要是德语区存在，除德国外，将德语作为母语之一的还有奥地利、列支敦士登、瑞士、比利时和卢森堡，上述国家企业名称中也有可能出现 GmbH。如：Hutchison 3G Austria GmbH 即为地址在维也纳的奥地利企业。

因此，不可将交易对方中出现 GMBH 的交易记录一概认为是德国的公司。

3. AG、SA

AG 是德语 Aktiengesellschaft 的简称；SA 系法语 Societe Anonym、意大利语 Societa Anonima 和西班牙语 Sociedad Anonima 的简称，均译为"股份公司"。公司名称中包括 AG 的主要是德国和瑞士的公司，如：

PSI BT BUSINESS TECHNOLOGY FOR INDUSTRIES AG（德国）；

XCHINDLER INFORMATIK AG（瑞士）。

SA 则主要是在法国、瑞士、比利时、卢森堡、意大利、西班牙、葡萄牙、巴拿马、阿根廷、墨西哥和智利等国的公司。如：

ETABLISSEMENTS TREVES SA（法国）；

NESTLE SUISSE SA（瑞士）；

COCKERILL MECHANICAL INDUSTRIES SA（比利时）。

4. S. A. R. L.

S. A. R. L. 是"责任有限公司"的意思，组织形态与股份有限公司类似，主要出现在法国、西班牙和黎巴嫩等国家。法语全称是 Societe a Responsabilite limite，西班牙语全称是 Sociedad anonima de responsabilidad limitada。如：

S. A. R. L. POURPRIX NEGOCE 15 RUE DE GERLAND（法国）。

5. B. V.／N. V.

B. V. 和 N. V. 分别是荷兰文 Besloten Vennootshap met beperkte aansprakelijkhed 和 Naamloze Vennootschap 的缩写，分别是指私人有限公司和公众有限公司。如：

WEISMULL ER AGENTUREN IM-EN EXPORT B. V.;
JOHNSON CONTROLS INTERNATIONAL N. V.。

荷兰法律规定，公司必须有名称，可以不是荷兰文，但必须用拉丁字母书写。私人有限公司必须以 Besloten Vennootshap met beperkte aansprak-elijkhed 或其缩写 B. V. 开始或结尾。外国投资也以此种形态公司最多，其实际经营状态与英国的私人有限公司（Private Limited Company）、德国的 GmbH 或法国的 SARl 公司相似；公众公司（Naamloze Vennootschap 或 N. V.）的一般特征与世界上其他地方的股份有限公司相同。

在荷兰，目前以 B. V. 及 N. V. 形态的公司最多。比利时企业名称冠以 N. V. 的也比较普遍。

6. A/S

A/S 为丹麦文 Aktieselskab 和挪威文 Aksjeselskap 的缩写，意为股份有限公司，企业名称中出现 A/S，一般可认定其交易国别为丹麦或挪威。如：
COPENHAGEN AIRPORT DEVELOPMENT INTERNATIONAL A/S。

7. S. P. A. 和 S. R. L.

S. P. A. 和 S. R. L. 为意大利最常见的两种公司形式。

S. P. A. 系意大利语 societa per azioni 之缩略称谓，指（共同）股份公司；S. R. L. 系意大利语 societa a responsabilita limitata 的简称，中文译为（股份）责任有限公司。如：
DANIELI & C. OFFICINE MECCANICHE S. P. A.;
INVENSYS CONTROLS ITALY S. R. L.。

8. PLC

PLC 是英语 Public Limited Company 的缩写。根据英国公司法，公司注册形态主要分为有限公司及无限公司两种，而有限公司又分为公开有限公司（Public Limited Company）（股票上市公司）及私人有限公司（Private Limited Company）（非上市公司）。需要注意的是，PLC 是指 Public Limited Company，而非 Private Limited Company。

设立公开有限公司，公司名称中必须包括 Public Limited Company 或缩写为 PLC 字样。如：LONDON STOCK EXCHANGE PLC。

9. AB 和 OY

AB 是瑞典语 Altiebolag 的缩写，OY 为芬兰语 Osakeyhtio 的缩写，中文均为"公司"的意思。芬兰法律规定，公司名称中必须有"公司"的芬兰语 Osakeyhtio 或其缩写 OY，也可用瑞典语 Altiebolag 或其缩写 AB。所以，交易对方中出现 OY，交易国别一般是芬兰；交易对方中出现 AB，交易国别一般是瑞典或芬兰。如：

METSO ACTUATOR MANUFACTURING OY（芬兰）；

SANMINA ENCLOSURE SYSTEMS AB（瑞典）。

10. S. A. de C. V.

S. A. de C. V. 是墨西哥公司法（Maxican Corporate Law）规定的股份公司（S. A）的两种形态之一，全称为 Sociedad Anonima de Capital Variable（西班牙语和英语混写），中文译为"可变动资本额公司"，其资本额可以根据公司章程增加。如：

CONSULTORIA INTERNATIONAL S. A. DE C. V. MEXICO。

11. K. K. / Y. K.

K. K. 是日本语 Kabushiki Kaisha（株式会社）的缩写，相当于英语中的 Joint-stock company（股份有限公司）。如：

HAMAMATSU PHOTONICS K. K.。

Y. K 是日语 Yugen Kaisha（有限会社）的缩写，相当于英语中的 Limited liability company（有限责任公司），实际上多半是一些中小企业，不少是家庭手工作坊，如豆腐房、菜店、肉铺等，在国际收支交易记录中并不见。

12. Pte, PVT, PTY

Pte 和 PVT 均是英语单词 Private 的缩写。

在新加坡设立公司，名称必须以英文为准，有限公司名称最后必须加上英文 Limited，私人公司必须在 Limited 前加上 Private 或 Pte 字样。如：

CAREER TECHNOLOGY（SINGAPORE）Pte ltd.；

INA BEARING SINGAPORE Pte. ltd.。

在印度、巴基斯坦、斯里兰卡、尼泊尔和孟加拉国，私人企业名称中一般含有 PVT 字样。如：

CHAWLA AGENCIES PVT（印度）；

DAVANN INTERNATIONAL（PVT）LTD（斯里兰卡）。

在南非，私人企业名称中多包括 PTY 字样，如：

GOLDEN NEST INTERNATIONAL GROUP PTY LTD（南非）。

PTY 是英语 Proprietary（私人拥有的）的简称，表明该企业为私人企业。

模块一
认识外贸单证和单证岗位

以 POCIB i+软件为例，展示合同起草的过程如下。

合同的签订在"业务中心"页面中完成，买卖双方均可起草合同，以出口商起草合同为例，合同样式见图 1-3-4。

GRAND WESTERN TRADING CORP.
Room2501, Jiafa Mansion, Beijing West road, Nanjing 210005, P.R.China

SALES CONFIRMATION

Messrs:	Carters Trading Company, LLC P.O.Box8935, New Terminal, Lata. Vista, Ottawa, Canada	No.	Contract001
		Date:	2012-04-06

Dear Sirs,
  We are pleased to confirm our sale of the following goods on the terms and conditions set forth below:

Choice	Product No.	Description	Quantity	Unit	Unit Price	Amount
					[CIF] [Toronto]	
○	02009	WOMEN'S T-SHIRT 20PCS PER CARTON, COLOR: BLACK, FABRIC CONTENT: 100% COTTON	15000	PC	USD30	USD450000
					[添加] [修改] [删除]	
		Total:	15000	PC		[USD] [450000]

Say Total:	U.S.DOLLARS FOUR HUNDRED AND FIFTY THOUSAND ONLY
Payment:	[L/C] [By 100% irrevocable sight letter of credit in our favor.]
Packing:	20PCS PER CARTON Each of the carton should be indicated with Item No., Name of the Table, G.W., and C/No.
Port of Shipment:	Nanjing
Port of Destination:	Toronto
Shipment:	All of the goods will be shipped on or before May 20,2012 subject to L/C reaching the SELLER by the end of June,2012. Partial shipments and transshipment are not allowed.
Shipping Mark:	WOMEN'S T-SHIRT CANADA C/NO.1-750 MADE IN CHINA
Quality:	As per sample submitted by seller.
Insurance:	The SELLER shall arrange marine insurance ICC(A) plus institute War Risks for 110% of CIF value and provide of claim, if any, payable in Canada, with U.S. currency.
Remarks:	The Buyers are requested to sign and return one copy of this Sales Confirmation immediately after receipt of the same.

BUYERS	SELLERS
	GRAND WESTERN TRADING CORP.
	Minghua Liu
(Manager Signature)	(Manager Signature)

[打印预览][保存][退出]

图 1-3-4 合同样式

国际贸易单证实务

1. 点击"进口商"的建筑物图标,在弹出页面中点击"起草合同";
2. 输入合同编号、交易对象编号与办理相关业务的出口地银行编号,再点击"确定",打开合同;
3. 详细填写合同;
4. 点击"添加单据",选中"出口预算表"前的单选钮,点击"确定";
5. 点击"查看单据列表",再点击出口预算表对应的单据编号,打开表单进行填写(计算方法请参照在线帮助中的"出口预算表的填写");
6. 点击"检查合同",确认合同填写无误,然后点击"合同送进口商",寄送给对方签字确认。

项目练习

根据给定的交易信息在实训软件或 Word 软件起草合同。

1. 交易详情

商品编号:01001

商品名称:洋菇罐头(整粒)

数量:1000 CARTONS

工厂报价:RMB50/ CARTONS

与进口商的价格条件为:CIF MARSEILLES

支付方式:T/T

所需证书:普惠制产地证

货物装于一个 20′集装箱

投保险别:一切险、战争险、罢工险

2. 商品信息

海关编码	附加码	货名	进口税% 普通	进口税% 优惠	出口税%	增值税%	消费税 从量	消费税 从价	退税%	单位	监管条件
2003101100		小白蘑菇罐头(指蘑菇,用醋或醋酸以外其他方法制作或保藏的)	90	25	0	17	0	0	15	千克	AB

3. 出口商费用

出口商费用	
内陆运费	RMB 60.00 每立方米(元)
检验费	RMB 200.00 每次(元)
证明书费	RMB 200.00 产地证、检验证,每份(元)
报关费	RMB 200.00 每次(元)
公司综合费用	5.00% 每笔业务成交金额 *(%)

4. 运输费用

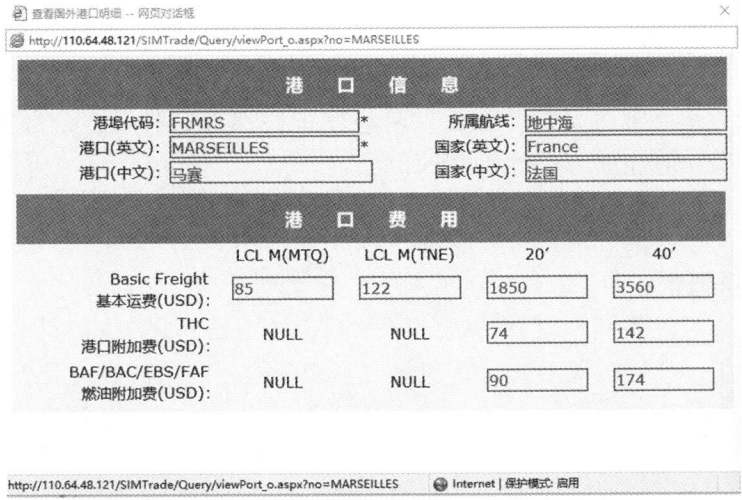

5. 出口预算

（1）采购成本＝50×1000＝RMB50000

（2）内陆运费：RMB884.34

（3）报检费：RMB200

（4）报关费：RMB200

（5）海运费：USD2014（查得马赛基本运费USD1850，港口附加费USD74，燃油附加费USD90，相加得到海运费）

查得美元兑人民币汇率为6.1463，则海运费＝USD2014×6.1463＝RMB12378.65

（6）保险费＝保险金额×保险费率＝CIF货价×（1+保险加成率）×保险费率＝100000×1.1×0.88%＝RMB968

（7）核销费：RMB10

（8）银行费用：0

（9）其他费用：出口商公司综合费率5%、证明书费RMB200/份、邮费USD28/次

其他费用＝公司综合费用+证明书费+邮费＝100000×5%+200+28×6.1463＝RMB5372.10

国际贸易单证实务

 任务2　审核进出口合同

经过2天的反复沟通，小李团队已经完成合同起草，合同进入审核环节。在签订合同之前，对合同条款的审核必不可少，有助于规避不必要的风险。那么贸易合同审核都有哪些要点？在审核环节，陈经理需要做哪些工作呢？

 任务要求

通过学习任务1，我们可以发现在签订国际贸易进出口合同时需要做的前期工作不少，签订过程中的一些细节也不能疏漏，以免造成贸易进出口过程中不必要的损失。

1. 5~6人为一组，以小组为单位，审核完成起草的进出口合同。
2. 逐条讨论合同审核要点，规避外贸合同常见的软条款。
3. 展示审核修改后的合同。

模块一
认识外贸单证和单证岗位

任务相关信息

销售合同
SALES CONTRACT

卖方 SELLER:	Guangzhou International Trading Co., Ltd No.113 Shatai Nanlu, Guangzhou 510720, P.R China	编号 NO.:	SHDS17027
		日期 DATE:	APR.03, 2023
		地点 SIGNED IN:	GUANGZHOU
买方 BUYER:	NEO GENERAL TRADING CO. #362 JALAN STREET, TORONTO, CANADA		

买卖双方同意以下条款达成交易：
This contract Is made by and agreed between the BUYER and SELLER, in accordance with the terms and conditions stipulated below.

1. 品名及规格 Commodity & Specification	2. 数量 Quantity	3. 单价及价格条款 Unit Price & Trade Terms	4. 金额 Amount
			CIF TORONTO
CHINESE CERAMIC DINNERWARE			
DS1511 30-Piece Dinnerware and Tea Set	542SETS	USD23.50	12737.00
DS2201 20-Piece Dinnerware Set	800SETS	USD20.40	16320.00
DS4504 45-Piece Dinnerware Set	443SETS	USD23.20	10277.60
DS5120 95-Piece Dinnerware Set	254SETS	USD30.10	7645.40
Total:	2039SETS		46980.00

允许 With	10%	溢短装，由卖方决定 More or less of shipment allowed at the sellers' option

5. 总值 Total Value	SAY US DOLLARS FORTY SIX THOUSAND NINE HUNDRED AND EIGHTY ONLY.
6. 包装 Packing	DS2201 IN CARTONS OF 2 SETS EACH AND DS1151, DS4505 AND DS5120 TO BE PACKED IN CARTONS OF 1 SET EACH ONLY. TOTAL: 1639 CARTONS.
7. 唛头 Shipping Marks	AT BUYER'S OPTION.
8. 装运期及运输方式 Time of Shipment & means of Transportation	TO BE AFFECTED BEFORE THE END OF APRIL 2021 WITH PARTIAL SHIPMENT ALLOWED AND TRANSHIPMENT ALLOWED.
9. 装运港及目的地 Port of Loading & Destination	FROM: SHANGHAI TO: TORONTO
10. 保险 Insurance	THE SELLER SHALL COVER INSURANCE AGAINST WPA AND CLASH & BREAKAGE & WAR RISKS FOR 110% OF THE TOTAL INVOICE VALUE AS PER THE RELEVANT OCEAN MARINE CARGO OF P.I.C.C. DATED 1/1/1981.
11. 付款方式 Terms of Payment	THE SELLER BUYER SHALL OPEN THROUGH A BANK ACCEPTABLE TO THE SELLER BEFORE APRIL 10, 2021 VALID FOR NEGOTIATION IN CHINA UNTIL THE 15TH DAY AFTER THE DATE OF SHIPMEDNT.

The Buyer	The Seller
NEO GENERAL TRADING CO.	Guangzhou International Trading Co., Ltd
(signature)	(signature)

知识链接

1. 国际贸易合同审核的意义

（1）保障合法权益

通过审查，可以确保合同内容符合国际法和各国法律法规的规定，从而保障交易双方的合法权益不受侵犯。

（2）明确责任与义务

审核有助于明确交易双方的权利、责任和义务，防止因条款模糊或遗漏而导致的误解和争议。

（3）降低交易风险

通过对合同的深入审查，可以识别和评估潜在的风险和问题，进而采取相应的预防措施，降低交易过程中的不确定性和风险。

（4）促进交易效率

一个经过仔细审核的合同可以减少交易过程中的纠纷和误解，从而提高交易的效率和成功率。

（5）建立信任关系

通过合同审核，交易双方可以更加信任对方，增强合作信心，有助于建立长期稳定的商业关系。

（6）适应国际贸易环境

国际贸易涉及多个国家和地区，各自的法律法规、商业习惯都有所不同。合同审核可以帮助交易双方更好地适应复杂的国际贸易环境。

（7）提供争议解决依据

在发生争议时，一个经过仔细审核的合同可以为双方提供明确的解决依据，有助于快速、公正地解决争议。

2. 外贸合同审核要点

国际贸易合同由于涉及了不少国外的因素，比一般货物买卖合同要更复杂，也隐含了很多风险。因此，在拟订合同时一定要清晰、严谨、全面和慎重。做好合同把控，做好过程把控，自己的权益才能得到有效的保障，风险和损失才可能被控制到最低。

（1）签约前审慎核实对方资质

作为采购方，要审查供货方的资质、产品质量、生产场地、生产能力等情况，对供货方的履约能力进行判断，采购方有必要到供货当地现场核实或委托当地的调查机构进行核实。

作为供货方，要审查采购方的基础背景、资信情况、资金实力。资信好的交易对象，在付款条件方面可以适当放松；但资信不好的交易对象，一定要严格约定付款条件，甚至要求提供保函或实物抵押之类的材料，以免产生不必要的损失。

此外，各方还需核实对方签约代表人是否具备合法授权，以保障合同的有效性。

（2）明确交易产品信息

交易的产品需明确其品名、性状、详细的质量标准、验收标准，并封存样品。交易产品信息确定后未经双方签署书面文件，不能擅自变更，交易产品信息要与运输单据保持一致，以免交易对象以产品不合格为理由，提起索赔。

（3）交易流程设计

由于国际贸易交易流程复杂，涉及三方机构众多，交易流程的设计也是合同中保障双方利益非常重要的部分。一个步骤出现的问题，便有可能导致合同一方违约，交易最终无法完成。例如，曾经一个客户因为在合同上约定装船时需要 SGS 监装，并提供监装报告。但由于某些原因，口头上和交易对象商量好，免去这一步骤，但最终因为手续上不完善，无法举证，成为违约方。既发了货，又收不到钱，处于非常被动的局面。

（4）交货条件及时间

由于国际贸易的流程复杂，实效较长，在整个运输过程中的不可控因素较多。因此，交货条件和交货时间条款的设计，一定要将各个因素充分考虑进去，切忌一味迎合交易对象，引发违约，从而被要求索赔。

（5）争议解决及合同管辖

国际贸易合同的法律适用、管辖地选择本身就是一个争议颇多的问题，合同的双方通常都不会愿意选择便利于其中一方的法律管辖地，因此国际上知名的仲裁机构往往成为双方的选择。也正因为如此，当争议出现的时候，当事人通常要考虑仲裁费用、律师费、取证费、公证费、翻译费、时间成本、执行难度等高昂的成本，对仲裁维权的利弊得失需要根据实际案件进行权衡。

对国内客户而言，如果谈判地位允许，会首先选择在国内法院或仲裁机构管辖。但即使如此，还要事先了解合同对方当事人所在国家的法律政策，是否有排除便利国管辖的法律规定、国家间是否有裁判互认的条约、是否有执行他国法院或仲裁裁决的先例等法律法规、国家制度等；否则，可能导致即使获得胜诉裁决，也很难得到执行。退一步讲，如果不能选择自己住所地、营业地作为管辖地，也可以尽量争取到与中国文化、语言相通的我国香港地区或新加坡的仲裁机构管辖。

正因为争议的维权成本高昂,一份高质量的合同,一个明确的交易流程,做好交易流程把控,减少争议,从另一个角度看也是为自己省时、省力、省钱。

(6) 充分理解合同条款,预想交易风险点

国际贸易合同通用语言使用英文或中英文结合,不可避免地出现中英文理解偏差,对合同条款、交易流程、交易条件、时间等关键性的描述一定要充分理解,与对方仔细确认,在充分理解整个交易流程的基础上,预想交易流程风控要点,提前设计风控措施、操作方式,避免过程中出现差错,使交易顺利地执行完毕。

拓展阅读

国际贸易中的中西文化差异

文化是人类在历史长河中创造的物质与精神财富的总和,它承载着历史的积淀和民族的特色。尽管在历史进程中,不同文化相互交融、影响,但各国和各民族的文化依然保留了其独特的魅力。随着全球经济一体化的加速和国际贸易的蓬勃发展,不同国家的特殊文化背景与环境在贸易交往中日益受到重视。同时,随着我国与外国企业间国际贸易往来日益频繁,文化差异在国际贸易中的影响也愈发显著。不同国家和地区的文化背景差异在语言现象、思维方式、风俗习惯等方面表现得尤为突出,这些差异在国际贸易中都会产生直接或间接的影响。

一、语言现象的差异

语言现象的差异是文化差异中尤为显著的一方面,且对国际贸易产生着深远影响。这种差异主要体现在语言的形式和内涵上。由于各国(地区)之间的语义和语言各不相同,每种语言都蕴含着特定的文化内涵。例如,与英美等英语国家进行国际贸易交流时,对于某些语言理解的差异很容易引发跨文化交际的障碍。因此,在国际贸易谈判中,语言的运用必须严谨,特别是在使用非母语进行谈判时,词汇的选择尤为重要,不当的用词可能直接导致国际贸易谈判的失败。

二、思维方式的差异

思维方式的不同是文化差异的重要体现。经过分析发现,西方人的思维方式与中国人存在显著的差异。在人际交往中,西方人的表达通常强调个人观点和感受,而中国人则更倾向于直接回应对方的信息。例如,在面对赞扬

时，西方人通常会欣然接受并表示高兴，而中国人则常常表现出谦虚和不好意思的态度。这种差异在跨文化交际中经常导致误解和困惑。

三、风俗习惯的差异

中西方风俗习惯的差异源于不同国家的发展背景。地理位置的差异导致了各国（地区）风土人情之间的巨大差异。在国际贸易中，由于中国深受儒家思想的影响，与外国企业进行谈判时往往表现出谦虚的态度。此外，中国人喜欢使用一些模糊的词汇，如"也许""或许"等。然而，在商业谈判中，这些词汇可能会起到相反的作用。西方人通常性格开放，习惯于直截了当的交流，而中国人的模糊表达可能会给他们留下缺乏自信的印象。这种文化差异导致了中国与一些西方国家进行国际贸易商务往来的困难和低效。

经济全球化为企业进行对外贸易带来了巨大的发展空间和前所未有的机遇。中国作为世界贸易组织的成员，拥有了更多参与国际市场竞争的机会。而在国际贸易中，许多有实力的公司在国际营销中失利，其主要原因不在于资本和技术，而是缺乏对当地文化的理解，忽视了文化差异对贸易与交往的影响。文化环境是极其重要而又容易被忽视的因素，做外贸营销必然要突破语言与文化差异的无形壁垒。

项目练习

一、单选题

1. 一份完整的外贸合同通常不包括（　　）。
   A. 约首　　　　B. 正文　　　　C. 约尾　　　　D. 预算表
2. WTO 成员之间产生贸易纠纷，应该（　　）。
   A. 在 WTO 内，通过 WTO 的争端解决机制来解决
   B. 在起诉国（地区）按照 WTO 的法律规定来解决
   C. 在被诉国（地区）按照 WTO 的法律规定来解决
   D. 在国际法院内，按照 WTO 的法律规定来解决
3. 定牌中性包装是指（　　）。
   A. 在商品及其包装上使用买方指定的商标/牌号，但不标明产地
   B. 在商品及其包装上使用买方指定的商标/牌号，也标明产地
   C. 在商品及其包装上不使用买方指定的商标/牌号，也不标明产地
   D. 在商品及其包装上不使用买方指定的商标/牌号，但标明产地

二、简答题

1. 简述合同审核要点。
2. 合同的包装条款需要包含哪些内容？

模块二 国际贸易单证操作

项目 2.1 审证和改证业务操作

知识目标

1. 了解跟单信用证的含义、形式和当事人；
2. 熟悉跟单信用证的业务流程；
3. 熟悉申请开立信用证的程序；
4. 掌握 SWIFT 开立与修改的基本内容。

能力目标

1. 能读懂外贸合同条款；
2. 能读懂 L/C 条款；
3. 能审出 L/C 中的问题条款；
4. 能提出信用证修改意见；
5. 能处理信用证修改。

信用证软条款骗局

2022 年 5 月，小周的企业参与了中国进出口商品交易会（简称"广交会"），与一家香港公司建立了初步联系。WILSON，这位来自香港的业务员，表达了对衬衫面料的采购需求。经过几轮谈判，双方就款式、价格和数量达成一致。随后，WILSON 提供了美国银行开具的信用证作为支付凭证。

小周深知信用证的重要性，因此通过国内银行进行了查证。确认信用证的真实性后，他放心地与对方签订了订单，并按照 WILSON 的指示，由香港的货代公司发送了一货柜价值 27 万美元的面料至目的港。同时，小周也按照信用证要求提交了相关单据，等待银行审核后兑付货款。

然而，到了 2023 年 2 月，提交的单据被银行退回，原因是手续不全。小周仔细检查退回说明，发现缺少开证申请人（客户）的手签资料。他立即联系 WILSON，请求客户提供手签资料，但 WILSON 却拒绝提供客户的信息和联系方式。

为了解决这个问题，小周决定亲自前往香港与 WILSON 面谈。然而，他只知道 WILSON 的英文名字和电话号码，对其真实身份一无所知，这使得寻找变得异常困难。

面对这一困境，小周深感焦虑。他的企业急需这笔货款来维持运营，但现在却陷入了僵局。他必须尽快找到解决方案，以避免遭受重大损失。小周只能回过头来追查货物去向，想通过货代公司控制货物，但发现香港的货代公司居然已经将到达香港的货物进行了委托转运，相当于提走了货物并转移了这批货物的货权，这意味着拉回货物的希望也非常渺茫，而且货代公司已经隐匿，连索赔的可能性都不大。小周这才意识到可能中了骗子精心设下的骗局。

讨论题

1. 按照正常贸易流程，案例中信用证的软条款可以在哪个环节审核发现问题？
2. 信用证付款方式下货物能否收款与货运方式有什么关系？

任务 1　审查信用证

公司与外商的进出口合同顺利签署，2023 年 4 月 8 日，公司收到 NEO 公司通过加拿大皇家银行开立的编号为 17/0501-FCT 的信开本信用证。试根据 SHDS09027 出口合同对信用证进行审核，指出信用证存在的问题并提出具体的改证要求。

信用证审查需重点审核：装运期和装运港，目的港，转船和分批装运，结汇日期等。审核并及时修改信用证是出口商能否安全及时收回货款的关键。

作为出口商，陈经理指导小李审核信用证中的条款。小李该如何审查信用证条款？

任务要求

1. 5~6 人为一组，以小组为单位，根据合同和收到的信用证副本审查信用证。

2. 填写信用证审核表。

信用证审核表

审核项目		初审人填写	复核人填写 （对初审内容同意的打√， 不同意的写出认为正确的内容）
申请人			
开证行			
受益人			
开证日期			
收证日期			
LC 号码			
订单号码			
LC 金额			
最迟装运期			
LC 有效期			
LC 到期地点			
是否保兑			
是否允许分批装运			
交单行			
议付行			
所需单据状况	发票		
	装箱单		
	提单		
	产地证		
	保险单		
	发货通知		
	其他单据		
不符点扣费			

初审人签字：　　　　　日期：　　　　复核人签字：　　　　　日期：

国际贸易单证实务

任务相关信息

THE ROYAL BANK OF CANADA
BRITISH COLUMBIA INTERNATION CENTRE
1055 WEST GEORGIA STREET, VANCOUVER, B.C. V6E 3P3
CANADA

□CONFIRMATION OF TELEX/CABLE PER-ADVISED TELEX NO. 4720688 CA		DATE: APR 8, 2023 PLACE: VANCOUVER	
IRREVOCABLE DOCUMENTARY CREDIT		CREDIT NUMBER: 23/0501-FCT	ADVISING BANK'S REF. NO.
ADVISING BANK: SHANGHAI A J FINANCE CORPORATION 59 HONGKONG ROAD SHANGHAI 200002, CHINA		APPLICANT: NEO GENERAL TRADING CO. #362 JALAN STREET, TORONTO, CANADA	
BENEFICIARY: Guangzhou International Trading Co., Ltd No.113 Shatai Nanlu, Guangzhou 510720, P.R China		AMOUNT: USD46,980.00 (US DOLLARS FORTY-SIX THOUSAND NINE HUNDRED AND EIGHTEEN ONLY)	
EXPIRY DATE: MAY 15, 2023		FOR NEGOTIATION IN APPLICANT COUNTRY	
GENTLEMEN: WE HEREBY OPEN OUR IRREVOCABLE LETTER OF CREDIT IN YOUR FAVOR WHICH IS AVAILABLE BY YOUR DRAFTS AT SIGHT FOR FULL INVOICE VALUE ON US ACCOMPANIED BY THE FOLLOWING DOCUMENTS: + SIGNED COMMERCIAL INVOICE AND 3 COPIES. + PACKING LIST AND 3 COPIES, SHOWING THE INDIVIDUAL WEIGHT AND MEASUREMENT OF EACH ITEM. + ORIGINAL CERTIFICATE OF ORIGIN AND 3 COPIES ISSUED BY THE CHAMBER OF COMMERCE. + FULL SET CLEAN ON-BOARD OCEAN BILLS OF LADING MARKED "FREIGHT PREPAID" CONSIGNED TO ORDER OF THE ROYAL BANK OF CANADA INDICATING THE ACTUAL DATE OF THE GOODS ON BOARD AND NOTIFY THE APPLICANT WITH FULL ADDRESS AND PHONE NO. 77009910. + INSURANCE POLICY OR CERTIFICATE FOR 130 PERCENT CIF OF INVOICE VALUE COVERING: INSURANCE CARGO CLAUSES(A) AS PER I.C.C. DATED 1/1/1982. + BENEFICIARY'S CERTIFICATE CERTIFYING THAT EACH COPY OF SHIPPING DOCUMENTS HAS BEEN FAXED TO THE APPLICANT WITHIN 48 HOURS AFTER SHIPMENT. COVERING SHIPMENT PF: 4 ITEMS TERMS OF CHINESE CERAMIC DINNERWARE INCLUDING: DS1511　　30-PIECE DINNERWARE AND TEA SET, 544ETS DS2201　　20-PIECE DINNERWARE SET, 800SETS, DS4504　　45-PIECE DINNERWARE SET, 443SETS DS5120　　95-PIECE DINNERWARE SET, 245SETS DETAILS IN ACCORDANCE WITH SALES CONTRACT SHDS09027 DATED MARCH 22, 2021. [ ]FOB / [ ]CFR / [X] CIF / [ ]FAX TORONTO CANADA.			
SHIPMENT FROM SHANGHAI	TO VANCOUVER	LATEST APRIL 30,2023	PARTIAL SHIPMENTS PROHIBITED	TRANSSHIPMENT PROHIBITED
DRAFTS TO BE PRESENTED FOR NEGOTIATION WITHIN 15 DAYS FROM BILL OF LADING DATE, BUT WITHIN THE VALIDITY OF CREDIT. ALL DOCUMENTS TO BE FORWARDED IN ONE COVER, BY AIRMAIL, UNLESS OTHERWISE STATED UNDER SPECIAL INSTRUCTION.				
SPECIAL INSTRUCTION: ALL BANKING CHARGES OUTSIDE CANADA ARE FOR ACCOUNT OF BENEFICIARY. + ALL GOODS MUST BE SHIPPED IN FOUR 20'CY TO CY CONTAINER AND B/L SHOWING THE SAME. + THE VALUE OF FREIGHT PREP AID HAS TO BE SHOWN ON BILLS OF LADING. + DOCUMENTS WHICH FAIL TO COMPLY WITH THE TERMS AND CONDITIONS IN THE LETTER OF CREDIT SUBJECT TO A SPECIAL DISCREPANCY HANDLING FEE OF US$35.00 TO BE DEDUCTED FROM ANY PROCEEDS.				
DRAFT MUST BE MARKED AS BEING DRAWN UNDER THIS CREDIT AND BEAR ITS NUMBER; THE AMOUNTS ARE TO BE ENDORSED ON THE REVERSE HERE OF BY NEG. BANK. WE HEREBY AGREE WITH THE DRAWERS, ENDORSERS AND FIDE HOLDER THAT ALL DRAFTS DRAWN UNDER AND IN COMPLIANCE WITH THE TERMS OF THIS CREDIT SHALL BE DULY HONORED UPON PRESENTATION. THIS CREDIT IS SUBJECT TO THE UNIFORM CUSTOMS AND PRACTICE FOR DOCUMENTARY CREDITS (2007 REVISION) BY THE INTERNATIONAL CHAMBER OF COMMERCE PUBLICATION NO. 600.				
David Jone AUTHORIZED SIGNATURE		Yours Very Truly, Joanne Hsan AUTHORIZED SIGNATURE		

 课程思政

中华民族源远流长的诚信文化

中华文化绵延数千年，诚信是一条贯穿始终的内在红线。"人而无信，不知其可也。""言必诚信，行必忠正。"……诚实守信，是为人之本，是中华民族的传统美德。诚实，是指忠诚老实，言行一致，表里如一；守信，是指说话、办事讲信用，答应了别人的事，能认真履行诺言，说到做到。守信是诚实的一种表现。

中华民族历来崇尚诚信。古往今来，关于诚信的正反面故事举不胜举。让我们先看下中国历史上商鞅立木取信和周幽王烽火戏诸侯的两个故事。

商鞅立木取信

春秋战国时期，秦国的商鞅在秦孝公的支持下主持变法。而当时正处于战争频繁、人心惶惶之际，为了树立威信，推进改革，商鞅下令在都城南门外立一根三丈长的木头，并当众许下诺言：谁能把这根木头搬到北门，赏金十两。围观的人不相信这样轻而易举的事能得到如此高的赏赐，结果没人肯出手一试。于是，商鞅将赏金提高到五十金。重赏之下必有勇夫，终于有人站起将木头扛到了北门。商鞅立即赏了他五十金。商鞅这一举动，在百姓心中树立起了威信，他接下来的变法就很快在秦国推广开了。新法使秦国渐渐强盛，最终统一了中国。

周幽王烽火戏诸侯

在商鞅变法前，曾发生过一场令人啼笑皆非的"烽火戏诸侯"的闹剧。周幽王有个宠妃叫褒姒，为博取美人一笑，周幽王下令在都城附近二十多座烽火台上点起烽火——烽火是边关报警的信号，只有在外敌入侵需召诸侯来救援的时候才能点燃。结果，诸侯们见到烽火，率领兵将们匆匆赶到，当弄明白这是君王为博妻一笑的花招后，又愤然离去。褒姒看到平日威仪赫赫的诸侯们手足无措的样子，终于开心一笑。五年后，西夷太戎大举攻周，幽王烽火再燃，而诸侯却未到，因为谁也不愿再上当了。

知识链接

1. 信用证简介

信用证（LETTER OF CREDIT）是一种书面文件，是一家银行（开证行）根据客户（申请人）的要求和指示，或以其自身的名义，向受益人开立的，在一定期限内凭规定的单据支付一定金额的书面承诺。UCP 600 明确规定："信用证方式下，各有关当事人处理的只是单据，而不是单据所涉及的货物、服务或其他行为"。其明确了信用证交易的标的是单据。

信用证作为国际贸易货款结算中使用广泛的支付方式，解决了买卖双方互不信任的矛盾。由于信用证业务遵循严格的单单一致、单证相符原则，卖方为了得到货款，就需向银行提交信用证规定的各种单据，这使信用证对单据的要求相对托收和汇付来讲要严格得多，因此掌握信用证制单是对国际商务单证工作人员的一种最基本的工作能力要求。

2. 跟单信用证的含义

根据 UCP 600 的解释，信用证是指一项不可撤销的约定，无论其名称或描述如何，该项约定构成开证行对相符提示予以承付的确定承诺。

承付指：

（1）如果信用证为即期付款信用证，则即期付款。

（2）如果信用证为延期付款信用证，则承诺延期付款并在承诺到期日付款。

（3）如果信用证为承兑信用证，则承兑受益人开出的汇票并在汇票到期日付款。

由此可见，信用证是开证行对受益人做出的有条件保证，受益人只要在交单期和有效期内做到相符交单，开证行就保证付款。这种结算方式的性质与汇付、托收不同，银行在其中不但提供服务，而且还提供了信用，所以信用证的性质不是商业信用，而是银行信用。

3. 跟单信用证当事人

（1）跟单信用证的当事人

在整个跟单信用证业务操作中，会涉及许多的当事人，例如，开证申请人、开证行、保兑行、受益人、通知行、议付行、保兑行、偿付行和付款行等。其中不可缺少的、最基本的当事人主要是开证申请人、开证行和受益人，如果该信用证是保兑信用证，还包括保兑行。不可撤销信用证的修改或撤销一般需要经过四方当事人的同意方可有效。

（2）开证申请人（Applicant）

开证申请人是指要求开立信用证的一方，也就是向开证行申请开立信用证的当事人。在有些国家的信用证中又称开证人（Opener）。开证人通常是国际贸易中的买方（即进口商）。如由银行主动开立信用证，则此种信用证所涉及的当事人中没有开证申请人。

在法律责任上，开证申请人必须依据国际货物销售合同的规定向其往来银行申请开立信用证。如开证行接受申请，并为其开出信用证，开证申请人就应承担开证行为执行其指示所产生的一切费用和凭与信用证条款相符的单据进行付款的义务。

（3）开证行（Opening Bank，Issuing Bank）

开证行是指应申请人要求或者代表自己开出信用证的银行。开证行一般是进口商所在地银行，在信用证中承担第一性付款责任。

（4）通知行（Advising Bank，Notifying Bank）

通知行是指应开证行的要求通知信用证的银行。虽然通知行接受开证行委托，将信用证传递给出口商，但它只证明信用证的表面真实性，并不承担其他的义务。通知行通常是开证行在出口商所在地的分行或代理行。

（5）受益人（Beneficiary）

受益人是指接受信用证并享受其利益的一方，即贸易中出口商或实际供货人。受益人只要按照信用证规定履行了发货制单的义务，就可以向开证行或其指定银行提交单据收取货款，而不是像汇付和托收方式一样，向进口商收取货款。相对而言，信用证使得出口商收取货款的可能性提高，风险变小了。

（6）议付银行（Negotiating Bank）

议付银行是指根据开证行的授权买入或贴现受益人开立和提交的符合信用证规定的汇票或单据的银行，又称为押汇银行。议付银行可以是指定的银行，也可以是非指定的银行，取决于信用证条款的规定。如信用证没有指定议付银行，受益人通常向当地的议付银行进行交单议付。

（7）付款银行（Paying Bank，Drawee Bank）

付款银行是指开证银行指定代行信用证项下付款或充当汇票付款人的银行，一般是开证行，也可以是它指定的另一家银行，这由信用证条款来确定。

（8）保兑银行（Confirming Bank）

保兑银行是指根据开证行的授权或要求对信用证加具保兑的银行。保兑银行在信用证上加具保兑后，即对信用证独立负责，承担必须付款或议付的责任。保兑银行具有与开证银行相同的责任和地位，都是第一性付款人。保兑银行可以由通知银行兼任，也可由其他银行加具保兑。

（9）偿付银行（Reimbursement Bank）

偿付银行又称清算银行（Clearing Bank），是指接受开证银行的指示或授权，代开证银行偿还垫款的第三国银行，即开证银行指定的对议付行或代付行进行偿付的代理人（Reimbursing Agent）。偿付银行的出现，往往是由于开证银行的资金调度或集中在该第三国银行的缘故，要求该银行代为偿付信用证规定的款项。

（10）承兑行（Accepting Bank）

承兑行是指在汇票正面签字承诺到期付款的银行。在远期信用证项下，承兑行可以是开证行本身，也可以是通知行或其他愿意付款的出口地银行。

4. 跟单信用证的形式

在信用证业务中，进口商应向开证行申请开立信用证，那么用何种方式开立信用证，通常由进口商选择。跟单信用证的开立可以采用信函方式，也可以采用电讯方式，据此信用证可以分为信开本和电开本两种形式。

（1）信开本（Mail Credit）

信开本是指开证银行采用印就的信函格式的信用证，开证后以航空信函寄送给通知行。这种形式现已很少使用。

（2）电开本（Cable Credit）

电开本是指开证行使用电报、电传、传真、SWIFT 等各种电讯方法将信用证条款传达给通知行的信用证。电开本又可分为以下几种。

简电本（Brief Cable）。即开证行只是通知已经开证，将信用证主要内容，如信用证号码、受益人名称和地址、开证人名称、金额、货物名称、数量、价格、装运期及信用证有效期等预先通告通知行，详细条款将通过通知行传递。由于简电本内容简单，在法律上无效，不足以作为交单议付的依据。简电本有时注明"详情后告"等类似词语，如果有这种措辞，该简电本通知只能作为参考，不是有效的信用证文件，开证行应立即寄送有效的信用证文件。

详电本（Full Cable）。详电本又称全电本，是指开证行以电讯方式开证，把信用证全部条款传达给通知行的信用证。详电本信用证本身内容完整详细，是向银行交单议付的依据。在实务操作中，信用证大多数都是详电本。

目前，详电本信用证大多采取电传（Telex）和 SWIFT 两种形式开具。电传开具的信用证因费用较高、手续烦琐、条款文句缺乏统一性而容易造成误解等原因，在实务中已被方便、迅速、安全、格式统一、条款明确的 SWIFT 信用证所取代。

5. 跟单信用证的业务流程

在国际贸易中，跟单信用证的业务操作流程会因信用证类型不同有所差异，但就其基本环节而言，大体上相同。现以中国银行作为开证行扼要介绍跟单信用证的业务流程及各环节的具体操作（详见图2-1-1）。

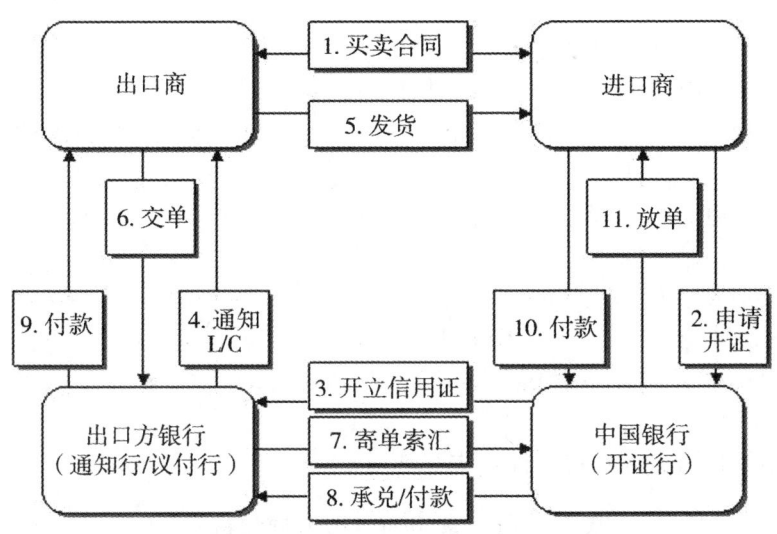

图2-1-1　跟单信用证业务流程

6. SWIFT信用证

SWIFT信用证是"Society for Worldwide Interbank Financial Telecommunications"（全球银行间金融电讯协会）的简称。该组织于1973年在比利时成立，协会已有200多个国家（地区）的9000多家银行，证券机构和企业客户参加，通过自动化国际金融电讯网办理成员银行间资金调拨，汇款结算，开立信用证，办理信用证项下的汇票业务和托收等业务。SWIFT有自动开证格式，在信用证开端标着MT700，MT701代号。SWIFT成员银行均参加国际商会，遵守SWIFT规定，使用SWIFT格式开立信用证，其信用证则受国际商会UCP 600条款约束。所以通过SWIFT格式开证，实质上已相当于根据UCP 600开立信用证。SWIFT的使用，使银行的结算提供了安全、可靠、快捷、标准化、自动化的通信业务，从而大大提高了银行的结算速度。

（1）SWIFT的特点

①需要具有会员资格。使用SWIFT系统的银行必须加入环球银行金融电讯协会，成为其会员。我国的大多数专业银行都是其成员。

②费用较低。与电传、电报比较，同样多的内容，SWIFT的费用只有

TELEX（电传）的 18%左右，只有 CABLE（电报）的 2.5%左右。

③安全性较高。SWIFT 的密押比电传的密押可靠性强、保密性高，且具有较高的自动化程度。

④格式标准化。对于 SWIFT 电文，SWIFT 组织制定了统一的要求和标准格式。

（2）SWIFT 电文的表示方式

由于 SWIFT 电讯采用计算机通信的方式，同时必须方便银行计算机系统自动处理相关业务，所以 SWIFT 电文的表示方式与常规写法有所区别。

①日期表示方式

SWIFT 电文的日期表示为：YYMMDD（年月日），如：2023 年 5 月 12 日，表示为：230512。

②数字表示方式

在 SWIFT 电文中，数字不使用分格号，小数点用逗号","来表示。如：5,152,286.36 表示为 5152286,36；4/5 表示为 0,8；5% 表示为 5 PERCENT。

③货币表示方式

常用的货币名称和符号详见表 2-1-1。

表 2-1-1　常用的货币名称和符号

货币名称	货币符号	货币名称	货币符号
美元	USD	奥地利元	ATS
欧元	EUR	比利时法郎	BEF
英镑	GBP	丹麦克朗	DKK
日元	JPY	挪威克朗	NOK
法国法郎	FRF	澳大利亚元	AUD
德国马克	DEM	荷兰盾	NLG
港元	HKD	芬兰马克	FIM
人民币元	CNY	意大利里拉	ITL
加拿大元	CAD	瑞典克朗	SEK

7. 信用证审证依据

（1）审核信用证要依据合同

信用证的开立要依据合同，所以其内容应与买卖合同的内容相符。卖方如不能履行信用证条款，就意味着无法凭信用证兑款，更不能援用买卖合同的规定对信用证条款予以补充或变更。因此，审核信用证条款是否与买卖合同的内容相符，是单证员的首要任务。

（2）审核信用证还要依据 UCP

审核信用证要遵循 UCP 的规定。如果信开信用证应载明遵守现行信用证统一惯例办理，否则可以不按此办理；若为 SWIFT MT700 格式开立的信用证，则自动遵循 UCP 600。单证员审核信用证时，留意信用证载明的是否 UCP 最新版，否则应遵循规定的版本来确定是否可以接受信用证的某些条款。如果信用证没有对 UCP 版本进行说明的，则默认为按最新版本行事。

（3）审核信用证要全面考虑业务实际情况

对于合同中未作规定或无法根据 UCP 来做出判断的信用证条款，单证员应根据业务实际情况来审核。这里的业务实际情况，是指信用证条款对安全收汇的影响程度、进口国的法令和法规以及申请人的商业习惯等。

8. 信用证审核流程

收到通知行发来的信用证，先要熟悉合同的各条款内容，然后阅读信用证通知书。

（1）查看通知书上是否有注明"预先通知信用证"（pre-advice），如果有类似字样，则要谨慎处理，不要急着备货发货，因为预先通知信用证在法律上是无效的，只有开证行随后寄来信用证证实书才生效。

（2）查看信用证的开立方式。如果是信开方式，通知行需要对开证行授权人签名的真实性进行审核，并在信用证上盖上"印鉴相符"章。如果通知行无法确认信用证的真实性，通知书上显示"印鉴不符仅供参考"等内容时，则应催促通知行尽快查实信用证的真实性后再生产备货。如果是电开方式，则要核实电文密押（test key）。

（3）咨询通知行，了解开证行资信状况。如果开证行资信状况不良，信用等级低，则可要求开证申请人对该信用证加保（Confirmed L/C），或要求找另一资信好的银行重开信用证。

9. 信用证审证要点

信用证是根据买卖合同开立的，一经开出，便不再受合同的约束而成为一项独立文件。若信用证内容与合同不符，就可能使卖方失去在交易磋商中力争的利益。所以卖方对信用证的审核就显得非常重要。

审核信用证是银行和出口企业共同承担的任务，其中银行主要负责鉴别信用证的真伪，通常由通知行负责进行审核；而出口企业则是将信用证条款与合同条款逐项逐句进行对照，从而审核信用证的内容与买卖合同条款是否一致，若不一致就要求开证申请人进行修改。

出口企业主要从以下几点进行审核。

（1）信用证的类型。信用证不论是即期、远期、保兑、可转让、循环或备用的信用证，都应该有"irrevocable"字样。若信用证没有明示是否可撤销，根据 UCP 600 的规定，应理解为不可撤销。SWIFT 信用证自动设定为不可撤销。当合同规定开出的是保兑信用证或可转让信用证时，应检查信用证内是否有注明"confirmed"字样或"transferable"字样。

（2）开证申请人名称、地址、联系方式。开证申请人一般情况下是订立货物买卖合同的买方，如信用证显示的名称与合同不符，即可认定为非合同当事人，因此，应逐字核对，及时修改。

（3）受益人名称、地址、联系方式。受益人应是订立货物买卖合同的卖方，审证时应以合同为依据，逐字查核受益人的名称和地址甚至联系方式是否写错，以免影响收汇。

（4）信用证金额。信用证的币别和币值应与合同的币别和币值相符，并应计算货物的数量乘以单价是否是合同的总价，并留意数量或金额能否增减。

（5）信用证有效期和到期地点。来证应规定一个有效期，根据 UCP 600 的规定，若信用证没有规定有效期，视为无效信用证。如来证规定的有效期的最后 1 天，适逢法定假日或银行非工作日，该期限可顺延至下一个营业日。到期地点应为我国国内，若为国外，难以测算寄单时间，容易导致过期。

（6）信用证付款期限条款。应严格按照合同的规定，分清即期付款还是远期付款。

（7）分批装运及转运。根据 UCP 600 的规定，除非信用证另有规定，允许分批装运和转船。根据 UCP 600 第三十二条的规定，除非信用证特别授权，如信用证规定在指定时期内分期支款或分期装运，其中任何一期未按信用证规定的期限支取或发运时，则信用证对该期和以后各期均告失效。

来证规定在某个港口转船，有的指定由某个船公司接转或在某港转装集装箱等，收证后都要核实能否按来证要求办理，避免额外的费用大量增加。

（8）装运港和目的港。来证规定海运的启运港为中国港口（Chinese Ports）或当地的港口，甚至规定亚洲口岸（Asian Ports）都可以，但不能是一个内陆城市，如西安、拉萨或北京等。

（9）装运期。信用证的装运期一般应规定为最迟（latest）某月某日。来证没有规定装运期的，根据惯例，可理解为双到期。

（10）货物描述。来证的品名、货号、规格、单价、数量、包装和合同号码等必须与合同完全一致。

（11）单据条款。应注意一些陷阱条款，如提单（Bill of Lading，简称

B/L）以 FOB 交易，应注明 FREIGHT COLLECT，来证如误开为 FREIGHT PREPAID，应要求改证。保险单（Insurance Policy），来证要求保险单中的保险条款、险别、保险加成、保险人和理赔人等方面内容应与合同一致。另外，要注意保险加成，保险公司一般可承保加成到 30%，如来证规定加成高于 30% 又不是投保关税险，要取得保险公司同意，否则应该改证。产地证（Certificate of Origin）来证指定由中国海关或中国国际贸易促进委员会（以下简称"贸促会"）出具产地证可以接受，但要求上述两家机构互相加具证明的不能接受。普惠制产地证格式 A（Generalized System of Preferences Certificate of Origin FORMA，简称 GSP FORMA），中国海关是我国签发该证的唯一机构，来证指定其他机构如贸促会签发普惠制产地证，应要求改证。

（12）交单期限。来证一般规定一个装运后的交单期限，如来证没有要求，根据 UCP 600 第十四条 c 款的规定，受益人或其代表须在不迟于本惯例所指的发运日之后的 21 个日历日内交单，但是在任何情况下都不得迟于信用证规定的有效期。

（13）银行费用条款。一般情况下，出口方银行费用由受益人承担，进口方银行费用由申请人承担。

（14）UCP 文句。来证一般规定有依照惯例声明，如："This credit is subject to the Uniform Customs and Practice for Documentary Credit, International Chamber of Commerce, Publication No. 600."本信用证是根据 UCP 600 而开出的。对于 SWIFT 信用证，可以省略依照惯例的声明。

10. 改证原则

（1）对我方有利，又不影响对方利益，一般不改。

（2）对我方有利，但会严重影响对方利益，一定要改。

（3）对我方不利，但是在不增加或基本不增加成本的情况下可以完成，可以不改。

（4）对我方不利，又要在增加较大成本的情况下可以完成，若对方愿意承担成本，则不改；否则，要改。

（5）对我方不利，若不改会严重影响安全收汇，则坚决要改。

11. 改证流程

（1）公司出口部业务员根据单证员的修改意见对外发出改证函；

（2）申请人同意后填写并向开证行递交改证申请书；

（3）开证行同意后向原信用证通知行发出信用证修改 MT707；

（4）原通知行做出信用证修改通知书并连同 MT707 一并交给受益人。

12. 改证的注意事项

修改信用证要遵循 UCP 600 的相关规定，主要集中在第九条、第十条和第十一条的三项条款里。其中要特别注意以下几点。

（1）一份信用证如有多处需要修改，应集中一次通知开证人办理修改，避免一改再改，既增加双方的费用又浪费时间，而且还会引起不良影响。

（2）对收到的信用证修改通知书应认真进行审核，如发现修改内容有误或我方不能同意的，出口企业有权拒绝接受。

（3）根据 UCP 600 第十条 e 款的规定，对同一修改的内容不允许部分接受，部分接受将被视为拒绝修改的通知。

（4）根据 UCP 600 第九条 d 款的规定，经由通知行或第二通知行通知信用证的银行必须经由同一银行通知其后的任何修改。

（5）根据 UCP 600 第九条 e 款的规定，如一银行被要求通知信用证或修改但其决定不予通知，则应毫不延误地告知自其处收到信用证、修改或通知的银行。

实训操作：信用证审核和修改

（1）销售合同

2016 年 4 月 1 日，广东飞行摩托车有限公司与哥伦比亚的日昇机械贸易有限公司签订了一份摩托车的销售合同。

GUANGDONG FLYING MOTORCYCLE CO., LTD

NO.1 BEIJING ROAD GUANGZHOU GUANGDONG CHINA

SALES CONTRACT

合同号 S/C No.：FLY20160412
日　期　DATE：APR 01, 2016

SELLER：GUANGDONG FLYING MOTORCYCLE CO., LTD
　　ADD：NO.1 BEIJING ROAD GUANGZHOU GUANGDONG CHINA
　　FAX：0086-020-88986235　TEL：0086-020-88986235
BUYER：SUNRISE MACHINERY TRADING CO., LTD
　　ADD：NO.8 FRUIT ROAD BUENAVENTURA COLOMBIA
　　FAX：57-4-31125977　TEL：57-4-31125977

兹经双方同意，按下列条款达成如下交易：
The Seller and the Buyer have agreed to close the following transactions according to the following conditions stipulated below：

1. 商品/Commodity：

商品名称、规格 Commodity & Specification	数量 Quantity	单价 Unit Price	金额 Amount
MOTORCYCLES IN CKD CONDITION	1000CTNS	CIF BUENAVENTURA USD400.00	USD400,000.00
总计/TOTAL：	1000CTNS		USD400,000.00

5% more or less of quantity and amount are allowed.

2. 包装/Packing：ONE PIECE IN ONE CARTON

3. 唛头/Shipping mark：

SUNRISE

COLOMBIA

由卖方决定，除非在装运前得到买方的及时通知。

To be designated by the sellers, unless otherwise advised by the Buyer in time before shipment.

4. 装运/Shipment：

收到信用证后60天内装运，从中国黄埔口岸到哥伦比亚布埃纳文图拉港。分批允许，转船允许。

Within 60 days upon receipt of the L/C From HUANGPU CHINA to BUENAVENTURA COLOBMIA. Partial shipment ALLOWED, Transshipment ALLOWED.

5. 检验/Inspection：

由中国海关出具质量检验证明。

Inspection certificate of quality issued by China Customs.

6. 保险/Insurance：

按发票金额的110%投保一切险。

Covering all risks for 110% of invoice value.

7. 付款/Payment：

开立100%不可撤销的即期信用证。提交装运单据到中国任一银行议付。信用证必须于2016年4月30日前到达卖方，并保证于装运后15天内在中国有效。

By 100% irrevocable L/C payable at sight and negotiable against presentation of shipping documents to any bank in China. The L/C must reach the Sellers not later than APR 30, 2016 and is to remain valid in China for 15 days after the date of shipment.

8. 不可抗力/Force Majeure：

如由于战争、地震、水灾、火灾、暴风雨、雪灾或其他不可抗力的原因，致使卖方不能全部或部分装运或延期装运合同货物，卖方对这种不能装运或延期装运本合同货物不负有责任。卖方须于15天内用传真通知买方。

The sellers shall not be held responsible for late delivery or non-delivery for all or part of the contracted goods owing to such Force Majeure causes as war, earthquake, flood, conflagration, rainstorm and snowstorm. However, in such a case, the sellers shall inform the buyers by fax within 15 days.

9. 异议与索赔/Discrepancy and Claim：

货物到达目的地后，买方若对货物的质量/数量/重量有异议，应在货物到达目的地后15天内凭卖方承认的公众鉴定人出具的检验证明向卖方提出，否则卖方将不承担责任。对由不可抗力造成的损失，或属于承运人或保险人责任范围内的，卖方不予赔偿。任何一方未按上述规定的期限履约，无论是卖方没有发运还是买方没有开证，或者信用证不符合合同条款而买方又没有及时修改，对方都有权解除合同，并向另一方索赔补偿直接损失，遭受不可抗力除外。

In case any discrepancy on quality/quantity/weight of the goods is found by the Buyers after the goods arrive at the port of destination, claim which should be loaded with the Sellers within 15 days after the goods arrive at the port of destination, otherwise the sellers will not undertake the responsibility. However, the Sellers shall not be held responsible either for compensation of loss (es) due to natural cause (s) or for that (those) within the responsibility of the Ship owners or Underwriters. In the event either the Sellers fail to effect the shipment or the Buyers fail to establish the relevant L/C within the respective time limits as set forth in the above, or the L/C does not correspond with the Contract terms and the Buyers fail to amend it in time, the Complaining Party shall have the right to cancel this contract and to claim on the Party at fault for compensation of direct losses, if any, sustained there from, unless in cases where Force Majeure is applicable.

10. 仲裁/Arbitration：

凡因执行本合同所发生的或与本合同有关的一切争议，双方应通过协商解决；如果协商不能解决，应提交中国国际经济贸易仲裁委员会，根据该委员会的仲裁规则进行仲裁。仲裁裁决是最终的，对双方都有约束力。仲裁费用除仲裁机构另有规定外，均由败诉方承担。

Any dispute arising from the execution of, or in connection with, this Contract shall be settled through Arbitration Commission of China, for settlement by arbitration in accordance with the Commission's Provisional Rules of Procedures. The award and decision made by the Commission shall be final and binding on both parties. The arbitration charges, unless otherwise stipulated by the arbitration unit, shall all be born by the party losing the lawsuit.

11. 本合同以中文和英文两种文字书就，两种文字的条款具有同等效力。

This contract is issued in both Chinese and English, the clauses in which have the same effects.

12. 其他条款/Other Terms：

请签署后退回一份，供我方存档。/Please sign and return one copy for our file.

Seller： Buyer：
GUANGDONG FLYING MOTORCYCLE CO., LTDSUNRISE MACHINERY TRADING CO., LTD

签名：陈× 签名：JACK

（2）审核信用证

2016年4月22日，广东飞行摩托车有限公司外贸单证员小李收到了中国银行广东省分行国际结算部的信用证通知书和哥伦比亚 BANCOLOMBIA S, A 银行通过 SWIFT 方式发来的信用证正本一份，具体内容如下。

① 信用证通知书

ADD：GUANGZHOU INT'L FINANCIAL BUILDING.	中国银行广东省分行
NO，197. Dong Feng Xi Lu，Guangzhou.	BANK OF CHINA
P. R. China	GUANGDONG BRANCH
TEL：	GUANGZHOU CHINA
通知日：20160422	
我行号码：DN400825z××××	
致：GUANGDONG FLYING MOTORCYCLE CO LTD	
开证行：BANCOLOMBIA S，A. COLOMBIA	
转递行：	
转证号：	

信用证号：	0250214247	金额：	USD400000.00
开证日期：	20160421	有效期	20160605
本证页数：（不包面函）	1	来证方式；	Full SWIFT/Telex
我行费用负担：	Beneficiary Account	我行是否加保：	UNNECESSARY

敬启者：
兹通知贵司，我行收自上述银行的信用证一份，现随附通知，并请注意下列打"√"条文：
□该行首次来证，请慎重处理。
□此证如需加保，请与我行联系。
□此证尚未生效，请切勿出货。
□此证印押未符，请切勿出货。
注意事项：
1. 贵司交单时，请将信用证及通知书一并提示；
2. 我行保兑信用证，限向我行交单议付，否则保兑无效；
3. 非我行保兑信用证，不构成我行任何责任；
4. 费用由受益人负担时，对我行客户，我行会主动借记其账，收取我行费用；
5. 请注意我行对信用证中有关条款的提示。
贵司负担费用：
通知费：CNY 200.00
保兑费：CNY
预先通知费：CNY
电报费：CNY
备注：
中国银行广东省分行具
For BANK OF CHINA，GUANGDONG BRANCH

②信用证

MT700 ISSUE OF A DOCUMENTARY CREDIT

sequence of total	27	1/1
Form of Doc. Credit	40A	REVOCABLE
Doc. Credit Number	20	0250214247
Date of Issue	31C	160421
Expiry	31D	DATE 160605 PLACE COLOMBIA
Applicant	50	SUNRISE MACHINERY TRADING CO., LTD NO. 8 FRUIT ROAD BUENAVENTURA COLOMBIA FAX 57-4-31125977 TEL 57-4-31125978
Beneficiary	59	GUANGDONG FLY MOTORCYCLE CO., LTD NO. 1 BEIJING ROAD GUANGZHOU GUANGDONG CHINA FAX 86-20-88986235 TEL 86-20-88986235
Amount	32B	CURRENCY USD AMOUNT 400,000.00 BKCH CN BJ 400
available with/ By	41D	BANK OF CHINA GUANGDONG BRANCH GUANGZHOU BY NEGOTIATION
Draft at	42C	30 DAYS AFTER SIGHT
Drawee	42A	BANCOLOMBIA S. A. MEDELLIN
Partial Shipments	43P	ALLOWED
Transshipment	43T	NOT ALLOWED
Loading in charge	44A	ANY PORT IN CHINA
For Transport to…	44B	BUENAVENTURA COLOMBIA
Latest Date of Shipment	44C	160521 + MOTORCYCLES IN SKD CONDITION. AS PER S/CFYL20160412 DATED

续表

Descript of Goods	45A	APRIL 01, 2016. QTY 1000CTNSUNIT PRICE USD 400 CIF BUENAVENTURA +COMMERCIAL INVOICE 2 ORIGINALS AND 1 COPY +PACKING LIST 2 ORIGINALS AND 1 COPY +CERTIFICATE OF ORIGIN 1 ORIGINAL AND 1 COPY ISSUED BY CCPIT.
Documents Required	46A	+ON BOARD OCEAN BILL OF LADING CONSIGNED TO APPLICANT MARKED FREIGHT PREPAID NOTIFY APPLICANT 3 ORIGINALS AND 3 COPIES + SHIPMENT ADVISE TO APPLICANT WITHIN 3 DAYS AFTER THE SHIPMENT DATE 1 ORIGINAL + BENEFICIARY'S CERTIFICATE CERTIFYING THAT ONE FULL SET OF N/N COPIES OF DOCUMENTS HAS BEEN SENT TO APPLICANT BY FAX WITHIN 2 DAYS AFTER SHIPMENT DATE.
Additional Cond.	47A	THE NUMBER AND THE DATE OF THIS CREDIT AND THE NAME OF ISSUING BANK MUST BE QUOTED ON ALL DOCUMENTS.
Details of Charges	71B	BENEFICIARY MUST SEND ONE SET OF COPY DOCUMENTS BY FAX 57 4 3129288 ATTN MR MIGUEL FERNANDO LONDONO. ALL BANKING CHARGES ARE FOR BENEFICIARY ACCOUNT
Presentation Period	48	DOCUMENTS WITH MORE THAN 5 DAYS AFTER B/L ARE NOT ACCEPTED
Confirmation	49	WHTHOUT
Instructions	78	AT MOMENT OF UTILIZATION SEND DOCUMENTS TO BANCOUOMBIA S. A.

（3）信用证审核结果

小李拿到信用证通知书和信用证正本的当天，拿出对应的外贸合同FLY20160412认真核对，列出了信用证的所有问题条款如下。

信用证的类型 Revocable 有误，根据 UCP 600 第三条规定，信用证是不可撤销的，即使未如此标明。

申请人的电话有误，应改为 TEL 57-4-31125977。

受益人的名称"FLY"有误，应改为"FLYING"。

信用证总金额没有 5%增减。

汇票付款期限"30 DAYS AFTER SIGHT"错误，应改为"AT SIGHT"。

转运条款"NOT ALLOWED"错误，应改为"ALLOWED"。

装运港"ANY PORT IN CHINA"与合同规定"HUANGPU CHINA"不符。

最迟装运日 2016 年 5 月 21 日有误，根据合同规定应为开证日后的 60 天，因此应改为"160621"。

信用证有效期由于最迟装运日错误而随之错误，应改为"160706"。

货物描述中，半拆卸"SKD"应改为全拆卸"CKD"；合同号码错误，应改为 FLY20160412。

海运提单条款中提单抬头"TO APPLICANT"对受益人不利，应改为指示性抬头"TO ORDER"或"TO ORDER OF SHIPPER"。

漏开保险单据条款，根据合同规定，CIF 价格术语成交，应由出口商购买保险，提交保险单据。

银行费用条款不合理，应改为"ALL BANKING CHARGES OUTSIDE OF COLOMBIA ARE FOR BENEFICIARY ACCOUNT"。

交单期 5 天的时间太短，应改为 15 天。

信用证漏开溢短装条款，这对受益人很不利。

信用证没有注明适用的惯例及其版本。

小李按照改证原则分析问题条款后提出的修改意见为：

+信用证的类型 Revocable 有误，根据 UCP 600 第三条规定，信用证是不可撤销的，即使未如此表明，应改为"IRREVOCABLE"。

+申请人的电话有误，应改为 TEL 57-4-31125977。

+受益人的名称"FLY"有误，应改为"FLYING"。

+信用证总金额没有 5%增减条款。

+汇票付款期限"30 DAYS AFTER SIGHT"错误，应改为"AT SIGHT"。

+转运条款"NOT ALLOWED"错误，应改为"ALLOWED"。

+最迟装运日 2016 年 5 月 21 日有误，根据合同规定应为开证日后的 60 天，因此应改为"160621"。

+信用证有效期由于最迟装运日错误而随之错误，应改为"160706"。

+货物描述中，半拆卸"SKD"应改为全拆卸"CKD"；合同号码错误，应改为 FLY20160412。

> +海运提单条款中提单抬头"TO APPLICANT"对受益人不利,应改为指示性抬头"TO ORDER"或"TO ORDER OF SHIPPER"。
> +增加保险单据条款如下:INSURANCE POLICY/CERTIFICATE IN DUPLICATE ENDORSED IN BLANK FOR 110% INVOICE VALUE COVERING ALL RISKS OF CIC OF PICC (1/1/1981)。
> +银行费用条款不合理,应改为"ALL BANKING CHARGES OUTSIDE OF COLOMBIA ARE FOR BENEFICIARY ACCOUNT"。
> +交单期5天的时间太短,应改为"WITHIN 15 DAYS AFTER THE DATE OF SHIPMENT"。
> +信用证应增加溢短装条款"MORE OR LESS 5% OF QUANTITY OF GOODS IS ALLOWED"。

(4) 收到信用证修改书

2016年4月25日,广东飞行摩托车有限公司外贸单证员小李收到中国银行广东省分行转来的信用证修改书,内容如下。

MT707　　　　　　Amendment to a Documentary Credit
SENDER BANCOLOMBIA S. A. MEDELLIN
RECEIVER BANK OF CHINA GUANGDONG BRANCH, GUANGZHOU, CHINA

DOC. CREDIT NO.	20:0250214247
DATE OF ISSUE	31C:160421
DATE OF AMENDMENT	30:160425
NUMBER OF AMENDMENT	26E:01
FORM OF DOC. CREDIT	40A:IRREVOCABLE
BENEFICIARY	59:GUANGDONG FLYING MOTORCYCLE CO., LTD NO.1 BEIJING ROAD GUANGZHOU GUANGDONG CHINA
NEW DATE AND PLACE OF EXPIRY	31E:DATE160706 PLACE CHINA
NEW DOC. CREDIT AMOUNT	34B:CURRENCY USD AMOUNT 400,000.00
PERCENTAGE CREDIT AMOUNT TOLERANCE	39A:05/05
LATEST DATE OF SHIPMENT	44C:160621

续表

NARRATIVE. 79：	①IN FIELD 50 AMENDED TO：TEL 57－4－31125977. ②IN FIELD 59 AMENDED TO：GUANGDONG FLYING MOTORCYCLE CO. , LTD. ③IN FIELD 42A AMENDED TO：AT SIGHT. ④IN FIELD 43T AMENDED TO：ALLOWED. ⑤ IN FIELD 45A AMENDED TO：MOTOROCYCLES IN CKD CONDITION. AS PER S/C FLY20160412 DATED APRIL 01，2016. ⑥IN FIELD 46A，THE CONSIGNEE OF B/L AMENDED TO：TO ORDER ⑦ADD THE CLAUSE：INSURANCE POLICY/CERTIFICATE IN DUPLICATE ENDORSED IN BLANK FOR 110% INVOICE VALUE COVERING ALL RISKS OF CIC OF PICC（1/1/1981）. ⑧ IN FIELD 71B AMENDED TO：ALL BANKING CHARGES OUTSIDE OF COLOMBIA ARE FOR BENEFICIARY ACCOUNT. ⑨IN FIELD 48 AMENED TO：DOCUMENTS WITH MORE THAN 15 DAYS AFTER B/L ARE NOT ACCEPTED. ⑩IN FIELD 47A ADD THE CLAUSE：MORE OR LESS 5% OF QUANTITY OF GOODS IS ALLOWED. ALL OTHER TERMS AND CONDITIONS REMAIN UNCHANGED.

 拓展阅读

信用证欺诈预防

信用证是一种有条件的银行付款的书面承诺，随着全球贸易的发展，信用证欺诈问题逐渐浮现，成为贸易往来的重大隐患。

一、信用证欺诈的定义

《最高人民法院关于审理信用证纠纷案件若干问题的规定》第八条中有明确的规定，即"凡有下列情形之一的，应当认定存在信用证欺诈：（一）受益人伪造单据或者提交记载内容虚假的单据；（二）受益人恶意不交付货物或者交付的货物无价值；（三）受益人和开证申请人或者其他第三方串通提交假单据，而没有真实的基础交易；（四）其他进行信用证欺诈的情形。"该规定的前三项列举了三种信用证欺诈的情形，第四项作为兜底条款，概括了在司法实践中信用证欺诈可能存在的上述三项未列举的情形。

信用证欺诈是指利用信用证制度的独立抽象性原则和单证严格相符原则，提供表面记载与信用证要求相符但实际上不能代表真实货物的单据，骗取货款；开立虚假信用证或"软条款"信用证，企图压价或骗取货物、质保金、履约金、佣金的商业欺诈行为。

二、信用证欺诈的种类

1."软条款"欺诈

信用证中的"软条款"使得信用证的不可撤销性降低，对受益人不利。这些条款通常会置出口商于被动地位，使开证申请人或开证行具有单方面随时解除付款责任的主动权。常见的"软条款"包括暂不生效条款、限制性付款条款、加列各种限制以及对装运进行限制。

2. 假单据欺诈

造假的单据可能导致议付行拒绝议付，无论受益人是否参与欺诈，或者是否确实发生了欺诈。

3. 倒签提单欺诈

卖方为使单证符合信用证的要求，开具保函申请提单的签单日期向前提至规定的日期，这种做法称为倒签提单，会给托运人带来风险。

4. 预借提单欺诈

由于货物未及时备妥或尚未装船完毕，应托运人要求，由承运人或其代理人提前签发已装船提单，这会给提单签发人带来风险。

三、信用证欺诈纠纷

1. 企业注册地与经营地不一致

在信用证贸易中，对贸易信息和买卖双方真实性的严格审核是成功交易的基础。然而，由于企业或银行审核的疏忽，或者调查不充分，经常会导致一些欺诈事件的发生。其中，企业注册地和经营地不一致是诈骗者常用的手段之一。

例如，一家中国大陆企业接到了来自中国台湾买家的贸易请求。付款方式为远期信用证，即在开证行或付款行收到相符的单据并通过审核后，不立即付款，而是等待一定期限后再付款。信用证上显示的地址为中国台湾某地。中国大陆企业看到除了要求将货物发往埃塞俄比亚工厂外，没有其他特殊要求，因此接受了订单。

然而，中国台湾企业无故拖欠货款，中国大陆企业试图通过仲裁解决此事，却发现该中国台湾企业的注册地实际上是塞舌尔，而中国台湾工厂只是塞舌尔公司的营业地址。信用证也是由塞舌尔公司开具的。由于法律上这家中国台湾企业的所属地在塞舌尔，导致债权关系不清晰，使得案件变得复杂，回款也变得困难。

2. 代开信用证与货物私吞

由于信用证开立需要企业接受银行的各种审查、评估甚至抵押，许多企业无法自行开立信用证。为了满足贸易需求，这些企业往往会寻求与实力更强大的企业合作，通过代开信用证的方式进行交易，并为此支付一定的服务费。

一些犯罪分子也看中了这个机会，通过精心策划骗局，诱导这些大企业陷入陷阱。例如，犯罪嫌疑人罗某找到国企A，提出合作开展代开信用证和代理进口业务。按照罗某的提议，他向国企A支付20%~30%的保证金，并委托国企B具体负责代开信用证和代理进口塑料粒子的工作。货物到达港口后，存放在第三方公司C的仓库中。根据双方约定，只有当罗某支付货款后，国企A才会出具出仓通知单，允许货物出库。然而，罗某在支付部分款项后突然停止支付，而存放在C公司仓库中的货物也不翼而飞。经过调查发现，C公司的仓库是罗某一伙人使用伪造的公章、合同专用章、营业执照等材料，将自己控制的一个仓库假冒而成的。他们早已将货物私吞，导致国企A和B遭受重大损失。

3. 买卖双方串通诈骗银行

在信用证欺诈中，买卖双方串通一气，通过虚构交易来诈骗银行，导致银行遭受资金损失。这种行为是信用证诈骗的一种常见形式。

以1998年"泰明诈骗案"为例，彭某生和彭某怀于1992年至1997年间在深圳和香港两地注册了数十家公司，并实际控制了这些公司。在1996年至1997年间，他们没有真实的贸易背景，却编造虚假的购买事实，伪造各种单证，前往相关银行骗取信用证。他们开立的信用证金额高达6970多万美元。在获得信用证贴现款项后，他们逃之夭夭，导致开证行垫付了资金。扣除开证时的保证金515万多美元，开证行实际损失达5754万美元。

在这个案例中,买卖双方串通,虚构交易以诈骗银行,使银行蒙受资金损失。这种行为构成了信用证欺诈罪。虽然该案发生在较早的时期,但对当前的司法实践仍具有指导意义。它强调了银行应更加深入地了解企业资质、征信等情况,并审慎地审查信用证的表面真实性,以防止类似的欺诈事件再次发生。

项目练习

一、单选题

1. 所谓"信用证严格相符"的原则,是指受益人必须做到(   )。
   A. 信用证和合同相符　B. 信用证和货物相符　C. 信用证和单据相符

2. 信用证的基础是买卖合同,当使用证与买卖合同规定不一致时,受益人应要求(   )。
   A. 开证行修改　　　　B. 开证申请人修改　　　C. 通知行修改

3. 在信用证业务中,银行的责任是(   )。
   A. 只看单据,不看货物　　　　　　　　B. 既看单据,又看货物
   C. 只管货物,不看单据

4. 信用证上如未明确付款人,则制作汇票时,受票人应为(   )。
   A. 开始申请人　　　　　　　　　　　　B. 开证银行
   C. 议付行　　　　　　　　　　　　　　D. 任何人

5. 根据国际商会《跟单信用证统一惯例》的规定,如果信用上未注明"不可撤销"的字样,该信用证应视为:(   )。
   A. 可撤销信用证　　B. 不可撤销信用证
   C. 远期信用证　　　D. 由受益人决定可撤销或不可撤销

6. 在合同规定的有效期,(   )负有开立信用证的义务。
   A. 卖方　　　　　　　　　　　　　　　B. 买方
   C. 开证行　　　　　　　　　　　　　　D. 议付行

7. 在交易金额较大,对开证行的资信有不了解时,为保证货款的及时收回,买方最好选择(   )。
   A. 可撤销信用证　　　　　　　　　　　B. 远期信用证
   C. 承兑交单　　　　　　　　　　　　　D. 保兑信用证

二、判断题

1. 国外来证规定汇票付款人为开证申请人，货物装船后受益人已获得已装船清洁提单，但尚未送银行议付，获悉开证申请人破产倒闭，受益人无法从开证银行得到货款。（ ）

2. 买卖合同规定买方需开立"可转让信用证"，卖方在收到的信用证中虽无"可转让"字样，仍可视为可转让信用证。（ ）

3. 只要在 L/C 有效期内，不论受益人何时向银行提交符合 L/C 要求的单据，开证行一律不得拒收单据和拒付货款。（ ）

4. UCP 规定，凡信用证上未注明可撤销字样，则视为不可撤销。（ ）

5. 在背对背信用证中，原通知行成为新证的开证行，承担付款责任。原信用证的开信行亦对新证承担付款责任。（ ）

6. 在使用可转让信用证时，受益人有权要求银行将信用证的全部或部分转让给第二受益人，但第二受益人不得再将原信用证上的全部或部分权力转让给第三人。（ ）

7. 在信用证业务中，信用证的开立是以买卖合同为基础的，因此，信用证条款与买卖合同条款严格相符是开证行向受益人承担付款责任的条件。（ ）

8. 按 UCP 的规定，信用证的修改通知书有多项内容时，受益人可只接受同意的内容，而对不同意的内容予以拒绝。（ ）

三、翻译和解释以下信用证条款

1. Signed Commercial Invoices in QUAUDRUPLICATE certified to be true and correct stating full name and address of manufactures.

2. Packing list in triplicate detailing the complete inner packing specification and contents of each package.

3. Draft（s）drawn under this credit must be presented for negotiation in China on or before 25th August 2023.

4. Full set of clean on board ocean bills of lading made out to shipper's order, endorsed to the order of Bank of China Singapore Branch marked "Freight prepaid" and notify the above applicant.

5. Marine insurance policies or certificates for 110% of CIF invoice value covering All Risks and War Risks as per ocean marine cargo clause of the People's Insurance Company of China dated 1/1/1981 with extended cover up to Kuala Lumpur with claims payable at destination in the currency of draft.

四、案例分析

我国某公司向国外 A 商出口货物一批。A 商按时开立不可撤销即期议付信用证，该证由设在我国境内的外资 B 银行通知并加保兑，我国某公司在货物装运后，将全套合格单据送交 B 银行议付，收妥货款。但 B 银行向开证索赔时，得知开证行因经营不善已宣布破产。于是，B 银行要求我国某公司将议付的货款退还，并建议我国某公司可委托其向 A 商直接索取货款。

对此，请分析我国某公司应如何处理，为什么？

项目 2.2 制作商业发票和装箱单操作

知识目标

1. 了解商业发票、装箱单的作用；
2. 熟悉包装单据的定义、作用和种类；
3. 了解发票的概念和作用；
4. 了解其他形式的发票。

能力目标

1. 能够根据交易相关资料缮制商业发票和装箱单；
2. 能根据 L/C 条款或合同条款准确填写商业发票内容；
3. 能将数字转换为英文大写；
4. 能找出信用证中制作装箱单的相关条款。

引导案例

信用证项下商业发票不符分析

我国 A 公司向巴基斯坦 B 公司以 CIF 条件出口货物一批。国外来证中单据条款规定："商业发票一式两份；全套（full set）清洁已装船提单，注明'运费预付'，做成指示抬头空白背书；保险单一式两份，根据中国人民保险（集团）公司 1981 年 1 月 1 日海洋运输货物保险条款投保一切险和战争险。"信用证内并注明"按 UCP 600 办理"。

A 公司在信用证规定的装运期限内将货物装上船，并于到期日前向议付行交单议付，议付行随即向开证行寄单索偿。开证行收到单据后来电表示拒绝付款，理由是单证有下列不符：（1）商业发票上没有受益人的签字；（2）发票金额和信用证不相符。

A 公司立即进行审查，发现信用证规定金额为 USD105000.00，不允许分批装运，货物显示数量为 10 CARTONS。受益人提交的发票显示出运货物数量为 10 CARTONS，但金额却为 USD101500.00。发票正常手签，没有其他问题。

A 公司据理力争，认为发票没有问题，开证行应该依规定付款。理由如下：

（1）第1个理由不成立。UCP 600 规定，除非信用证另有规定，商业发票无须签字。因此，商业发票上没有受益人签字，应认为单证相符。

（2）第2个理由不成立。UCP 600 第三十条 c 款规定："如果信用证规定了货物数量，而该数量已全部发运，及如果信用证规定了单价，而该单价又未降低，或当第三十条 b 款不适用时，则即使不允许部分装运，也允许支取的金额有 5% 的减幅。若信用证规定有特定的增减幅度或使用第三十条 a 款提到的用语限定数量，则该减幅不适用。"据此，只要受益人提交的发票上未显示单价有所降低，该发票金额低于原证的 3.33% 左右（在 5% 幅度内）不构成不符交单。

一般适用该规定的货物成交贸易术语以 CIF/CIP 或 CFR/CPT 居多。按这些术语成交的商品因在签约时就要明确商品的单价和总值。而实际运费或保险费并没有实际发生，因此，卖方磋商谈判时就会以估算的价格报价。出于商人盈利心理的驱使，卖方会根据行市适当高估今后要支付的运费和保费。在实际发生了以上费用后就会以提交略低于信用证金额的发票将此差额返还给买方。UCP 600 第三十条 c 款的规定，一方面满足了受益人不会面临单证不符而遭退单的风险，另一方面也免去了另行电汇的银行费用。

讨论题

1. 信用证条款中通常会对发票制作提出哪些具体要求？
2. 进出口商业发票和国内增值税发票有什么区别？

任务1 填制商业发票

公司与 NEO 公司的交易进入履约阶段。公司联系了国内供货商组织货物的生产。一个月后，供货商发来货物已经顺利生产完成的邮件。

陈经理指示小李根据信用证和合同填制本笔交易的商业发票。为避免贸易纠纷，陈经理对小李提出 3 点要求：

1. 熟悉 UCP 600 对发票的规定；
2. 分析本交易中信用证中关于发票的条款；
3. 发票制作要符合合同和信用证的规定，并符合交易的实际情况。

任务要求

1. 以小组为单位，收集 UCP 600 对发票的规定；
2. 根据合同和信用证填制本笔交易的商业发票；
3. 检查填制的商业发票；
4. 发票相关信息如下：发票号码为 GZ2021001，开票时间 2021 年 5 月 15 日，运输标志按标准唛头设置。

课程思政

我国古代的商业发票的演变

我国古代的商业发票，又称为"发奉""发货票"等，是商家在交易过程中开具的一种凭证。随着商品经济的发展，商业发票逐渐成为买卖双方证明交易真实性的重要凭证。

早在周朝时期，就已经有了与发票相关的文献记载。根据《周易·系辞下》的描述，"上古结绳而治，后世圣人，易之以书契"，这说明在远古的炎帝时期，人们使用"结绳记事"的方式进行交易记录，后来逐渐被"书契"所取代，而"书契"正是发票的雏形。

随着时间的推移，到了东晋时期，"书契"有了新的名称"输估"，并且成为官府征税的重要依据。到了宋朝，为了方便买卖双方的交易及征税，国家首次统一了发票的格式。这个时期的工商税收已经超过了农业税收，出现了"州郡财计，除民租外，全赖商税"的说法。正因如此，宋朝对发票的管理和标准化更加重视，使其成为官方的交易凭证。

到了清朝，随着资本主义的萌芽和商品经济的繁荣，各类货物交易、运输、服务量大幅增长，对发票的需求也急剧增加。这时，真正的现代意义上的发票开始出现。目前已知的最早的发票是 1667 年（清康熙六年）的"佥业归户票"。大量真正意义上的发票凭证则出现在清代中晚期。此时，商品交易更加频繁，买卖双方需要一种证明交易真实性的凭证。

通过了解发票的历史可以看出，发票是随着商品经济的发展而逐渐完善和标准化的交易凭证。它不仅见证了我国商品经济的繁荣和税收制度的演变，更体现了诚信经营和法治意识在商业活动中的重要地位。

知识链接

1. 发票的概念和作用

（1）发票的概念

发票（INVOICE）是进出口贸易中使用的最主要的单据之一。我国进出口贸易中使用的发票主要有商业发票（COMMERCIAL INVOICE）、海关发票（CUSTOMS INVOICE）、形式发票（PROFORMA INVOICE）、领事发票（CONSULAR INVOICE）及厂商发票（MANUFACTURER'S INVOICE）等。

商业发票是出口商对所装运货物的情况进行的详细描述，并凭以向买方收取货款的一种价目总清单，是全套进出口单据的核心。使进口商对货物的品名、规格、单价、数量、总价等能够有全面的了解，并凭以对货物进行验收与核对。同时，商业发票也是进出口商记账、收付汇、进出口报关及海关统计的依据。在不需要出具汇票时，还可以作为买方支付货款的依据。

（2）发票的作用

商业发票在实务中通常简称"发票"，是出口商对国外进口商开立的载有货物名称、规格、数量、单价、总金额等方面内容的清单，供国外进口商凭以收货、支付货款和报关完税记账之用，是对所交易货物的总说明，是进出口业务中的基础单据。

商业发票是进出口业务中最基本、使用最为频繁的商业单据，是整套出口单据的中心及其他单据填制和审核的依据。在制单顺序上，往往首先缮制商业发票。商业发票是卖方对装运货物的全面情况（包括品质、数量、价格、有时还有包装）详细列述的一种货款价目的清单。它常常是卖方陈述、申明、证明和提示某些事宜的书面文件。另外，商业发票也是作为进口地确定征收进口关税的基本资料。发票具体作用如下。

①申请办理出口证件时须提交的单据

出口商在向海关申请办理产地证（或向商务部相关部门办理出口许可证时），一般需要在申请表后面附上一份商业发票，以便审批核对相关信息。

②办理出口托运手续时须提交的单据

出口商在向货运代理（或船务代理、船公司）办理货物托运手续时，除了要填写、提交出口货物运输委托书之外，还要提交发票、装箱单等反映货物明细情况的单据，作为承运人装卸、运输、储存货物的参考信息来源。

③报关、纳税的计算依据

发票中载明的价值和有关货物的说明是海关凭以核定税款的依据，也是出口地验关放行、进口地迅速清关提货的凭证之一。

④收付货款的凭证

不论采用哪种结算方式,进口商都会要求出口商提供商业发票。商业发票是一笔交易的全面叙述,表明了以价格为中心的合同交易条件,买方将发票内容与合同条款核对,可以大体上了解卖方交货情况是否符合合同规定,应该向卖方支付多少货款,以便向卖方支付款项。在不用汇票结算的业务中,发票代替汇票作为付款的依据。

⑤索赔、理赔的凭据

当进口商向相关责任方索赔时,通常要提交商业发票。

2. 信用证常见发票

(1) 信用证常见发票填制要求

一般来说,发票无正副本之分。来证要求几份,制单时在此基础之上多制一份供议付行使用。如需正本,加打"ORIGIN"字样。

不同发票的名称表示不同用途,要严格根据信用证的规定制作发票名称。一般发票都印有"INVOICE"字样,前面不加修饰语,如信用证规定用"COMMERCIAL INVOICE""SHIPPING INVOICE""TRADE INVOICE"或"INVOICE",均可作商业发票理解。信用证如规定"DETAILED INVOICE"是指详细发票,则应加打"DETAILED INVOICE"字样,而且发票内容中的货物名称、规格、数量、单价、价格条件、总值等应一一详细列出。来证如要求"CERTIFIED INVOICE"证实发票,则发票名称为"CERTIFIED IN-VOICE"。同时,在发票内注明"We hereby certify that the contents of invoice herein are true & correct."(我们特此证明此处的发票内容真实正确。)。当然,发票下端通常印就的"E&O.E."(有错当查)应去掉。来证如要求"MANUFACTURE'S INVOICE"厂商发票,则可在发票内加注"We hereby certify that we are actual manufacturer of the goods invoice."。同时,要用人民币表示国内市场价,此价应低于出口FOB价。此外,又有"RECEIPT INVOICE"(钱货两讫发票)、"SAMPLE INVOICE"(样品发票)、"CONSIGN-MENT INVOICE"(寄售发票)等。

在实务中,不同交易所使用的信用证条款对商业发票的要求可能有所不同,故在缮制商业发票时,出口商需要认真地对相关信用证条款进行解读,根据信用证条款填制商业发票,以便"相符交单",顺利收汇。

(2) 信用证常见发票填制要求条款

①SIGNED COMMERCIAL INVOICE 3 FOLD.

翻译:已签署的商业发票一式三份。

②ALL INVOICES MUST SHOW FOB PRICE、FREIGHT AND INSURANCE

COSTS SEPARATELY.

翻译：所有发票均应分别列明 FOB 价、运费和保险费。

③5% COMMISSION TO BE DEDUCTED FROM THE INVOICE VALUE.

翻译：从发票金额中扣除 5%的佣金。

说明：缮制发票时，应从发票金额中扣除 5%的佣金。

④COMBINED INVOICE IS NOT ACCEPTABLE.

翻译：不接受联合发票。

⑤COMMERCIAL INVOICE IN 3 COPIES DULY SIGNED, INDICATING THE CREDIT NUMBER LC081226 AND CONTRACT NO. 08DY006.

翻译：正确签署的商业发票一式三份，显示信用证号码 LC081226 和合同号码 08DY006。

⑥INVOICE TO CERTIFY THAT THE GOOGS SHIPPED ARE EXACTLY EQUAL TO THE SAMPLES PRESENTED TO THE BUYER.

翻译：发票上应注明装运货物与已交付买方的样品相符。

⑦ALL INVOICES MUST SHOW BREAKDOWN VALUE：1) FOB VALUE；2) FREIGHT PREPAID；3) INSURANCE PREMIUM PREPAID.

翻译：所有发票应标明分类价格：1) FOB 价；2) 预付运费；3) 预付保险费。

⑧BENEFICIARY'S ORIGINAL SIGNED COMMERCIAL INVOICE AT LEAST IN 5 COPIES ISSUED IN THE NAME OF THE BUYER INDICATING THE MERCHANDISE, COUNTRY OF ORIGIN AND ANY OTHER RELEVANT INFORMATION.

翻译：以买方的名义开具，并经受益人签署的商业发票正本一式五份，注明商品名称、原产国和有关资料。

⑨YOUR DECLARATION THAT NO WOOD CONTAINER HAS BEEN USED IN PACKING OF THE GOODS LISTED ON THE INVOICE IS REQUIRED.

翻译：发票上须声明所列货物未使用木制容器包装。

⑩COMMERCIAL INVOICE MUST INDICATE THE FOLLOWING：1) THAT EACH ITEM IS LABELED "MADE IN CHINA"；2) THAT ONE SET OF NON-NEGOTIABLE SHIPPING DOCUMENTS HAS BEEN AIRMAILED IN ADVANCE TO THE BUYER.

翻译：商业发票必须包括以下内容：1) 每件商品标明"中国制造"；2) 一套不可转让的副本装运单据已空邮给买方。

3. 商业发票

（1）商业发票的内容

商业发票由出口企业自行拟制，无统一格式，但基本栏目大致相同。分首文、本文和结文三部分。首文部分包括发票名称、号码、出票日期地点、抬头人、合同号、运输线路等。本文部分包括货物描述、单价、总金额、唛头等。结文部分包括有关货物产地、包装材料等各种证明句、发票制作人签章等。

从本质上讲，发票是进出口商在国际贸易经济业务中的会计原始凭证，所以发票的具体内容是以原始会计凭证的基本内容为基础的。它包括以下内容。

①出票人的名称，即出口商的名称和详细地址、电话、传真等。

②单据的名称，即"商业发票"（Commercial Invoice）或"发票"（Invoice）字样。发票的名称应与信用证规定的一致。另外，在发票的名称中不能有"临时发票（Provisional Invoice）"或"形式发票（Proforma Invoice）"等字样出现。

③制单的日期及制单的基础信息，包括发票的制单日期、发票号码、合约号等。

④发票接受方的名称即发票的抬头人，发票上必须明确显示发票抬头人即付款人的名称、地址，通常情况下抬头人作成进口商，信用证方式下为开证申请人。

⑤有关此笔经济业务的内容摘要，包括以下内容。

一是货物描述，注明货物的名称、品质、规格及包装状况等内容。

二是货物的启运地、目的地，如有转运可标明。

三是唛头。唛头是货物的识别标志，运输企业在装卸、搬运时，根据唛头来识别货物，作为交货清单的发票，必须正确显示这一装运标志。唛头一般包括收货人简标、合同号、目的港、件号等。

⑥数量和金额。在出口发票上必须明确显示数量、单价、总值和贸易术语（价格条款），包括数量及数量单位、计价货币名称、具体价格数。有时还需列出佣金、折扣、运费、保费等。

⑦出票方企业的名称、签发人盖章或签字。一般将这些内容打在发票的右下方。

⑧其他内容，包括与该笔业务相关的特定号码、证明句等。如在发票商品描述下方空白处注明买方的参考号、进口证号、信用证号以及货物产地、出口商关于货物制造、包装、运输等方面的证明。

(2) 商业发票填制要求

①出票人名称、地址等描述必须正确。

②出票日期及出票的基础信息方面必须注意的事项如下：

一是出票日期不能迟于装运日。如信用证有规定，不能早于信用证的开证日。

二是如果发票的货物涉及不止一个合约的，发票上显示的合约号必须包括全部合约。信用证方式下，必须标明该笔交易中的信用证号码。

③在显示发票抬头人时，必须注意做成信用证的申请人名称、地址。

④运输线路、启运地、目的地必须与其他单据上显示的相一致，并且要打明具体的地名，不要用统称，如信用证中只标明国名，在发票制作时，应打上具体的地名（除非一些特定交易出运时还未确定目的地）。

⑤发票上的货物描述部分是发票的中心内容，一般情况下，必须描写具体。

在实务中通常有以下几种情况：

一是信用证只规定了货物的总称，发票除照样显示外，还可加列详细的货名，但不得与总称矛盾。例如，信用证规定"blue cotton wears"，而发票却显示"colored cotton wears"，这是不被允许的。

二是信用证未规定货物的总称，但列举的货名很详细，则发票除显示详细的货名以外，还可加注总称。

三是信用证规定的货名并非英文文字，这时发票也应照原文显示出来。

四是信用证规定了多种货名，应根据实际发货情况注明其中的一种或几种，不可盲目照抄。除了信用证规定的货物外，发票不能再显示其他货物或免费样品等。

⑥货物的规格

规格是货物品质、特征的标志，例如，一定的大小、长短、轻重、精密度、性能、型号、颜色等，一般信用证开列了对规格的要求和条件，所制发票必须和信用证规定完全一致。

⑦货物的包装、件数和数量

货物的包装、件数和数量，必须在发票中表明，并与其他单据相一致。

⑧货物重量

出口货物的重量，在单据中是一项不可忽视的内容，除了重量单、装箱单上应注明毛重、净重外，商业发票也应打明总的毛重、净重。

⑨价格条件

发票中的价格条件十分重要，因为它涉及买卖双方责任的承担、费用的负担和风险的划分问题，另外，也是进口地海关核定关税的依据。

⑩单价和总值

单价和总值是发票的主要项目，必须准确计算，正确缮打，并认真复核，特别要注意小数点的位置是否正确，金额和数量的横乘、竖加是否有矛盾。应注意以下两点。

一是"约"的容差范围为±10%。

二是数量的容差范围为±5%。

⑪唛头

凡是来证有指定唛头的，必须逐字按照规定制唛。如无指定，出口商可自行设计唛头，唛头一般以简明、易于识别为原则。唛头内容包括名称的缩写、合同号（或发票号）、目的港、件号几部分。例如，货物运至目的港后还要转运到内陆城市的，可在目的港下面加打"IN TRANSIT TO ×××"或"IN TRANSIT"字样。

⑫发票上加注各种证明

国外来证有时要求在发票上加注各种费用金额、特定号码、有关证明句，一般可将这些内容打在发票商品栏以下的空白处，大致有以下几种。

一是注明特定号码。如进口证号、配额许可证号码等。

二是缮打证明句。例如，澳大利亚来证要求加注原料来源证明句等。

⑬折扣、佣金和预付款

如果信用证要求的发票价格是扣除了折扣、佣金或预付款以后的价格，填写本栏目。

⑭关于"错漏当查"（E&O. E.）

"E&O. E."是"Errors and Omissions Excepted"的简称。应该注意的是，当发票已经过证实，就不能出现"E&O. E."的字样。

⑮更正处

发票的更正处应盖有签发人的更正章。如果该发票是经领事等签证的，则在更正处一定还要有领事的签字或小签。

⑯发票份数

提交的份数应与信用证规定的一致，如果信用证中没有特殊要求，其中一份必须是正本。如信用证要求"In duplicate"或"In two copies"时，所提供的发票中必须有一张是正本。

⑰签署

如果信用证没有规定，商业发票不需要签署。当信用证要求"Signed invoice"，这时发票就需要签署；而要求"Manually signed invoice"时，该发票必须是手签。

另外,注意事项如下。

①如果以影印、自动或电脑处理或复写方法制作的发票,作为正本者,应在发票上注明"正本"(ORIGINAL)字样,并由出单人签字。UCP 600 规定商业发票可不必签字,但有时来证规定发票需要签字的,还是要签字,例如,SIGNED COMMERCIAL INVOICE…

②近几年,各地已陆续出现了国内税务机关统一印制的通用出口发票,一套六联为常见。根据用途分为发票联、记账联、税务联、报关联、核销联、存根,内容与上述介绍的一般发票项目相同。

如进口商接受的话,也可用于收汇。但若与 L/C 或进口商要求不一致的,则不对外使用,只在报关、报检等国内环节中使用此格式的发票。收汇时,另外再制原来常用格式的发票。

③现在还有一些进口商要求出口商按其公司特有的格式发票制单,内容栏目基本上也与一般发票相同,若对出口方无不妥之处的,出口商可协助进口商按其要求办。在收汇时和国外进口商办理有关手续时使用。

4. 海关发票

(1) 海关发票的概念

海关发票(Customs Invoice)是出口商应进口国海关要求出具的一种单据,基本内容同普通的商业发票类似,其格式一般由进口国海关统一制定并提供,主要是用于进口国海关统计、核实原产地、查核进口商品价格的构成等。

海关发票是由有关国家政府规定的,其内容比一般的商业发票复杂。尽管各国制定的海关发票格式不同,但一般包括三大部分,即价值部分(Certificate of Value)、产地部分(Certificate of Origin)和证明部分(Declaration),所以海关发票通常被称为"Combined Certificate of Value and of Origin"。

海关发票是进口商向进口国海关报关的证件之一。海关发票由出口商填写,其格式由进口国具体规定。主要项目有货物的生产国别、货物名称、数量、唛头、出口地市价及出口售价等。海关发票的作用是便于进口国按地区及划价信用不同税率征收关税。采用海关发票的有加拿大、澳大利亚、新西兰等国。

(2) 海关发票的作用

海关发票的作用主要如下:

①为进口国海关统计提供依据;

②供进口国海关核定货物的原产地,根据不同国别政策采取不同的征收

进口关税比率;

③提供给进口国海关掌握对该商品在出口国市场的价格情况,以便确定该商品是否对进口国低价倾销;

④供进口国海关借以了解进口商是否有虚报价格,预防进口商逃避关税的情况;

⑤是进口国海关对进口货物估价定税的根据。

(3) 部分国家海关发票简介

①加拿大海关发票

加拿大海关发票（Canada Customs Invoice）自1985年起采用新格式,把过去使用的"出口地市场价值"（Fair Market Value）一栏改为"交易价值"（Transaction Value）,并据此计算进口税。对于食品类货物的进口,要提供卫生内容的证明。此外,当货价超过1万美元时,除了要填制海关发票外,一般还需要填写"Form 31"声明书,这种格式的声明书可以事先要求客户寄送。加拿大海关发票要求每项都填写,如果没有相应内容填写,就在该项中填"N/A"或者"NIL"。

②美国海关发票

美国海关发票是指运往美国的货物在进口时必须向美国海关申报的一种文件,包括商业发票和特殊海关发票。商业发票要求包含以下信息:出口商和进口商的名称和地址、发票日期、货物描述、贸易术语（如FOB）、运输方式和运费、支付条款、国际货币代码、出口证明（如适用）等。特殊海关发票则根据不同商品种类有不同的格式要求,例如,运往美国的价值超过500美元的货物,如果属于从价征收关税的,需要呈报"5515"格式的海关发票。此外,对于某些特定商品,如棉布、棉涤纶、人造棉布等,还需要提供相应的特殊海关发票,如"5519"格式（即Invoice Details for Cotton Fabrics and Liners）,并需要填写每平方码盎司重量、平均纱支数、织造方式等信息。

美国海关对进口货物的规定非常严格,为了确保顺利清关和货物安全,建议在发货前仔细了解美国海关的相关规定,并按照要求准备所有必要的文件和信息。如有需要,可以寻求专业的法律或货运代理服务,以获得更加全面和准确的指导和支持。

③新西兰海关发票

向新西兰出口货物要填制"59A"格式（Certificate of Origin for Export to New Zealand）的海关发票,按照格式上规定的内容填写即可。

国际贸易单证实务

 拓展阅读

运输标志

运输标志（Shipping Marks），是标识在单件货物和相关单证上的标志和编号，通常由一个简单的几何图形和一些英文字母、数字及简单的文字组成。

一、运输标志的作用

运输标志主要作用在于使货物在装卸、运输、保管过程中容易被有关人员识别，以防错发错运。按国际标准化组织（ISO）的建议，标准化运输标志包括四项内容：收货人名称的英文缩写或简称；参考号，如订单、发票或运单号码；目的地；件号。

此外，运输标志在国际贸易中还有其特殊的作用。按《万国邮政公约》规定，在商品特定化以前，风险不转移到买方承担。而商品特定化最常见的有效方式，是在商品外包装上标明运输标志。此外，国际贸易主要采用的是凭单付款的方式，而主要的出口单据如发票、提单、保险单上，都必须显示出运输标志。

二、标准化运输标志

标准运输标志由收货人（买方）、参考号、目的地、件数编号4个数据元依次组成。这些运输标志一般都应在货物和相关单证上标示出来。

1. 收货人（买方）

收货人（或买方）名称的首字母缩略名或简称。除铁路、公路运输外，其他各种运输方式均不应使用全称。出口商和进口商可以商定一套首字母缩略名或简称，用于他们之间的货物运输。

2. 参考号

参考号应尽可能简单明了，只可使用托运单号、合同号、订单号或发票号中的一个编号，并应避免在编号后跟随日期信息。

3. 目的地

货物最终抵达的港口或地点（卸货港、交货地点、续运承运人交货地点）的名称。在转运的情况下，可在"VTA"（经由）之后指明货物转运的港口或地点的名称。如"NEW DELHI VIA BOMBY"，表示货物经由孟买到达新德里。在多式联运情况下，只需标明货物的最终抵达地点，允许运输经营人选择最理想的运输路线，并避免在转运地中断运输。

4. 件数编号

指出件数的连续编号和已知的总件数。例如"1/25、2/25……25/25"，

表示包装物的总件数为25件，每件包装物的编号从1到25。

在单证上给出"1/25"，表示货物编号从1到25，而不必使用"P/NO"标记。

三、标准运输标志的制作规则

1. 标准运输标志最多不应超过10行，每行不应超过17个字符。
2. 标准运输标志应使用下列字符：

大写英文字母	A~Z
数字	0~9
空格	
句点	.
连字符	-
圆括号	( )
斜线	/
逗号	,

标准运输标志不应使用下列字符：

加号	+
冒号	:
单引号	' '
等号	=
问号	?
星号	*

3. 标准运输标志中不允许使用几何图形或其他图案，如菱形、三角形、正方形等。
4. 不应使用颜色编码作为运输标志。
5. 当需要两种及两种以上文字标识运输标志时（如汉语、俄语、阿拉伯语等），则至少应有一个运输标志要使用罗马字母，而其他语言的运输标志用括号标在一旁或标在包装的另一面。单证上的运输标志应使用罗马字母。

任务2 填制装箱单

依据外贸流程，单证员小李需要根据信用证的要求和货物实际装箱情况，完成装箱单的制作。

陈经理指示小李根据信用证和合同填制本笔交易的装箱单。为避免贸易纠纷，陈经理对小李提出3点要求。

国际贸易单证实务

1. 熟悉 UCP 600 对装箱单的相关规定；
2. 分析本交易中信用证中关于装箱单的条款；
3. 装箱单制作要符合合同和信用证的规定，与发票信息相符合，并符合交易实际情况。

任务要求

1. 以小组为单位，收集 UCP 600 对装箱单的规定；
2. 根据合同和信用证填制本笔交易的装箱单；
3. 检查填制的装箱单。

知识链接

1. 装箱单的含义

装箱单（Packing List or Packing Specification），又称包装单、码单，是用以说明货物包装细节的清单。装箱单的作用主要是补充发票内容，详细记载包装方式、材料、件数、货物规格、数量、重量等内容，便于进口商或海关等有关部门对货物的核准。

2. 装箱单的作用

装箱单是发票的补充单据，它列明了信用证（或合同）中买卖双方约定的有关包装事宜的细节，便于国外买方在货物到达目的港时供海关检查和核对货物，通常可以将其有关内容加列在商业发票上，但是在信用证有明确要求时，就必须严格按信用证约定制作。

出口企业不仅在出口报关时需要提供装箱单、重量单，信用证往往也将之作为结汇单据。实际上，装箱单、重量单和尺码单（Packing List，Weight List and Measurement List）是商业发票的一种补充单据，是商品的不同包装规格条件，不同花色和不同重量逐一详细列表说明的一种单据。它是买方收货时核对货物的品种、花色、尺寸、规格和海关验收的主要依据。

3. 装箱单的特点

对于不同特性的货物，进口商可能对某一或某几方面（如包装方式、重量、体积、尺码）比较关注，因此希望对方重点提供某一方面的单据。它包括不同名称的各式单据，例如，Packing List、Weight List、Measurement List、Packing Note and Weight Note 等。它们的制作方法与主要内容基本一致。装箱单着重表示包装情况,重量单着重说明重量情况,尺码单则着重商品体积的描述。它们均具有以下特点。

(1) 装箱单、重量单和尺码单为了与发票保持一致,在号码和日期两栏与发票完全相同。

(2) 装箱单、重量单和尺码单一般不显示收货人、价格、装运情况,对货物描述一般都使用统称概述。

(3) 装箱单着重表现货物的包装情况,从最小包装到最大包装的包装材料,包装方式一一列明。而对于重量和尺码内容,一般只体现累计总额。重量单在装箱单的基础上,详细表示货物的毛重、净重、皮重等。

(4) 装箱单、重量单和尺码单的制作要以信用证、合同、备货单、出货单为凭据。

(5) 如果信用证上要求在装箱单、重量单和尺码单上填写一些特殊条款,应按照信用证规定填写。

4. 有关装箱单的信用证条款示例

(1) Separate packing list in full details required.

翻译:装箱单必须作详细的缮制。

(2) Combined of packing list is not acceptable.

装箱单不能是联合格式的装箱单。

(3) Packing list showing gross and net weights expressed in kilos of each type of goods required.

翻译:装箱单以千克计量,标明货物的毛重和净重。

(4) Packing list in 3 copies manual signed by the beneficiaries.

翻译:装箱单一式三份,由受益人手签。

(5) Packing list detailing the complete inner packing specification and contents of each package.

翻译:装箱单说明货物内部的包装规格及内容。

5. 装箱单填写说明

(1) 出单方(Issuer)

出单人的名称与地址,应与发票的出单方相同。在信用证支付方式下,此栏应与信用证受益人的名称和地址一致。

(2) 受单方(To)

受单方的名称与地址,与发票的受单方相同。多数情况下填写进口商的名称和地址,并与信用证开证申请人的名称和地址保持一致。在某些情况下也可不填,或填写"To whom it may concern"(致有关人)。

(3) 装箱单号

装箱单号码，在表头上方显示。

(4) 发票号（Invoice No.）

与发票号码一致。

(5) 日期（Date）

装箱单缮制日期。应与发票日期一致，不能迟于信用证的有效期及提单日期。

(6) 唛头及件数编号（Marks and Numbers）

与发票一致，有的注实际唛头，有时也可以只注"as per invoice No. xxx"。

(7) 包装种类和件数、货物描述（Number and kind of packages, Description of goods）

要求与发票一致。货名如有总称，应先注总称，然后逐项列明每一包装件的货名、规格、品种等内容。

(8) 外包装件数（PACKAGE）

填写每种货物的包装件数，最后在合计栏处注外包装总件数。

(9) 毛重（G.W）

注明每个包装件的毛重和此包装件内不同规格、品种、花色货物各自的总毛重，最后在合计栏处注总毛重。信用证或合同未要求，不注亦可。如 2588.36 KGS（小于或等于 1 千克的填单数 KG）。

(10) 净重（N.W）

注明每个包装件的净重和此包装件内不同规格、品种、花色货物各自的总净重，最后在合计栏处注总净重。信用证或合同未要求，不注亦可。如 760 KGS（小于或等于 1 千克的填单数 KG）。

(11) 箱外尺寸（Meas.）

注明每个包装件的体积，最后在合计栏处注总体积。信用证或合同未要求，不注亦可。如 1623.548CBM。

例如，105 件 02001 男式睡衣，每箱 20 件，箱数为 105/20 = 5.25，进位取整得 6。

(12) 货物总计（Total）

货物总计，分别填入所有货物累计的总包装数、总毛重、总净重和总体积（包括相应的计量单位）。

注意：一笔合同中可以同时交易同一商品属类的多种商品，如果这些商品的包装单位不同，合计中单位栏应填"packages"，如图 2-2-1 所示。

Choice	Marks and Numbers	Description of goods	Package	G.W	N.W	Meas.
○	M/N	RAW SUGAR Net Weight: 50KG, Quality Grade: Premium, Packed in PP woven bag	20 BAGS	1050 KGS	1000 KGS	0.24 CBM
○	M/N	Brazil Coffee (whole coffee beans, Cinnamon Roast) Net Weight: 454g/bag, Packaging: vacuum-packed bags	200 CARTONS	626.52 KGS	546.8 KGS	2.88 CBM
			Total: [220] [PACKAGES]	[1676.52] [KGS]	[1546.8] [KGS]	[3.12] [CBM]

图 2-2-1 装箱单总计栏目填制

（13）总包装数量（SAY TOTAL）

以大写文字写明总包装数量，必须与数字表示的包装数量一致。

例如：FOUR THOUSAND FOUR HUNDRED CARTONS ONLY.

6. 装箱单缮制中的注意事项

（1）有的出口公司将两种单据的名称印在一起，当来证仅要求出具其中一种时，应将另外一种单据的名称删去。单据的名称，必须与来证要求相符。如信用证规定为"Weight Memo"，则单据名称不能用"Weight List"。

（2）装箱单的各项内容，应与发票和其他单据的内容一致。例如，装箱单上的总件数和重量单上的总重量，应与发票、提单上的总件数或总数量相一致。

（3）包装单据的货物描述可以采用统称，不需要完全按照商业发票的描述。

（4）包装单所列的情况，应与货物的包装内容完全相符。例如，货物用纸箱装，每箱200盒，每盒4打。

（5）若来证要求提供"中性包装清单"（Neutral Packing List）时，应由第三方填制，不要注明受益人的名称。这是由于进口商在转让单据时，不愿将原始出口商暴露给其买主，故才要求出口商出具中性单据。例如，来证要求用"空白纸张"（Plain Paper）填制这类单据时，在单据内一般不要表现出受益人及开证行名称，也不要加盖任何签章。

7. 其他包装单据

包装单据种类多样，名称各异，针对进口商对货物包装、重量、尺码、花色等不同侧面的要求，出口商很有可能也要提交重量单（WEIGHT LIST/WEIGHT NOTE）、尺码单（MEASUREMENT LIST）、花色搭配单（ASSORT-

MENT LIST)等包装单据。这些包装单据和装箱单的格式大同小异,一般包括合同号、发票号、出单日期、运输标志、品名、包装规格、包装件数、毛净重等。制作这类单据的技巧就是包装单据格式尽量齐全,只改动单据的名称。例如,信用证要求提交重量单或尺码单,没有其他特殊的要求,可以套用装箱单的格式,只需要把单据的名称"PACKING LIST"换成"WEIGHT LIST"或"MEASUREMENT LIST",因为这份单据本身就包含了详细的包装、毛净重和尺码说明。

重量单格式见表2-2-1。

表 2-2-1 重量单

GUANGDONG FLYING MOTORCYCLE CO., LTD
NO. 1 BEIJING ROAD GUANGZHOU GUANGDONG CHINA
FAX:0086-020-88986235 TEL:0086-020-88986235

WEIGHT LIST

To: SUNRISE MACHINERY TRADING CO., LTD NO. 8 FRLIT ROAD BLENAVENTLRA COLOMBIA FAX:57-4-31125977 TEL:57-4-31125977		Invoice No.:	CKD052
		Invoice Date:	JLN 10, 2021
		S/C No.:	FLY20210412
		S/C Date:	APR 01, 2021
L/C No.:	0250214247	Issued By:	BANCOLOMBIA A. MEDELLIN
Date of Issue:	APR 21, 2016		
From:	HLANGPL CHINA	To:	BLENAVENTLRA COLOMBIA

Marks and Numbers	Number and Kind of Package Description of Goods	Quantity	Package	G. W	N. W/	Means
SUNRISE COLOMBIA	MOTORCYCLES IN CKD CONDITION.	1000PCS	1000CTNS	29000KGS	28000KGS	111.38CBM
TOTAL:	1000PCS	1000CTNS	29000KGS	28000KGS	111.38CBM	
TOTAL: ONE THOUSAND CARTONS ONLY.						
GUANGDONG FLYING MOTORCYCLE CO., LTD 李宁						

尺码单格式见表2-2-2。

表2-2-2 尺码单

GUANGDONG FLYING MOTORCYCLECO., LTD
NO. 1 BEIJING ROAD GUANGZHOU GUANGDONG CHINA
FAX：0086-020-88986235 TEL：0086-020-88986235
MEASUREMENT LIST

To: SUNRISE MACHINERY TRADING CO., LTD NO. 8 FRLIT ROAD BLENAVENTLRA COLOMBIA FAX：57-4-31125977 TEL：57-4-31125977		Invoice No.:	CKD052		
		Invoice Date:	JLN 10, 2021		
		S/C No.:	FLY20210412		
		S/C Date:	APR 01, 2021		
L/C No.: Date of Issue:	0250214247 APR 21, 2016	Issued By:	BANCOLOMBIA S. A. MEDELLIN		
From:	HLANGPL CHINA	To:	BLENAVENTLRA COLOMBIA		
Marks and Numbers	Number and Kind of Package Description of Goods	Quantity	Package	G. W	N. W	Means
SUNRISE COLOMBIA	MOTORCYCLES IN CKD CONDITION.	1000PCS	1000CTNS	29000KGS	28000KGS	111.38CBM
TOTAL：		1000PCS	1000CTNS	29000KGS	28000KGS	111.38CBM
TOTAL：ONE THOUSAND CARTONS ONLY.						
GLANGDONG FLYING MOTORCYCLE CO., LTD 李宁						

实训操作：制作符合信用证要求的装箱单

根据信用证、货物实际出运信息和已制作的商业发票，根据装箱单填写规范，可以制作符合信用证要求的装箱单。

1. 装箱单填写规范

（1）单据名称。单据名称应与信用证规定的一致。信用证规定的是

"PACKING LIST IN TRIPLICATE",则单据名称也应这样显示(PACKING LIST)。包装单据的名称还可能是"WEIGHT MEMO""ASSORTMENT LIST""MEASUREMENT LIST"等。

(2)出单人(出口商)名称和地址(SELLER/EXPORTER)。出单人的地址、联系方式等内容,应与信用证中的受益人一致。

(3)受单人(进口商)名称和地址(BUYER/IMPORTER/TO…)。填写受单人的地址、联系方式等内容。

(4)发票号码和出单日期(INVOICE No. & DATE)。装箱单可以有自己的编号,但因为商业发票是核心单据,所以一般用商业发票的编号作为装箱单号。出单日期可按发票日期填写。

(5)唛头及件数编号(MARKS AND NUMBERS)。唛头应与发票、提单等单据的唛头一致,有的注实际唛头,有时也可以只注"AS PER INVOICE No. ×××"。

在单位包装数量或品种不固定的情况下,需注明每个包装件内的包装情况,因此包装件应包含编号。在每个包装件内,一般要尽可能详细地列出包装细节,如规格、型号、色泽、内装量等。

(6)包装种类和件数,以及货物描述(NUMBER AND KIND OF PACK-AGES, DESCRIPTION OF GOODS)。必须与发票和信用证一致。货物如有总称,应先注总称,然后逐项列明每一包装件的货名、规格、品种等内容。

(7)外包装件数(PACKAGE)。分别填写每种货物的包装件数。

(8)重量(WEIGHT)。重量包括毛重(GROSS WEIGHT, G.W.)和净重(NET WEIGHT, N.W.)。要注明每个包装件的毛重或净重,以及此包装件内不同规格、品种、花色的货物各自的总毛重和总净重,最后在总计栏处分别注明总毛重和总净重。

(9)箱外尺寸(MEAS)。注明每个包装件的体积,最后在总计栏处注总体积。

(10)货物总计(TOTAL)。分别填写所有货物累计的总包装数、总毛重、总净重和总体积(包括相应的计量单位)。若一笔合同中同时交易了同一类型的多种商品,如果这些商品的销售单位不同,总计中单位栏应填"PACKAG-ES"。

(11)包装件数大写(SAY TOTAL)。用大写文字写明总包装数量,必须与数字表示的包装数量一致。

(12)出口公司盖章和签字(SIGNATURE)。由出具本单据的单位和负责人签字盖章,应与发票的签章一致。若信用证要求中性包装(NEUTRAL

PACKING）或规定中性包装单（IN WHITE PAPER/IN PLAIN），则本栏空白不签章。

若信用证对装箱单有其他特殊条款要求，则需要打印在其后。

2. 单证员缮制装箱单

本业务中单证员缮制的装箱单见表2-2-3。

表2-2-3　装箱单

\multicolumn{5}{c}{DALIAN SINIAN TEXTILES IMP. & EXP. Co., LTD.}

| \multicolumn{5}{c}{53 ZHIGONG STREET, DALIAN, P.R. CHINA　　Tel: +86 0411 54345659　Fax: +86 0411 54345659　(1) PACKING LIST} |

(3) TO: POLISH PULICI TEXTILE GROUP Co., LTD.　(4) INVOICE No.: 12GEP3298
UL. KILINSKIEGO 57, OSTROWIEC SW. POLAND　　　　DATE: JULY. 10, 2012
Tel: +48 41 2651

(5) MARKS&No.	(6) NUMBER AND KIND OF PACKAGES, DESCRIPTION OF GOODS	(7) PACKAGE (CARTON)	(8) WEIGHTS(KGS)		(9) MEAs. M^3
			N.W.	G.W.	
POLISH PG1061 GDANSK C/N: 1-235 1~60 61~135 136~195 196~235	LADIES' SKNITTED CARDIGAN ARTICLE No. 11574 11575 11576 11577 EACH PIECE IN A POLYBAG 40 POLYBAGS TO ONE EXPORT STANDARD CARTON.	60 CTNS 75 CTNS 60 CTNS 40 CTNS	756.0KGS 945.0KGS 756.0KGS 504.0KGS	918.0KGS 1147.5KGS 918.0KGS 612.0KGS	5.670 M^3 7.088 M^3 5.670 M^3 3.780 M^3
(10) TOTAL		235 CTNS	2961.00 KGS	3595.50KGS	22.208 M^3

(11) SAY TOTAL: TWO HUNDRED AND THIRTY-FIVE CARTONS ONLY.

(12) DALLAN SINIAN TEXTILES IMP. & EXP. Co., LTD.
　　　　　　　　　　　李宁

国际贸易单证实务

项目练习

实训任务：根据合同和信用证制作商业发票

售 货 确 认 书
SALES CONFIRMATION

卖方（Sellers）：
GUANGDONG FOREIGN TRADE IMP.AND EXP. GRANDTON
267 TIANHE ROAD GUANGZHOU, CHINA

Contract No.：AB44001
Date：FEB.12,2017
Signed at：GUANGZHOU

买方（Buyers）：
A.B.C. TRADING CO. LTD., HONGKONG
312 SOUTH BRIDGE STREET, HONGKONG

兹经买卖双方同意按下列条款成交：
The undersigned sellers and buyers have agreed to close the following transactions according to the terms and conditions stipulated below:

货号 Art. No.	品名及规格 Description	数量 Quantity	单价 Unit Price	金额 AMOUNT FOB GUANGZHOU,CHINA
	AIR CONDITIONER (HUALING BRAND)			
ART NO. P97811	KF-23GW	500PCS	HKD 1000.00	HKD 500000.00
ART NO. P97801	KF-25GW	500PCS	HKD 1000.00	HKD 500000.00
		1000PCS		HKD 1000000.00

数量及总值均得有5%的增减，由卖方决定。
With 5 % more or less both in amount an quantity allowed at the seller's option.

总值
Total Value: HKD 1000000.00(H. K. Dollars ONE MILLION ONLY)

包装
Packing: 1 PC PER CARTON

装运期
Time of Shipment: APR. 30,2017

装运口岸和目的地
Loading port & Destination: FROM GUANGZHOU, CHINA TO DUBAI VIA HONGKONG, CHINA

保险由卖方按发票全部金额110%投保至　　为止的　险。
Insurance: To be effected by sellers for 110% of full invoice value covering　　up to　　only.

付款条件：买方须于2017年3月10日前将不可撤销的，即期信用证开到卖方，议付有效期延至上列装运期后15天在中国到期，该信用证中必须注明允许分运及装运。
Terms of payment:
By Irrevocable, and Divisible Letter of Credit to be available by sight draft to reach the sellers before MAR.10,2009 and to remain valid for negotiation in China until the 15th day after the foresaid Time of Shipment. The L/C must specify that transshipment and partial shipments are allowed.

装船标记
Shipment Mark:A.B.C./DUBAI/NOSI-1000/MADE IN CHINA

开立信用证时请注明我成交确认书号码。
When opening L/C, please mention our S/C number.

备注
Remarks: THE CREDIT IS SUBJECT TO UCP 600(2007REVISION)

THE SELLER:　　　　　　　　　　　　　　THE BUYER：

ISSUE OF DOCUMENTARY CREDIT

TO: BANK OF CHINA GUANGZHOU BRANCH

IRREVOCABLE DOCUMENTARY CREDIT NO.: 97-34985

FOR THE ACCOUNT OF A. B. C. TRADING CO., LTD., HONGKONG. 312 SOUTH BRIDGE STREET, HONGKONG.

DEAR SIRS,

WE OPEN AN IRREVOCABLE DOCUMENTARY CREDIT IN FAVOUR OF GUANGDONG FOREIG FOREIGN TRADE IMP. AND EXP. CORPORATION, 267 TIANHE ROAD GUANGZHOU, CHINA. FOR A SUM NOT EXCEEDING HKD 1000000.00 (SAY HONGKONG DOLLARS ONE MILLION ONLY.) AVAILABLE BY THE BENEFICIARY'S DRAFT (S) AT SIGHT DRAWN ON APPLICANT BEARING THE CLAUSE "DRAWN UNDER NANYANG COMMERCIAL BANK LTD., HONGKONG. DOCUMENTARY CREDIT NO. 97-34985 DTAED IST MARCH, 1997." ACCOMPANIED BY THE FOLLOWING DOCUMETNS:

(1) MANUAL SIGNED COMMERCIAL INVOICE IN TRIPLICATE. ALL INVOICES MUST SHOW FOB SEPARATELY.

(2) 3/3 ORIGNAL + 3NN COPIES CLEAN ON BOARD BILL OF LADING MADE OUT TO ORDER MARKED FREIGHT COLLECT.

(3) CERTIFICATE FO ORIGIN ISSUED BY GUANGZHOU IMPORT AND EXPORT COMMODITY INSPECTION BUREAU OF THE PEOPLE'S REPUBLIC OF CHINA IN TRIPLICATE. EVIDENCING SHIPMENT OF THE FOLLOWING MERCHANDISE:

AIR CONDITIONER (HUALING BRAND), 500PCS KF-23GW AND 500 PCS KF-25GW, PACKING: IN CARTON BOX, 50 KILOS NET EACH CARTON, 1PC/CARTON, HKD1000.00, FOBC2% DUBAI VIA HONGKONG, PARTIAL SHIPMENT PERMITED. TRANSSHIPMENT PERMITED. LATEST DATE FOR SHIPMENT: 30TH APRIL, 2017. EXPIRY DATE: 15TH MAY, 2017. IN PLACE OF OPENER FOR NEGOTIATION.

OTHER TERMS AND CONDITIONS:

BENEFICIARY'S DECLARATION ON THE INVOICE THAT THE PRODUCTION COMPANY IS A STATEOWNED ENTERPRISE AND AS NO RELATION WITH ISRAEL WHATSOEVER.

SHIPPER MUST SEND ONE COPIES OF SHIPPING DOCUMENTS DIRECT TO BUYER AND CERTIFICATE TO THIS EFFECT IS REQUIRED.

DOCUMENTS MUST BE PRESENTED WITHIN 21 DAYS AFTER SHIPPING DATE SHOW ON B/L, BUT WITHIN THE VALIDITY OF THE L/C.

DISVREPANCY FEE OF USD50.00 WILL BE DEDUCTED FROM THE PROCEEDS OF ANY DRAWING IF DISCREPANT DOCUMENTS ARE PRESENTED.

SHIPPING MARKS：A.B.C./DUABI/NOSI-1000/MADE IN CHINA

WE HEREBY ENGAGE WITH THE DRAWERS, ENDORSERS AND BONARIDE HOLDERS OF DRAFT (S) DRAWN UNDER AND COMPLIANCE WITH THE TERMS OF THIS CREDIT THAT SUCH DRAFT (S) SHALL BE DULLY HONOURED ON DUE PRESENTATION.

YOURS FAITHFULLY

NANYNG COMMERCIAL BANK LED., HONGKONG

项目 2.3 制作订舱委托书和提单操作

知识目标

1. 了解订舱的定义与方式；
2. 熟悉海运托运单的含义与种类；
3. 熟悉航空托运单的定义与作用；
4. 掌握制作托运单据的方法和要领；
5. 掌握办理托运操作的方法和要领。

能力目标

1. 能根据 L/C 条款或合同条款确定装运人、收货人、通知人等；
2. 能确定最迟交货期并据此订舱；
3. 能根据合同等信息正确制作托运单据；
4. 能熟练办理托运操作。

 引导案例

"黑天鹅"事件对国际货运的影响

黑天鹅事件，指难以预测，但突然发生时会引起连锁反应、带来巨大负面影响的小概率事件。它存在于自然、经济、政治等各个领域，虽然属于偶然事件，但如果处理不好就会导致系统性风险，产生严重后果。物流业是全球化的产物，服务于人流、物流的快速流动，国际货运环节多，供应链长，对贸易依存度高，"黑天鹅"事件对国际货运具有非常大的影响。

1. 极端天气

随着全球变暖，极端天气频发，山火、强降雨、飓风、干旱、冰雹等"黑天鹅"事件威胁居民人身安全的同时也对交通运输等行业造成巨大的打击。2022 年 2 月，一艘由德国去往荷兰的集装箱船途中遭遇超强暴风"尤尼斯"袭击，导致至少 26 个集装箱坠海。船上大部分货物来自中国港口，一旦极端天气发生，轻则时效受损，重则交通瘫痪，供应链断裂。

2. 罢工

2023年受通货膨胀影响，美国多个地区罢工不断，其中又以交通运输领域居多，少则一周，多则十天半月，轮船卡在港口，货物堆在码头，包裹停在仓库。时不时的罢工让原本就迟缓的时效雪上加霜，进一步加深供应链危机。

3. 地缘冲突

2023年红海船只遭袭频发，多家国际航运企业陆续宣布暂停在红海航行，增加了国际贸易运输安全成本，对全球航运业和供应链造成冲击。

4. 疫情影响

疫情期间，全球航司大规模削减运力，对全球产业链和供应链造成巨大影响。疫情初期货运需求增长，但市场中的货机服务却在不断削减。基于对入境限制以及对机组人员的健康考虑，许多国际航空公司削减或暂停了来往航班服务。由于定期航班运力减小，运输压力直接转移至货运包机。疫情一方面对航运企业的收入产生冲击，另一方面增加了相应卫生检疫措施，拉长了整个作业流程，影响运营效率，提升运营成本。因此处于传统淡季的航运企业利润将进一步承压，特别是中小航运企业经营将更加困难。

讨论题

1. 作为外贸公司，可以采取什么措施防范航运中的"黑天鹅"事件。
2. 以疫情对航运业的影响为例，分析此类事件对外贸公司的长期影响。

任务1 填制进出口托运单据

公司与NEO公司的交易进入订舱阶段。本笔交易采用的是CIF术语，公司需要联系货运公司发货。

陈经理指示小李根据订舱信息、信用证和发票等信息填制托运单据。为顺利完成订舱，陈经理对小李提出3点要求：

1. 熟悉UCP 600对货物运输的规定；
2. 分析本交易中信用证中关于货运的条款；
3. 托运单据要符合合同和信用证的规定，并符合交易实际情况。

任务要求

1. 以小组为单位,收集 UCP 600 对货物运输的相关规定;
2. 根据合同和信用证填制本笔交易的托运单据;
3. 检查填制的托运单据;
4. 托运相关信息如下:整批货被装在 1 个 20 尺的集装箱内,集装箱编号为 EASU982341,由 YINHU A3032 号船于 6 月 15 日装运出海。

课程思政

我国已经成为世界最大船东国　港口吞吐量多年位居世界第一

2023 年,我国已经成为世界最大船东国,港口货物、集装箱吞吐量连续多年位居世界第一。全国水路货运量、货物周转量在综合交通运输体系中的占比分别达到 16.9% 和 53.5%,海运承担了我国约 95% 的对外贸易运输量,在保障进口粮食、能源资源等重点物资运输和国际国内物流供应链安全、稳定、畅通中发挥了重要作用。

1. 上海港——首屈一指的集装箱吞吐量

上海港的集装箱吞吐量连续多年位居世界第一,2023 年更是突破了 4900 万标准箱 (TEU)。这表明上海港在国际航运中具有重要的地位和影响力,上海港成为全球首屈一指的集装箱枢纽港。

上海港之所以能够取得如此辉煌的成就,有多重因素。首先,上海地理位置优越,位于中国东部沿海和长江入海口交汇处,具有得天独厚的自然条件,为集装箱运输提供了便利的交通条件。其次,上海是中国经济最发达的城市之一,拥有庞大的进出口贸易需求和强大的制造业基础,为港口发展提供了源源不断的货源。再次,上海港在基础设施建设、技术创新和服务质量等方面也不断提升,增强了自身的竞争力。

2. 宁波舟山港——条件优越的深水良港

宁波舟山港是中国浙江省宁波市和舟山市的港口,是中国对外开放的一类口岸,也是中国沿海主要港口和国家综合运输体系的重要枢纽。

宁波舟山港由宁波港和舟山港合并重组而来,由镇海、北仑、大榭、穿山、梅山、金塘、衢山、六横、岑港、洋山等 19 个港区组成,有生产泊位 620 多座,其中万吨级以上大型泊位近 170 座,5 万吨级以上的大型、特大型深水泊位超过100座。宁波舟山港是中国超大型巨轮进出最多的港口，也是世界上少有的深水良港。

根据海关公布的数据，宁波舟山港在2022年上半年货物吞吐量为6.4亿吨，位居中国港口第一，全球第三。2021年，宁波舟山港成为继上海港、新加坡港之后，全球第三个3000万级集装箱大港。

此外，宁波舟山港还有许多其他优势和特点。首先，它拥有广泛的航线网络和多元化的运输服务，与全球214个国家和地区的500多个港口建立了集装箱货物贸易往来。其次，它在铁矿石、原油、液体化工、煤炭和粮食等货物的中转和储运方面具有较强优势，是国内重要的铁矿石中转基地、原油转运基地和液体化工储运基地。再次，宁波舟山港在发展现代物流和集装箱运输方面也取得了显著成效，是中国沿海地区重要的物流中心和集装箱转运中心。

知识链接

不同运输方式的特点差别很大，选择如何在合理的运输时间里，以最经济的方式完成全部货物有效安全的运输，是外贸运输部门和货代企业的一项综合判断和首要操作步骤。常用的运输方式有江海运输、航空运输、铁路运输、公路运输和国际多式联运。

1. 海运订舱

（1）海运订舱的概念

租船订舱通常是租船和订舱的合成词。在国际货物运输和交付的过程中，海运方式下若货物的数量较大，可以洽租整船甚至多船来装运，这就是"租船（charter）"；如果货物量不大，则可以租赁部分舱位来装运，这就是"订舱（book shipping space）"。订舱通常是班轮订舱，是货物托运人（shipper）或其代理人根据其具体需要，选定适当的船舶向承运人（通常为班轮公司或它的营业机构）以口头或订舱函电进行预约洽订舱位装货、申请运输，承运人对这种申请给予承诺的行为。

在CIF/CIP或CFR/CPT条件下，订舱是卖方的主要职责之一；在FOB/FCA条件下，则由买方负责，当然买方也可委托卖方进行此项工作。当卖方收到国外开立的信用证，审核无误（信用证方式下）且完成备货后，能否做到船货衔接，按合同及信用证规定的时间及时将货物装运，主要取决于订舱这个环节。

（2）海运订舱的方式

在国际货物运输中，按不同标准，可对订舱进行如下分类。

①按照是否直接向实际承运人进行订舱，可分为直接订舱和间接订舱。

直接订舱是货主作为托运人直接向船公司、航空运输公司、铁路运输公司等实际承运人进行订舱。

间接订舱是货主通过货运代理间接地向承运人订舱。在实务中，中小贸易公司通常都是委托货代办理运输业务。

②按照是否采用网络方式订舱，可分为柜台订舱和在线订舱。

柜台订舱主要是通过传真、电话、电子邮件或者 EDI 等途径进行订舱。网上离线订舱可以使用离线订舱软件进行离线订舱，然后通过电子邮件给承运人完成订舱。

在线订舱也称电子订舱（E-booking），承运人或其他公司为客户提供一个网上订舱的交易平台，通过互联网把客户要价和服务供应商的报价进行对接，使双方达成交易。

③按照订舱地点，可分为装货地订舱和卸货地订舱。

装货地订舱在出口贸易中较为常用，即由出口商负责订舱。因为我国外贸公司在进行出口贸易时，一般都会争取采用 CIF 贸易术语成交，由出口商负责运输业务，以便在一定程度上通过承运人对货物进行有效控制，避免承运人无单放货，降低贸易风险。

卸货地订舱（Home Booking），也即由进口商订舱，使用 F 组或 E 组贸易术语时，国外的买方即进口商负责签订运输合同，但他们一般自己不订舱而委托某国际货代代为订舱，通常还指定要订某承运人的运输工具。受委托的国际货代称为指定货代，该承运人称为指定承运人，这两者不一定同时出现。这种指定通过路线单（Routing Order，R/O）或指定货通知（Nomination Shipping Advise），指定货通知依来源可分为代理指定货通知（Nomination Shipping Advise from Agent）和托运人指定货通知（Nomination Shipping Advise from Shipper），代理指国外进口商在其本国的货运代理。

（3）国际海运订舱流程

国际海运订舱是指在进行国际海运运输时，向海运公司或者代理公司进行舱位预订的一种服务。这个行业在全球范围内都非常活跃，因为国际海运是一种非常重要的国际贸易运输方式。

国际海运订舱的过程通常需要经过以下几个步骤。

①确定货物信息。在订舱之前，需要确定货物的数量、种类、体积、重量等基本信息，以便海运公司或代理公司能够提供相应的运输服务和船期。

②选择航线和船期。根据货物的信息和运输需求,选择合适的航线和船期。不同的航线和船期可能会对价格、运输时间等方面产生影响。

③提交订舱申请。将货物信息和所选的航线和船期提交给海运公司或代理公司,申请订舱服务。

④签订合同和付款。如果订舱申请得到了批准,就需要签订合同并支付相应的费用,包括订舱费、海运费、保险费等。

⑤安排货物装运。在船期到来之前,需要安排货物的装运工作,包括货物的包装、装箱、贴标签等。

⑥跟踪货物运输情况。在货物装运后,需要及时跟踪货物的运输情况,以便及时处理运输中出现的问题。

国际海运订舱是一个复杂的过程,需要考虑到众多因素,如货物的特性、航线的选择、运输时间、成本等。因此,在选择海运公司或代理公司时,需要仔细评估其服务质量、信誉度、价格等方面的因素,以确保货物能够安全、及时地运输到目的地。

(4) 海运托运单(BOOKING NOTE,B/N)

在国际贸易中,如果出口商向船公司或代理办理订舱手续,通常根据合同和信用证相关条款填写海运托运单交给船公司或代理。如出口商将运输业务委托给货运代理办理,则填写出口货物运输委托书交给货运代理,再由货代填写托运单向承运人或代理办理订舱手续。出口货物运输委托书的作用与托运单的相似,内容基本相同,以下主要介绍托运单。

①含义与作用

海运托运单是托运人填写并盖章确认的,专门用于委托船公司或其代理人承运货物的一种表单,表单上列有出运后缮制提运单所需要的各项内容,并印有"托运人证实所填内容全部属实并愿意遵守承运人的一切运输章程"的文字说明。

海运托运单在国际海洋货物运输业务中主要有以下作用:

一是托运单是办理托运的凭证;

二是托运单是船公司接受订舱并安排舱位、调拨装货器材、组织装运、转运、联运的依据;

三是托运单是托运人与承运人之间运输契约的书面记录;

四是托运单是出口货物报关的必须提交的单据;

五是托运单是承运人签发提单的原始依据。

②海运托运单种类

按照采用班轮运输方式的不同,可以将海运托运单分成杂货托运单和集装箱托运单。

A. 杂货托运单（装货联单）

在采用杂货班轮运输的情况下，货主或其货运代理作为托运人在向船公司订舱时，填写装货联单提交给船务代理或船公司，装货联单在此就成为订舱单据。

目前我国各个港口使用的装货联单的组成部分不尽相同，但一般都包含以下三联：托运单及其留底，装货单和收货单。

托运单是由托运人根据买卖合同和信用证的有关内容向承运人或其代理办理货物运输业务的书面凭证。

装货单是托运人填写送交船务代理或船公司审核并签章后发还给托运人，凭以要求船长将承运货物装船的单据。由于在要求船长装船之前，托运人在向海关办理出口货物申报手续时，装货单是必备的单据之一，海关同意放行后会在装货单上盖放行章，所以装货单也称为"关单"。

收货单（Mate's Receipt，M/R），又称大副收据，是某一票货物装上船后，由船上大副（Chief Mate）签署给托运人，作为证明船公司已收到该票货物并已装上船的凭证。通常船上大副应根据理货人员在理货单上所签注的日期、件数及舱位，并与装货单进行核对后，在收货单上签字，留下装货单，将收货单退回给理货长转交给托运人（通常为货运代理）。托运人凭大副签署过的收货单，即可向承运人或其代理人换取已装船提单。

B. 集装箱托运单（场站收据联单）

目前班轮运输基本上以集装箱班轮为主，杂货班轮运输所占的份额越来越小。在实践中，集装箱班轮的订舱一般是由货主委托货代办理，货代企业缮制场站收据联单（Dock Receipt，D/R），然后送交船务代理或船公司订舱，因此场站收据联单中的托运单也就相当于集装箱班轮运输的订舱单。

场站收据联单是集装箱班轮公司委托集装箱码头堆场（CY）或集装箱货运站（CFS）在收到货物后，签发给托运人的，托运人据此向承运人或其代理人换取收妥待运提单或已装船提单的凭证。它相当于将传统的托运单、装货单、收货单整合成集装箱班轮运输使用的一整套单据，通常共有十联（部分口岸使用七联、十二联），详见表2-3-1。

表 2-3-1　货运委托书

经营单位（托运人）				编号	
提单 B/L 项目要求	发货人： Shipper：				
	收货人： Consignee：				
	通知人： Notify Party：				
海洋运费（　） Sea Freight	预付（　）或（　） 到付 Prepaid or Collect		提单份数	提单寄送地址	
启运港		目的港	可否转船	可否分批	
集装箱预配数	20'×	40'×	装运期限	有效期限	
标记唛码	包装件数	中英文货号 Description of Goods	毛重（千克）	尺码（立方米）	成交条件（总价）
内装箱（CFS）地址			特种货物 □冷藏货 □危险品	重件：每件重量	
				大件（长×宽×高）	
门对门装箱地址			特种集装箱：（　　）		
			物资备妥日期		
外币结算账号			物资进栈：自送（　）或　派送（　）		
声明事项			人民币结算单位账号		
			托运人签章		
			电话		
			传真		
			联系人		
			地址		
			制单日期：　　年　月　日		

场站收据又称码头收据，是集装箱码头的重要运输单据。码头在收到场站收据并签字后，在法律责任上，表明码头对所收到的货物开始负有责任。码头与承运人、托运人之间如发生责任纠纷，场站收据是解决纠纷的原始凭证之一。

以下是场站收据十联单。

第一联：集装箱货物托运单（货主留底）（B/N）；

第二联：集装箱货物托运单（船代留底）；

第三联：运费通知（1）；

第四联：运费通知（2）；

第五联：场站收据（装货单）（S/O）；

第五联副本：缴纳出口货物港务费申请书；

第六联：大副联（场站收据副本）；

第七联：场站收据（D/R）；

第八联：货代留底；

第九联：配舱回单（1）；

第十联：配舱回单（2）。

2. 集装箱班轮运输

集装箱班轮运输是指集装箱班轮公司将集装箱船舶按固定船期，在固定航线、固定港口之间、按规定的操作规则为非特定的广大货主提供规范的、反复的集装箱货物运输服务，并按箱运价计收运费的一种营运方式。

（1）货代集装箱班轮运输操作流程

①订舱（Booking Space）

订舱是货代托运人向承运人或其代理人申请舱位，承运人对这种申请给予承诺的行为。一般由货代根据货主提供的《国际货物托运委托书》，首先向承运人或其代理人口头申报出运计划，并随后以托运单纸质形式或电子报文形式正式向承运人订舱托运。

国际货物托运委托书是货主根据贸易合同申请货物运输要约而缮制，是货主委托其代理人货物运输操作指令，也是装运后货代签发装运文件的原始依据。而货代企业的托运单则是货代根据货主国际货物托运委托书内容，代向承运人申请货物运输要约，承运人接受订舱并实际操作的书面指令，它是货代申请货物运输装运以及承运人签发货运文件的原始凭据。

②备货（Preparing Cargos）

托运人取得承运人确认订舱后，应将所运货物齐集在海关监管的船公司指定的港区、堆场或仓库，以便海关放行后及时装运。目前，整箱货备货有两种方式：空箱到工厂仓库装货，满箱后送进港的"门到门"作业方式；出口货物送进仓库装箱，将满箱送进港的"内装箱"作业方式。

无论以何种方式备货，都须在货物进入海关监管区后，才允许向海关申报货物出口。海关在查核货、单无误后放行，方可装船。

③备单（Preparing Workpaper）

通常，承运人或其代理人根据托运单，以书面盖章确认或发送电子回执方式签发装货单，以表示接受订舱。装货单上有承运人确认的承载工具名称和装货关单号等。货代托运人在取得该装货单后，随同其他文件，向检验检疫机构报检并取得通关单，在报检后持凭通关单和全套报关文件向海关申报放行。只有持凭海关放行的装货单才被承运人接受装运。

这些报检单证和报关单证，包括基本单证、法定单证、货运单证和备用单证。对于这些单据的收集、缮制、审核、修改、交接和递交，以及递交时间、方式和递交人，货代托运人都应按照规程和要求，严格做到"正确、简洁、完整、准时"，以确保货物的准时出运，满足出运后发货人对于收汇核销、退税、销案的要求，及收货人对于清关、提货和付汇的要求。

④装运（Shipping on Board）

国际货物运输装运是指装有货物的集装器被装载到运输工具上，并驶离装运港。

在集装箱班轮运输中，由于班轮船公司基本上是以装运港集装箱堆场到卸货港集装箱堆场作为货物的交接形式，因此集装箱货物的装船工作一般由班轮船公司或其代理人负责。货代托运人应协助船公司装船，如缮制正确的进港区装箱单或者输送正确的进港区装箱单电子报文，将放关的装货单及时送到船东配载部门，以及因故未上船的善后工作。

⑤取得装运文件（B/L 或 SWB）

货代托运人在货物被装船后持凭大副收据联或电子托运单中有"已放关，货物已装船，可放单"字样记录单，便可到承运人或其代理人处换取提单或海运单，并及时将提单或海运单送交货主。

（2）船舶离港后的操作

①发出装运预报

货物装运后，货代托运人除了及时将提单交给货主，还须马上将装运信息预报给海外代理人或收货人。预报内容包括船名、航次、航班、提单或空运单号、起航日、预计到港日期、运费支付方式和货物细节包括毛重、净重、件数、体积、品名、型号、规格、成分以及装货细节包括箱号、封号等项内容。通常采用电子邮件、电传、传真和计算机专门网络等方式来发送预报。

②处理退关、短装、漏装货物

退关货物是指出口货物向海关申报出口后被海关放行,因故未能装上运输工具,发货人请求将货物退运出海关监管区不再出口的行为。货运代理人应及时以口头或书面的形式通知发货人关于退关、短装、漏装信息,以便发货人及时做决定。如这些货需要再出运,则发货人须重新补办委托订舱的手续。

3. 航空运输托运

(1) 托运和预配舱

货主填写空运托运委托书,作为委托货代公司承办货物出口托运的依据。货代公司填制托运单向航空公司办理出口订舱托运手续。货代公司审核单据后进行预配舱,初步确定航班和日期并通知货主交单、交货。

(2) 收运货物

货代公司对货主送进仓的货物进行称重、丈量、清点、核对数量、核对唛头、贴分标签。对于鲜活易腐品、危险品等,要按照航空公司要求检查货物的包装、品质等是否符合运输规定。

(3) 正式订舱

货代公司根据实际接收的海关放行货物,按待运货物的数量、重量、体积与实际舱位进行配舱,并向航空公司吨控部门正式订舱。经吨控部门确认后领取集装器装货。

(4) 装货出库,航空签单

航空公司确认舱位后,货代公司填制货物总运单交航空公司签发。最后将货物、总运单和随机文件一起交航空公司验收,等待装运。

(5) 发出装运通知

货物装机后,即可向买方发出装运通知,以便对方准备付款、赎单、办理收货。

4. 国际多式联运

国际多式联运是指按照国际多式联运合同,以两种或两种以上的运输方式,由多式联运经营人将货物从一国境内接管货物的地点运至另一国境内指定交付货物的地点。

(1) 采用成组运输方式

国际多式联运主要采用成组运输方式,如成组托盘、集装箱运输等,其中集装箱运输是成组运输中的一种高级运输形态,集装箱运输方法最适合国际多式联运。

(2) 实现"门到门"运输

多式联运把海运、铁路、航空、汽车、江河运输连贯起来,提供实现

"门到门"运输作业方式。这里的"门"泛指工厂、仓库、集装箱货运站、海港、空港等。

（3）货物交接地点与交接方式

国际多式联运的交接地点和交接方式完全是按照贸易合同或运输合同而定。以陆—海—陆的多式联运为例，货物的交接地点和交接方式如下。

①整箱/整箱（FCL/FCL）：发货人工厂—装港堆场—卸港堆场—收货人工厂。

②整箱/拼箱（FCL/LCL）：发货人工厂—装港堆场—卸港堆场—拆箱点—收货人工厂。

③拼箱/整箱（LCL/FCL）：发货人工厂—拼箱点—装港堆场—卸港堆场—收货人工厂。

④拼箱/拼箱（LCL/LCL）：发货人工厂—拼箱点—装港堆场—卸港堆场—拆箱点—收货人工厂。

5. 托运单的制作

国际贸易实务中，托运单据格式各异，单据名称也不尽相同，如托运单、货物出运委托书、出口货物订舱委托书、出口货物明细单等名称。但无论何种格式，何种名称，该单据的主要作用是证明运输公司接受货主委托办理具体的运输事宜。托运单据通常的内容有以下几方面。

（1）托运人（Shipper 或 Consignor）

一般情况下，填写出口公司的名称和地址。信用证项下，此栏应填写受益人名称和地址。

（2）收货人（Consignee）

一般填写收货人的名称和地址。信用证项下，对收货人的规定有记名抬头、不记名抬头和指示抬头3种方式。

①记名抬头

记名抬头是直接将收货人的名称、地址完整地表示出来的方法。这时，收货人即是合同的买方。但记名抬头的单据不能流通转让，因此不常使用。

②不记名抬头

不记名抬头则该栏空白或填写"TO BEARER"，此种抬头的单据无须背书即可流通转让，风险很大，因此极少使用。

③指示抬头

实务中使用最多。常用空白指示和记名指示两种表达法。在空白指示情况下，单据的持有人可自由转让单据。在记名指示情况下，记名人有权控制和转让单据。指示抬头的方法补充了记名抬头方法的缺陷，但也给船方通知货方提货带来了麻烦。因此需在被通知人栏目做出补充。

（3）被通知人（Notify）

接受船方发出货到通知的当事人，通知人接到承运人的到货通知后通知收货人前往办理换单提货。信用证项下，应按要求填写。往往填写通知人的名称、地址、联系电话和传真等内容。汇款和托收项下一般填写进口公司的名称、地址、联系电话和传真。

（4）托运单编号（No.）

一般填写合同、商业发票、信用证号等参考号码。

（5）装运港（Port of Loading）和目的港（Port of Delivery）

按合同或信用证的指定港口填写。

（6）船名（Vessel）

可由货代公司填写，根据预订船期所规定的船只填写。

（7）运输标志（Shipping Marks）

买卖合同或是信用证都规定了唛头。填写这一栏目时，要求填写内容和形式与所规定的完全一致。如果买卖合同和信用证中没有规定唛头，可填写"N/M"（无唛头）。

（8）数量（Quantity）

托运单中的数量指最大包装的件数。

（9）货物描述（Description of Goods）

填写商品名称，可采用统称。如果涉及多种商品，应分别填写。

（10）毛重（Gross Weight）

根据装箱单填写。如果一次装运的货物中有几种不同的包装材料或完全不同的货物，那么在填写这一栏目时，应先分别计算并填写每一种包装材料或每一种货物毛重，然后合计全部的毛重。在计算重量时，要求使用统一的计量单位。常用的计量单位是公吨或千克。

（11）尺码（Measurement）

根据装箱单填写整批货的尺码总数，一般以立方米计算。

（12）装运期（Time of Shipment）

按照合同或信用证规定期限填写，同时要备注预订船期，例如，请订2023年6月20日船期。

（13）运费（Freight）

根据不同贸易术语相应填写运费到付（FREIGHT COLLECT）或运费预付（FREIGHT PREPAID）。

（14）预配箱数

根据货物的性质、总毛重和总尺码确定合理的箱型和箱数。常用的有20尺柜、40尺柜、40尺高柜等。不足一箱的货物可拼箱。

（15）集装箱装箱方式

填写门到门、内装箱、自拉自送等方式。

（16）提单正本份数

按信用证规定出具。实务中常用的是2份或3份正本的提单。

（17）特别条款

填写信用证或合同中有关运输方面的特殊要求。

（18）签字

委托人签字和盖章。

 拓展阅读

国际货代和船代

一、国际货代和船代基本区别

国际货代和船代在定义、职责和服务对象等方面存在明显的差异。

1. 概念差异

国际货代，全称为国际货物运输代理，是指受货主的委托，在进出口物流运输的某个环节或与此有关的环节中提供服务的机构。而船代，全称为船舶代理，是指专门为船舶和海运公司提供一系列特定服务的机构。

2. 工作职责

货代的职责主要是帮助货主处理货物在进出口物流中的环节衔接和沟通，包括空运、海运进出口、进口清关、进口报关等。而船代的职责主要是为船舶和海运公司提供各种代理服务，如办理船舶进出口手续、协调船方和港口各部门、完成船方的委办事项等。

3. 服务对象

货代主要服务于广大的外贸、工厂及货主，充当的是货主和承运人之间的桥梁和纽带。而船代主要服务于船舶和海运公司，为其提供与船舶有关的代理服务。

二、国际货代和船代操作区别

(一) 国际货代服务内容和操作

1. 询价和报价

根据客户提供的货物信息和运输需求,向航运公司、货运代理等提供询价,并根据得到的报价进行比较和分析,给客户提供最佳的运输方案和报价。

2. 运输协议签订

在客户确定选择某家国际货运代理后,双方将签订正式的运输协议。协议中包括双方的权利和义务、货物的数量、包装要求、运输方式、费用等详细内容,确保运输过程中各方的利益得到保障。

3. 订舱和仓库管理

国际货运代理与航运公司合作,负责为客户订舱,确保货物能够按时装船。同时,代理公司也负责货物的仓库管理,包括入库、出库、仓储管理和库存控制等。

4. 托运、仓储、包装货物

国际货运代理在运营中能够做好运输方面的事宜,包括物品的托运,产品的仓储管理,关于包装等,这些做好以后可以直接把产品运输到指定的地点,可以采用包机、包船或者包舱的方式运输。

5. 组织货物装卸和运输

在金融服务中,货物的装卸,集装箱的拆箱,分拨,中转都有需求,可以由技术服务人员做好货物装卸和运输服务,可以提供短途或者长途,中转等服务项目。

6. 签发结算和交付运付运费

国际货物运输过程中,还需要对货物做好签发有关单证,交付运费,结算以及交付杂费。可以根据货物的运输情况以及交接的路程做好费用准备和规划。

7. 国际展品、私人物品和过境物品运输

国际货运运输的产品种类相当多,主要是跨国际的产品运输,包括私人物品,国际展品,所需要的产品和过境货物。运输的产品种类多,不分商品种类区别。

8. 开展国际快运业务

国际货运也会开展不同业务,包括业务方面咨询,以及国际货运代理业务。根据不同业务情况,商务主管部门也会做出相应的安排,使快运业务开展更顺利。

（二）船代服务内容和操作

根据国际航运业的惯常做法，"船代"的主要业务范围包括：

1. 船舶进港和出港业务

办理海关及相关的口岸联检手续、派遣拖轮进行引航、靠港停泊、检验维修、打扫或清洗船舱、熏蒸消毒，办理海上救助、海事处理，船舶在港的交接手续。

2. 货运相关业务

安排集装箱或其他货物的装卸、进行理货、中转交接、储存运输、协助理赔，代船公司签发提单、计收费用、代付费用，代船公司向港口签订滞期和速遣协议以及计算费用，代货主租船订舱以及相关工作。

3. 船用物料和物品供给业务

为船舶办理燃料供应、提供淡水、船舶和船员所需物料、食品，以及为船公司代购、发送船用备件和其他物料。

4. 其他服务性业务

为船员办理出入境手续、船员调换、遣返、就医、参观旅游、家属探望、信件传递，以及船公司委托办理的其他事项如为船员办理出入境手续、船员调换、遣返、就医、参观旅游、家属探望、信件传递，以及船公司委托办理的其他事项。

实训操作：制作国际货物托运书

根据商业发票内容，制作国际货物托运书，要求格式清楚、内容完整。

2017年3月12日，上海世格物流有限公司受南京唐纺公司委托，填制国际货物托运书，以航空方式于3月18日出运女式棉运动上衣。公司资料如下：

公司英文名：SHANGHAI DESUN LOGISTICS CO., LTD.

电话：84211111

传真：84211112

联系人：张海

地址：上海市三环路60号

模块二
国际贸易单证操作

ISSUER NANJING TANG TEXTILE GARMENT CO., LTD. HUARONG MANSION RM2901 NO.85 GUANJIAQIAO, NANJING 210005, CHINA	商业发票 COMMERCIAL INVOICE		
TO FASHION FORCE CO., LTD. P.O.BOX 8935 NEW TERMINAL, ALTA, VISTA OT/TAWA, CANADA	NO. NT17FF004	DATE Mar.9, 2017	
TRANSPORT DETAILS SHIPMENT FROM SHANGHAI, CHINA TO MONTREAL, CANADA BY AIR FREIGHT PREPAID	S/C NO. F17LCB05127	L/C NO. 63211020049	
	TERMS OF PAYMENT L/C AT SIGHT		
Marks and Numbers	Number and kind of package Description of goods	Quantity	Unit Price	Amount
			USD	
				CIF MONTREAL, CANADA
FASHION FORCE F17LCB05127 CTN NO. MONTREAL MADE IN CHINA	LADIES COTTON BLAZER (100% COTTON, 40SX20/140X60)	2550PCS	USD12.80	USD32640.00
	Total:	2550PCS		USD32640.00

SAY TOTAL: USD THIRTY TWO THOUSAND SIX HUNDRED AND FORTY ONLY

SALES CONDITIONS: CIF MONTREAL/CANADA
SALES CONTRACT NO. F17LCB05127
LADIES COTTON BLAZER (100% COTTON, 40SX20/140X60)

STYLE NO.	PO NO.	QTY/PCS	USD/PC
46—301A	10337	2550	12.80

PAKAGE.	N. W.	G. W.
85CARTONS	17KGS.	19KGS

TOTAL PACKAGE: 85 CARTONS
TOTAL MEAS: 21.583 CBM

NANJING TANG TEXTILE GARMENT CO., LTD.

唐× ×

国际贸易单证实务

本业务中单证员缮制的托运书如表 2-3-2 所示。

表 2-3-2　国际货物托运书

国际货物托运书 SHIPPER'S LETTER OF INSTRUCTION				
TO:	上海世格物流有限公司 SHANGHAI DESUN LOGISTICS CO., LTD.		出运日期:	2017-03-18
发货人 SHIPPER	NANJING TANG TEXTILE GARMENT CO., LTD. HUARONG MANSION RM2901 NO.85 GUANJIAQIAO, NANJING 210005, CHINA			
收货人 CONSIGNEE	FASHION FORCE CO., LTD. P.O.BOX 8935 NEW TERMINAL, ALTA, VISTA OTTAWA, CANADA			
通知人 NOTIFY PARTY	FASHION FORCE CO., LTD. P.O.BOX 8935 NEW TERMINAL, ALTA, VISTA OTTAWA, CANADA			
始发港	SHANGHAI, CHINA	到达港 MONTREAL, CANADA	运费	PREPAID
标记唛头 MARKS	件数 NUMBER	中英文品名 DESCRIPTION OF GOODS	毛重(公斤) G.W (KGS)	尺码(立方米) SIZE (M3)
FASHION FORCE F17LCB05127 CTN NO. MADE IN CHINA	85 CARTONS	LADIES COTTON BLAZER 女式棉运动上衣	19	21.583
1. 货单到达时间:		2 航班:	运价:	
		★如改配航空公司请提前通知我司		
电　话: 84211111				
传　真: 84211112				
联系人: 张海		盖章		
地　址: 上海市三环路60号		制单员:	制单日期:	

任务2　海运提单的审核与缮制

完成订舱后,小李将订舱信息发给仓库。订舱信息:整批货被装在 1 个 20 尺的集装箱内,集装箱编号为 EASU982341,由 YINHU A3032 号船于 6 月 15 日装运出海。

陈主管安排小李跟货代对接装货相关操作,确保货运顺利出运。

任务要求

1. 以小组为单位,收集 UCP 600 对提单操作的相关规定;
2. 熟悉提单的分类;
3. 审核货代签发的提单。

知识链接

1. 海运提单的定义

海运提单(Marine Bill of Lading or Ocean Bill of Lading,B/L),是承运人收到货物后出具的货物收据,也是承运人所签署的运输契约的证明,提单还代表所载货物的所有权,是一种具有物权特性的凭证。

《1978 年联合国海上货物运输公约》(以下简称《汉堡规则》)给提单作的定义是:Bill of lading, means a document which evidences a contract of carriage by sea and the taking over or loading of the goods by the carrier, and by which the carrier undertakes to deliver the goods against surrender of the document. A provision in the document that the goods are to be delivered to the order of the document. A provision in the document that the goods are to be delivered to the order of a named person, or to order, or to bearer, constitutes such an undertaking.

《中华人民共和国海商法》(1993 年 7 月施行)第七十一条规定:"提单,是指用以证明海上货物运输合同和货物已经由承运人接收或者装船,以及承运人保证据以交付货物的单证。提单中载明的向记名人交付货物,或者按照指示人的指示交付货物,或者向提单持有人交付货物的条款,构成承运人据以交付货物的保证。"

2. 海运提单的功能

(1)海运提单是证明承运人已接管货物和货物已装船的货物收据

对于将货物交给承运人运输的托运人,提单具有货物收据的功能。不仅对于已装船货物,承运人负有签发提单的义务,而且根据托运人的要求,即使货物尚未装船,只要货物已在承运人掌管之下,承运人也有签发收货待运提单的义务。所以,提单一经承运人签发,即表明承运人已将货物装上船舶或已确认接管。

提单作为货物收据,不仅证明收到货物的种类、数量、标志、外表状况,而且还证明收到货物的时间,即货物装船的时间。

签发提单时,只要能证明已收到货物和货物的状况即可,并不一定要求已将货物装船。但是，将货物装船象征卖方将货物交付给买方，于是装船时间也就意味着卖方的交货时间。而按时交货是履行合同的必要条件，因此，用提单来证明货物的装船时间是非常重要的。

(2) 海运提单具有物权凭证的功能

海运提单是承运人保证凭以交付货物和可以转让的物权凭证对于合法取得提单的持有人，提单具有物权凭证的功能。提单的合法持有人有权在目的港以提单相交换来提取货物，而承运人只要出于善意，凭提单发货，即使持有人不是真正货主，承运人也无责任。而且，除非在提单中指明，提单可以不经承运人的同意而转让给第三者，提单的转移就意味着物权的转移，连续背书可以连续转让。提单的合法受让人或提单持有人就是提单上所记载货物的合法持有人。

海运提单所代表的物权可以随提单的转移而转移，提单中所规定的权利和义务也随着提单的转移而转移。即使货物在运输过程中遭受损坏或灭失，也因货物的风险已随提单的转移而由卖方转移给买方，只能由买方向承运人提出赔偿要求。

(3) 海运提单是海上货物运输合同成立的证明文件

提单上的条款规定了承运人与托运人之间的权利、义务，而且提单也是法律承认的处理有关货物运输的依据，因而常被人们认为提单本身就是运输合同。但是按照严格的法律概念，提单并不具备经济合同应具有的基本条件：它不是双方意思表示一致的产物，约束承托双方的提单条款是承运人单方拟定的；它履行在前，而签发在后，早在签发提单之前，承运人就开始接受托运人托运货物和将货物装船的有关货物运输的各项工作。所以，与其说提单本身就是运输合同，还不如说提单只是只是运输合同的证明更为合理。

如果在提单签发之前，承托双方之间已存在运输合同，则不论提单条款如何规定，双方都应按原先签订的合同约定行事；但如果事先没有任何约定，托运人接受提单时又未提出任何异议，这时提单就被视为合同本身。虽然由于海洋运输的特点，决定了托运人并没在提单上签字，但因提单毕竟不同于一般合同，所以不论提单持有人是否在提单上签字，提单条款对他们都具有约束力。

3. 海运提单的流通性

提单作为物权凭证，只要具备一定的条件就可以转让，转让的方式有两种：空白背书和记名背书。但提单的流通性小于汇票的流通性。其主要表现为，提单的受让人不像汇票的正当持票人那样享有优于前手背书人的权利。具体来说，如果一个人用欺诈手段取得一份可转让的提单，并把它背书转让给一个善意的、支付了价金的受让人，则该受让人不能因此而取得货物的所有权，不能以此对抗真正的所有人。相反，如果在汇票流通过程中发生这种情况，则汇票的善意受让人的权利仍将受到保障，他仍有权享受汇票上的一切权利。鉴于这种区别，有的法学者认为提单只具有"准可转让性"（Quasi-negotiable）。

4. 海运提单的签发

有权签发提单的人有承运人及其代理、船长及其代理、船主及其代理。代理人签署时必须注明其代理身份和被代理方的名称及身份。签署提单的凭证是大副收据，签发提单的日期应该是货物被装船后大副签发收据的日期。

提单有正本和副本之分。正本提单一般签发一式两份或三份，这是为了防止提单流通过程中万一遗失时，可以应用另一份正本。各份正本具有同等效力，但其中一份提货后，其余各份均告失效。副本提单承运人不签署，份数根据托运人和船方的实际需要而定。副本提单只用于日常业务，不具备法律效力。

5. 提单的类型

（1）按提单收货人的抬头分

①记名提单（Straight B/L）：指在提单上收货人（consignee）一栏内具体填写某一特定的人或公司名称的提单。指定的收货人在向承运人或其代理人交出一份提单正本时则取得交付的货物。尽管记名提单是一种权利凭证，但不可流通。在我国记名提单不得转让。

②不记名提单（Bearer B/L，or Open B/L，or Blank B/L）：提单内没有任何收货人或"ORDER"字样，即提单的任何持有人都有权提货。不记名提单无须背书即可转让，任何提单持有人均可要求承运人放货，由于风险较大，很少采用。

③指示提单（Order B/L）：指提单上收货人一栏内载明"凭指示"（to Order）或"凭某人指示"（to the Order of）字样的提单。前者称为不记名指示提单，承运人应按托运人的指示交付货物；后者叫记名指示提单，承运人按记名的指示人的指示交付货物。

（2）按货物是否已装船划分

①已装船提单（Shipped B/L，or On Board B/L）：指货物装船后由承运人或其授权代理人根据大副收据签发给托运人的提单。如果承运人签发了已装船提单，就是确认他已将货物装在船上。

②收货待运提单（Received for Shipment B/L）：指承运人在收到托运人交来的货物但还没有装船时，应托运人的要求而签发的提单。

（3）按提单上有无批注划分

①清洁提单（Clean B/L）：指货物在装船时外表状况良好，承运人未加任何货损，包装不良或其他有碍结汇批注的提单。

②不清洁提单（Unclean B/L or Foul B/L）：指承运人在提单上加注有货物及包装状况不良或存在缺陷，如水湿、油渍、污损、锈蚀等批注的提单。

（4）根据运输方式不同划分

①直达提单（Direct B/L）：指货物自装货港装船后，中途不经换船直接驶到卸货港卸货而签发的提单。

②转船提单（Transhipment B/L）：指货物须经中途转船才能到达目的港而由承运人在装运港签发的全程提单。

③联运提单（Through B/L）：指须经两种或两种以上运输方式（海陆、海河、海空、海海等）联运的货物，由第一承运人（第一程船运输的承运人）收取全程运费后，在启运地签发到目的港的全程运输提单。联运提单虽然包括全程运输，但签发提单的各程承运人只对自己运输的一段航程中所发生的货损负责，这种提单与转船提单性质相同。

④多式联运提单（MultimodaL Transport B/L or Intermodal Transport B/L）：指货物由海上、内河、铁路、公路、航空等两种或多种运输方式进行联合运输而签的适用于全程运输的提单。

（5）按提单内容的简繁划分

①全式提单（Long Form B/L）：又称繁式提单，指提单除正面印就的提单格式所记载的事项，背面列有关于承运人与托运人及收货人之间权利、义务等详细条款的提单。

②简式提单（Short Form B/L, or Simple B/L）：又称短式提单、略式提单，指提单背面没有关于承运人与托运人及收货人之间的权利义务等详细条款的提单。

（6）按签发提单的时间划分

①倒签提单（Anti-dated B/L）：指承运人应托运人的要求在货物装船后，提单签发的日期早于实际装船完毕日期的提单。

②顺签提单（Post-date B/L）：指货物装船后承运人或者船代应货主的要求，以晚于该票货物实际装船完毕的日期作为提单签发日期的提单。

③预借提单（Advanced B/L）：指由于信用证规定的装运期和交单结汇期已到，货主因故未能及时备妥货物或尚未装船完毕的，或由于船公司的原因船舶未能在装运期内到港装船，应托运人要求而由承运人或其代理人提前签发的已装船提单。预借提单所产生的一切责任均由提单签发人承担。

④过期提单（Stale B/L）：又称滞期提单，指出口商取得提单后未能及时到银行，或过了银行规定的交单期限未议付而形成过期提单。

(7) 按收费方式划分

①运费预付提单（Freight Prepaid B/L）：成交价格中 CIF、CFR 条件为运费预付，按规定货物托运时，必须预付运费。在运费预付情况下出具的提单。

②运费到付提单（Freight to Collect B/L）：指表明运费在目的港由收货人支付的提单，并且提单上注明运费到付，否则不能对抗收货人。

③最低运费提单（Minimum B/L）：指对每一提单上的货物按起码收费标准收取运费所签发的提单。

(8) 按提单签发的不同划分

①船公司签发的提单：通常为整箱货签发提单。

②无船承运人所签发的提单（NVOCC B/L）：货代公司或者物流公司以自己作为承运人，和发货人签订货物运输合同而签发的提单。

(9) 特殊提单

①合并提单（Omnibus B/L）：指应托运人要求将不同种货物合并在同一提单上的提单。

②并装提单（Combined B/L）：指将两批或两批以上的品种、质量、装货港和卸货港相同，但分属于不同收货人的液体散装货物并装于同一液体货舱内而分别为每批货物的收货人签发的，其上加盖有"并装条款"印章的提单。

③分提单（Separate B/L）：指将装货单上同一批货细分成两批以上分别签发的提单。

④交换提单（Switch B/L）：指凭原提单换发的另一套提单。在直达运输的条件下，应托运人的要求，承运人承诺，在某一约定的中途港凭在启运港签发的提单另换发一套以该中途港为启运港。

⑤舱面货提单（On Deck B/L）：又称甲板货提单。这是指货物装于露天甲板上承运时，于提单注明"装于舱面"（On Deck）字样的提单。

⑥包裹提单（Parcel Receipt B/L）：指以包裹形式托运的货物而签发的提单包裹形式托运的货物而签发的提单。这是承运人根据贸易上的特殊需要而设定的一种提单，重量不得超过 45 千克。

⑦集装箱提单（Container B/L）：指为装运集装箱所签发的提单，是集装箱货物运输下主要的货运单据，负责集装箱运输的经营人或其代理人，在收到集装箱货物后而签发给托运人的提单。

6. 海运提单的内容和填制要求

提单正面内容，包括下列各项。

(1) 托运人（Shipper、Consignor），提单所证明的海上货物运输合同的另一方当事人。

(2) 收货人（Consignee），即根据提单有权在卸货港提取货物的人。这是提单的抬头，是银行审核的重点项目。应与托运单中"收货人"的填写完全一致，并符合信用证的规定。收货人栏的填写必须与信用证要求完全一致。

(3) 被通知人（Notify Party），一般为卸货港收货人的代理人，货到目的港时由承运人通知其办理报关提货等手续。

(4) 前段运输（Pre-carriage by）；转船港（Port of Transshipment）。如果货物需转运，则在此两栏分别填写第一程船的船名和中转港口名称。

(5) 船名（Name of Vessel），即船舶的名称，船名使船舶特定化。当法院扣押承运人船舶时，有确定的对象。

(6) 装货港（Port of Loading）；卸货港（Port of Discharge）；目的地（Final Destination）。

装货港是承运人将货物装船启运的港口，是收货人根据提单上注明的货物装船日期计算船舶到达卸货港时间的依据。

卸货港是承运人将货物卸船交于收货人的港口。美国一些信用证规定目的港后有OCP字样，应照加。OCP即Overland Common Points，一般叫"内陆转运地区"，例如San Francisco OCP，意指货到旧金山港后再转运至内陆。

(7) Number of Original B/L，正本提单的份数。按托运人要求而定，通常一套正本提单一式三份，每一份具有相同的法律效力。

(8) Description of Goods，商品名称。必须和信用证的规定一致。

Number and Kind of Packages，件数和包装种类。

Mark & No.，标志和号码，俗称唛头。唛头即为了装卸、运输及存储过程中便于识别而刷在外包装上的装运标记。

Gross Weight，毛重（千克）

Measurement，尺码。即货物的体积，以立方米为计量单位。

(9) Freight Clause，运费条款。运费条款应按信用证规定注明。如信用证未明确，可根据价格条件是否包含运费决定如何批注。主要有以下情况：

①如果是CIF、CFR等价格条件，运费在提单签发之前支付者，提单应注Freight Prepaid（运费预付）。

②FOB、FAS等价格条件，运费在目的港支付者，提单应注明Freight Collect、Freight to Collect、Freight to be Collected（运费到付或运费待收），或注Freight Payable at Destination（运费目的港支付）。

③如信用证规定Charter Party B/L Acceptable（租船契约提单可以接受），

提单内可注明 Freight as Per Charter Party 表示运费按租船契约支付。

（10）Place and Date of Issue，提单签发地点和日期。签单地址通常是承运人收受货物或装船的地址，签单日期为接受货物日期或者货物已经装船完毕的日期。

（11）Signed for the Carrier，提单签发人签字。有权签发提单的是承运人、承运人代理人，或船长。

（12）Cargo's Apparent Order and Condition，货物的外表状态，如果货物外表状况不良，则在此处需批注。

提单正面的其他内容：除必要记载事项外，还可以有订舱承诺时约定的内容以及一些事先已经印制的（印刷条款）。

例如，"Shipped on board the vessel named above in apparent good order and condition unless otherwise indicated the goods or packages specified herein and to be discharged at the above mentioned port of discharge or as near thereto as the vessel may safely get and be always afloat."（上列外表状况良好的货物或包装除另有说明者外已装在上述指名船只，并应在上列卸货港或该船能安全到达并保持浮泊的附近地点卸货。）

 拓展阅读

倒签提单的法律后果

一、案例详情

2022 年 8 月 7 日，比利时 A 公司与中国 B 公司签署了一份购买 3000 吨木耳的合同。根据这份合同，货物应按照 CIF 安特卫普的价格条件进行交易，总价值为 105 万美元，启运港为青岛。合同明确规定，中国 B 公司负责订舱，而比利时 A 公司需在大阪银行申请开具一份以中国 B 公司为受益人、有效期至 2022 年 11 月 15 日的不可撤销的即期信用证。此外，装船日期不得晚于 2022 年 10 月 30 日。

然而，在 2022 年 11 月 15 日，承运货物的 V 轮抵达安特卫普港时，比利时 A 公司收到的提单上显示装船日期为 10 月 31 日。经过对轮船的到达时间进行比对，A 公司初步判断 V 轮提交了倒签的提单。经过进一步调查，发现该轮实际上在 10 月 30 日从安特卫普返回青岛，11 月 6 日抵达装运港，并在 11 月 7 日完成装货后启航。

对此情况，比利时 A 公司两次电告中国 B 公司，明确表示不能接受倒签

的提单，要求 B 公司根据市场情况将每吨货物价格降低 40 美元，否则将拒绝接收货物。然而，B 公司未对 A 公司的要求进行回应。于是，在 2022 年 11 月 15 日，B 公司向议付行提交了信用证项下的全部单据，并成功获得了货款。

由于无法解决此问题，货物一直存放在港口仓库中。为了避免更大的损失，比利时 A 公司于 2023 年 4 月 15 日支付货款并赎回了提单，随后将货物进行了销售。

2023 年 4 月 10 日，比利时 A 公司向大阪法院提起诉讼，要求被告 V 轮赔偿各种损失共计 30 万美元。然而，V 轮辩称 A 公司无权对其进行起诉，声称本案完全属于买卖双方之间的纠纷，与船东无关。

二、案例分析

在国际贸易中，倒签提单就是倒填提单中的装船日期，它指卖方为了掩盖真实的装船日期或为了符合信用证关于装船日期的规定，要求承运人（即船方）不按真实的装船日期签发提单。

倒签提单属于卖方与承运人（船方）合谋欲骗买方的欺诈行为，按照国际贸易惯例，这种违法行为引起的法律后果无论对买方还是对船方都是十分严重的。买方一旦有证据证明提单的装船日期是伪造的，就有权拒绝接受单据和拒收货物，拒付货款，即使货款已支付，买方亦有权要求卖方退还，买方也有权要求赔偿因倒签提单而造成的损失。原告对被告有起诉权。

首先，根据国际班轮运输的法律关系，提单是承运人和托运人订立运输合同的证据。当该托运人同时是货物的卖方时，卖方根据国际货物销售合同将提单背书转让给收货人。这样，提单就成为承运人和收货人（买方）之间的运输合同了。无论实际上收货人是在货物到港之前，还是到港之后收到提单，都不影响收货人基于提单而与承运人之间业已确立的运输合同关系，一旦承运人违反提单的义务，收货人就有权依其与承运人之间的运输合同关系提起违约之诉。本案中中国 B 公司既是托运人，也是卖方，原告既是收货人，又是买方，原告与承运人之间的法律关系就比较清楚了，原告当然有权向被告行使起诉权。

其次，倒签提单是承运人与托运人串通而损害收货人利益的欺诈行为，在民法理论上属侵权行为，而侵权之诉的成立无须依附于合同。收货人如果提起侵权之诉，则承运人和托运人都属侵权行为人，收货人当然对其中共同或其一享有起诉权。本案中，被告接受中国 B 公司的保函，倒签提单，其法律后果是帮助 B 公司掩盖了逾期装船的事实，使其在违约的情况下获取了本不应获取的原告所付的全部货款。因此，被告的行为直接侵害了原告的合法权益，原告的起诉权不容置疑。

卖方（托运人）与船方（承运人）合谋倒签提单，既是欺诈性质的侵权行为，也是违反合同义务的违约行为。倒签提单后，原告向承运人，托运人共同或其一行使起诉权，都是合法成立的。

 项目练习：制作出口货物订舱委托书

SOME MSG FROM THE L/C (ISSUED BY BNP PARIBAS (CANADA))		
DOC. CREDIT NUMBER	*20:	63211020049
DATE OF ISSUE	31 C:	230129
EXPIRY	*31 D:	DATE 050410 PLACE IN BENEFICIARY'S COUNTRY
APPLICANT	*50:	FASHION FORCE CO., LTD P.O. BOX 8935 NEW TERMINAL, ALTA, VISTA OTTAWA, CANADA
BENEFICIARY	*59:	NANJING TANG TEXTILE GARMENT CO., LTD. HUARONG MANSION RM2901 NO.85 GUANJIAQIAO, NAN JING 210005, CHINA
...		
PARTIAL SHIPMTS	43 P:	NOT ALLOWED
TRANSSHIPMENT	43 T:	ALLOWED
FOR TRANSPORT TO...	44 B:	MONTREAL
LATEST DATE OF SHIP.	44 C:	050325
DOCUMENTS REQUIRED	46 A:	
+FULL SET OF ORIGINAL MARINE BILLS OF LADING CLEAN ON BOARD FLUS 2 NON NEGOTIABLE COPIES MADE OUT OR ENDORSED TO ORDER OF BNP PARIBAS (CANADA) MARKED FREIGHT PREPAID AND NOTIFY APPLICANT'S FULL NAME AND ADDRESS.		
...		

ISSUER NANJING TANG TEXTILE GARMENT CO., LTD. HUARONG MANSION RM2901 NO. 85 GUAN-JIAQIAO, NANJING 210005, CHINA	商业发票 COMMERCIAL INVOICE	
TO FASHION FORCE CO., LTD P. O. BOX 8935 NEW TERMINAL, ALTA, VISTA OTTAWA, CANADA	NO. NT01FF004	DATE Mar. 9, 2023
TRANSPORT DETAILS SHIPMENT FROM SHANGHAI TO MONTREAL BY VESSEL	S/C NO. F01LCB05127	L/C NO. 63211020049
	TERMS OF PAYMENT L/C AT SIGHT	

Marks and Numbers	Number and kind of package Description of goods	Quantity	Unit Price USD	Amount
FASHION FORCE F01LCB05127 CTN NO. MONTREAL MADE IN CHINA	CIF MONTREAL, CANADA LADIES COTTON BLAZER (100% COTTON, 40SX20/140X60)	2550PCS	USD12.80	USD32640.00

Total: 2550PCS USD32640.00

SAY TOTAL: USD THIRTY TWO THOUSAND SIX HUNDRED AND FORTY ONLY
SALES CONDITIONS: CIF MONTREAL/CANADA
SALES CONTRACT NO. F01LCB05127
LADIES COTTON BLAZER (100% COTTON, 40SX20/140X60)
STYLE NO. PO NO. QTY/PCSUSD/PC
46-301A10337255012.80
PAKAGE   N. W.   G. W.
85CARTONS   17KGS   19KGS
TOTAL PACKAGE: 85 CARTONS
TOTAL MEAS: 21.583 CBM

                              NANJING TANG TEXTILE GARMENT CO., LTD.
                              唐××

出口货物订舱委托书

日期　　月　　日

1）发货人	4）信用证号码	
	5）开证银行	
	6）合同号码	7）成交金额
	8）装运口岸	9）目的港
2）收货人	10）转船运输	11）分批装运
	12）信用证有效期	13）装船期限
	14）运费	15）成交条件
	16）公司联系人	17）电话/传真
3）通知人	18）公司开户行	19）银行账号
	20）特别要求	

21）标记唛码	22）货号规格	23）包装件数	24）毛重	25）净重	26）数量	27）单价	28）总价
29）总件数		30）总毛重	31）总净重		32）总尺码	33）总金额	

项目 2.4 制作和申领原产地证操作

知识目标

1. 了解原产地证明书的含义与作用；
2. 熟悉原产地证明书的种类及其含义；
3. 熟悉领事认证的含义、目的、范围与作用；
4. 熟悉原产地证书的申领程序。

能力目标

1. 能理解信用证中的原产地证书条款；
2. 能填制原产地证书的申请书和证明书；
3. 能进行原产地证书申请流程。

引导案例

原产地证书不符导致无法享受协定税率

一、案例背景

广东某企业拟申报进口原产于新加坡的奶粉并申请享受中国—东盟自由贸易区优惠税率，并向海关提交优惠原产地证书及其他相关商业单证。经单证审核，海关发现该企业提交的其他商业单证均真实、有效，符合海关要求，相关优惠原产地证书的安全特征亦与海关总署备案资料一致，但该证书抬头印有"REPUBLIC OF SINGAPORE PREFERENTIAL CERTIFICATE OF ORIGIN"字样，并非常见的"ASEAN-CHINA FREE TRADE AREA PREFERENTIAL TARIFF CERTIFICATE OF ORIGIN"，亦无"FORM E"及"Issued in (country)"的相关字样。该票货物能否享受协定税率？

二、案例分析

新加坡与中国签订两个自由贸易协定，其一为以东盟成员身份签署的中国—东盟全面经济合作框架协议，其二为以其独立身份签订的中国—新加坡自由贸易协定。不同的协定项下受惠产品清单、采用的原产地标准及证书格式各有差异。按照《中华人民共和国海关〈中华人民共和国与东南亚国家联盟全面经济合作框架协议〉项下进出口货物原产地管理办法》第十三条第（一）款以及《中华人民共和国海关进出口货物优惠原产地管理规定》第十五条规定，应当向海关提交中国—东盟自由贸易区项下的优惠原产地证书。经审核，该企业提交的原产地证书确系新加坡方面的原产地证书授权机构签发，证书格式为中国—新加坡自由贸易协定项下原产地证书格式。但应当注意的是，上述案例相关进口货物的新加坡原产资格并无疑问，但因进口商申请适用中国—东盟自由贸易区而非中国—新加坡自由贸易协定税率，必须向海关提交中国—东盟自由贸易区项下的原产地证书。鉴此，可以判断相关货物不适用中国—东盟自由贸易区协定税率。

讨论题

1. 原产地证书在本案例中有什么作用？
2. 从本案例总结原产地证书申请时的注意事项。

实训任务　原产地证明书的申领与缮制

随着中国制造业在世界范围内的崛起，原产自我国的商品在全球范围内知名度和美誉度迅速提升。中国制造（Made in China，Made in PRC）是世界上认知度最高的标签之一，也正在成为高品质的重要标志。本公司与 NEO 公司的交易的商品正是中国制作的高品质商品，申领原产地证明书不仅能证明商品的产地，避免可能遭受的反倾销和反补贴调查，还能享受进口税率的减免。

陈经理指示小李根据交易信息缮制原产地证明书，并进行原产地证书的申领工作。陈经理对小李提出 3 点要求：

1. 熟悉 UCP 600 对原产地证书的常见规定；
2. 分析本交易中信用证中关于原产地证书的条款；
3. 原产地证书缮制要符合合同和信用证的规定，并符合交易实际情况，原产地证书的申请工作要及时完成。

任务要求

1. 以小组为单位，收集 UCP 600 对原产地证书的常见规定；
2. 根据合同和信用证填制本笔交易的原产地证书；

3. 检查填制的原产地证书。

课程思政

中国青花瓷　盛名享誉海内外

青花瓷已经成为中国陶瓷的标志，作为中国对外贸易瓷器的明星产品，风靡全球，成为展现中国瓷器魅力的杰出代表。然而，任何艺术形式都离不开其背后的文化土壤，青花瓷也不例外。

中国是一个多元文化的国家，各个民族都有其独特的历史、传统和文化习俗。这种文化多样性也在陶瓷艺术中得以展现，其中，青花瓷艺术与民俗文化紧密相连。青花瓷上的祥瑞图案是民俗文化的一个重要体现。自古以来，中国人追求吉祥的愿望从未减弱，祥瑞图案在青花瓷上被赋予了丰富的内涵，包括龙、凤、麒麟等象征吉祥的瑞兽，以及牡丹、海棠、桃竹、锦鸡等动植物，每种图案都被赋予了深厚的寓意。

在阿拉伯人的眼中，中国瓷器被称为"芬吉安"（Fingan），意为"中国制品"，他们认为这些瓷器是用玻璃制成的。通过海上贸易，阿拉伯人将中国瓷器带到了地中海沿岸地区，并进一步传播到埃及、西班牙等地。在这些地方，中国瓷器被视为珍贵的礼物和收藏品，有时甚至被用作货币。从唐代开始，中国瓷器通过陆路和海路销往世界各地，赢得了不同国家和地区的人们的喜爱和赞誉。其中，欧洲市场是中国瓷器最重要的市场之一。从16世纪到18世纪，欧洲掀起了一场持续数百年的"中国热"，中国瓷器成了欧洲王公贵族和上流社会的奢侈品。

知识链接

1. 原产地证明书的含义

原产地证明书（CERTIFICATE OF ORIGIN）是卖方应进口商的要求，自行签发或向特定的机构申请后由其签发的，证明出口商品的产地或制造地的一种证明文件。原产地证书是贸易关系人交接货物、结算货款、索赔理赔、进口通关验收、征收关税的有效凭证，它还是出口国享受配额待遇、进口国对不同出口国实行不同贸易政策的凭证，也是进口国对某些国家（地区）或某种商品采取控制进口额度和进口数量的依据。我国海关和贸促会分别代表官方和民间机构对外签发产地证。常见的原产地证明有一般原产地证明书和普惠制产地证表格 A。

2. 原产地证明书的作用

原产地证明书表明了商品的"经济国籍",具有以下作用。

(1) 证明出口货物符合《中华人民共和国出口货物原产地规则》,确系中国制造。

(2) 原产地证明书是被进口国海关所认可的一种正式书面文件,进口国海关以此作为实施差别关税、数量限制(如进口配额和进口许可证)、控制从特定国家进口(如反倾销税、反补贴税)等监督管制措施的主要依据之一。

(3) 原产地证书是出口通关、交单结汇和贸易统计的重要依据。

3. 原产地证书的分类

在国际贸易实务中,应该提供哪种产地证明书,主要依据合同或信用证的要求。一般对于实行普惠制国家出口货物,都要求出具普惠制产地证明书。如果信用证并未明确规定产地证书的出具者,那么银行可以接受任何一种产地证明书。

(1) 普惠制原产地证明书(FORM A)

普惠制原产地证明书是具有法律效力的我国出口产品在给惠国享受在最惠国税率基础上进一步减免进口关税的官方凭证。截至 2023 年 10 月,予我国普惠制待遇的国家共 3 个:挪威、新西兰、澳大利亚。

 拓展阅读

32 个国家取消我国出口产品普惠制待遇

根据海关总署发布的《关于不再对输欧盟成员国、英国、加拿大、土耳其、乌克兰和列支敦士登等国家货物签发普惠制原产地证书的公告》(2021年第 84 号公告),自 2021 年 12 月 1 日起,我国海关不再对输欧盟成员、英国、加拿大、土耳其、乌克兰等 32 个国家货物签发普惠制原产地证书。

普遍优惠制度(Generalized System of Preferences)简称普惠制(GSP),是发达国家(给惠国)对发展中国家及地区(受惠国)出口制成品和半制成品给予普遍的、非歧视的、非互惠的关税优惠制度。自 1978 年普惠制实施以来,先后有 40 个国家给予我国普惠制关税优惠,其中大多是我国的重要贸易伙伴,如欧盟成员及英国、俄罗斯、加拿大、日本等。我国也积极利用普惠制扩大向发达国家的出口,在外贸增长和产业发展等方面发挥了重要作用。

给予过我国普惠制关税优惠的40个国家分别为：欧盟27国（法国、德国、意大利、荷兰、卢森堡、比利时、丹麦、爱尔兰、希腊、葡萄牙、西班牙、瑞典、芬兰、奥地利、波兰、捷克、斯洛伐克、匈牙利、马耳他、斯洛文尼亚、立陶宛、拉脱维亚、爱沙尼亚、塞浦路斯、保加利亚、罗马尼亚、克罗地亚）、英国、欧亚经济联盟3国（俄罗斯、白俄罗斯、哈萨克斯坦）、土耳其、乌克兰、加拿大、瑞士、列支敦士登、日本、挪威、新西兰、澳大利亚。

不过，随着我国经济的飞速发展和人民生活水平的不断提高，根据世界银行标准，我国不再属于低收入或中等偏低收入经济体。为此，多个普惠制给惠国在近几年陆续宣布取消给予我国普惠制待遇。在给惠国通报取消给予普惠制待遇后，我国出口商品已经不能凭借普惠制原产地证书享受关税优惠。相应地，海关的相关签证措施也将随之发生调整。

（2）一般原产地证明书（CO）

一般原产地证书（CERTIFICATE OF ORIGIN）是出口商应进口商要求而提供的、由公证机构或政府或出口商出具的证明货物原产地或制造地的一种证明文件。原产地证书是贸易关系人交接货物、结算货款、索赔理赔、进口通关验收、征收关税在有效凭证，它还是出口国享受配额待遇、进口国对不同出口国实行不同贸易政策的凭证。它的适用范围是征收关税、贸易统计、保障措施、歧视性数量限制、反倾销和反补贴、原产地标记、政府采购等方面。

（3）区域性经济集团互惠原产地证书

目前主要有中国—东盟自由贸易区优惠原产地证书、《亚太贸易协定》原产地证书、中国—巴基斯坦自由贸易区优惠原产地证书、中国—智利自由贸易区优惠原产地证书等。区域优惠原产地证书是具有法律效力的在协定成员方之间就特定产品享受互惠减免关税待遇的官方凭证。

①中国—东盟自由贸易区优惠原产地证书（FORM E）

中国—东盟自由贸易区优惠原产地证书在2004年1月1日引入。根据中国与东盟签署的《中国—东盟全面经济合作框架协议货物贸易协定》的规定，凡出口到东盟的农产品凭借检验检疫机构签发的FORM E证书可以享受关税优惠待遇。

中国和东盟中的6个成员方（文莱、印度尼西亚、马来西亚、菲律宾、新加坡和泰国）的关税税率进一步降低。作为《中国—东盟自由贸易区》的一部分，FORM E证书的签发和降税措施的实施，进一步促进了中国和东盟之间的贸易往来。

可以签发中国—东盟自由贸易区优惠原产地证书的国家有文莱、柬埔寨、印度尼西亚、老挝、马来西亚、缅甸、菲律宾、新加坡、泰国、越南 10 个国家。

②《亚太贸易协定》原产地证书（FORM B）

《亚太贸易协定》各成员方已经全部完成法律审批程序，从 2006 年 9 月 1 日开始实施第三轮降税。在此轮降税中，我国可享受印度 570 项 6 位税目、韩国 1367 项 10 位税目、斯里兰卡 427 项 6 位税目和孟加拉 209 项 8 位税目产品的关税减让，减让幅度从 10%~100%不等，其中韩国大部分产品减让 30%~50%。降税产品涉及农产品、矿产品、化工产品、塑料制品、橡胶制品、皮革制品、木制品、陶瓷和玻璃制品、纺织品、金属制品、机电产品、工具、灯具、玩具、打火机、家具等产品。各出口企业应充分利用这一关税优惠贸易政策，积极申请《亚太贸易协定》原产地证书，使出口产品享受关税优惠待遇。可以签发《亚太贸易协定》原产地证书的国家有：韩国、斯里兰卡、印度、孟加拉国 4 个国家。降税幅度从 5%到 100%不等。

③中国—巴基斯坦自由贸易区优惠原产地证书（FORM P）

中国对巴基斯坦出口产品可以签发中国—巴基斯坦自由贸易区优惠原产地证书，2006 年 1 月 1 日起双方先期实施降税的 3000 多个税目产品，分别实施零关税和优惠关税。原产于中国的 486 个 8 位零关税税目产品的关税将在两年内分 3 次逐步下降，2008 年 1 月 1 日全部降为零，原产于中国的 486 个 8 位零关税税目产品实施优惠关税，平均优惠幅度为 22%。给予关税优惠的商品其关税优惠幅度从 1%到 10%不等。

④中国—智利自由贸易区优惠原产地证书（FORM F）

自 2006 年 10 月 1 日起，各地出入境检验检疫机构开始签发中国—智利自由贸易区优惠原产地证书（FORM F），该日起对原产于我国的 5891 个 6 位税目产品关税降为零。

⑤中国—新西兰自由贸易区优惠原产地证书（FORM N）

《中华人民共和国政府和新西兰政府自由贸易协定》于 2008 年 10 月 1 日起开始实施，在 2016 年 1 月 1 日前取消全部自我国进口产品的关税，其中 63.6%的产品从协定生效时，即实现零关税。包括初级农产品、化工品、毛皮及皮革制品、纺织原料及织物等。从 2008 年 10 月 1 日起，各地出入境检验检疫机构开始签发中国—新西兰自由贸易区优惠原产地证书。

（4）专用原产地证书

专用原产地证书是国际组织和国家根据政策和贸易措施的特殊需要，针对某一特殊行业的特定产品规定的原产地证书。主要有输往欧盟蘑菇罐头原产地证明书、烟草真实性证书等。

4. 原产地证书申领步骤

中国海关对原产地证书的申请和签发目前已基本实现电子化，企业可以在中国国际贸易单一窗口网站（http://www.singlewindow.cn）申领原产地证书。

（1）企业备案

海关总署和商务部完成了对外贸易经营者备案和原产地企业备案"两证合一"。企业的基本信息已通过数据共享获得，不再要求企业重复申报。但在申请原产地证书前，应添加与原产地签证有关的信息，具体包括企业中英文印章、申领员信息、产品信息（贸易公司除外）。企业可登录"互联网+海关"平台（http://online.customs.gov.cn/）办理。

（2）产品预审

海关需对出口产品是否具备中国原产资格进行确认。企业可通过"互联网+海关"平台提交产品预审申请，申报产品HS编码、中英文名称、原材料情况、生产工序等，进行预审。海关将依据《中华人民共和国进出口货物原产地条例》以及各自由贸易协定中原产地规则审核该产品是否具备中国原产资格。值得注意的是，海关为确认产品原产资格可能需要进行实地调查，企业应当配合调查工作，及时提供有关资料。

（3）证书申报

企业应在货物出口前或出口时向海关申请办理原产地证书。可登录中国国际贸易单一窗口网站，选择"海关原产地证申请"，进行网上申报。其中进出口双方信息、运输细节、商品描述、适用原产地标准等各栏目内容应依据各自由贸易协定相关规定如实申报。

（4）证书签发

企业收到证书审核通过回执后，即可在中国国际贸易单一窗口网站自行打印带有海关签章和签名的原产地证书。对于尚未开通自助打印的原产地证书，企业可到海关现场办理签发手续。

5. 一般原产地证明缮制要求

一般原产地证明，简称产地证，是指中华人民共和国出口货物原产地证明书，它是证明中国出口货物符合《中华人民共和国进出口货物原产地条例》，确实是中华人民共和国原产地的证明文件。

中国海关和贸促会都可签发一般原产地证明，其签发格式统一，编号统一，并统一由国家指定机构印制发放，有长城水印防伪花纹，出口商需要时，向中国海关或贸促会购买。在每批货物报关出运前3天，根据信用证、合同规定缮制好，并按要求向上述机构申请签发。申请时，提交全套已制好的原产地证书及合同、商业发票和箱单的副本各一份，中国海关和贸促会在证书（一正三副）正本上盖章，并留一份黄色副本备查。一般原产地证明包括以下方面。

（1）出口商（EXPORTER）

按实际填写，信用证项下为受益人。

（2）收货人（CONSIGNEE FULL NAME，ADDRESS，COUNTRY）

一般为进口商名称、地址及所在国。

（3）运输方式和路线（MEANS OF TRANSPORT AND ROUTE）

按信用证或合同规定，填启运地、目的地及采用的运输方式。

（4）目的地国家或地区（COUNTRY/REGION OF DESTINATION）

一般应与最终收货人或最终目的港国（地区）别一致，不能填中间商国家（地区）的名称。

（5）供出证方使用（FOR CERTIFYING AUTHORITY USE ONLY）

由签证机构在签发后发证书、补发证书或加注其他声明时使用，一般留空不填。

（6）标记唛码（MARKS & NO.S）

应照发票上所列唛头填写完整，若没有唛头，则填"N/M"，不得留空不填。

（7）品名及包装种类和件数（DESCRIPION OF GOODS, NUMBER AND KIND OF PACKAGES）

一般应按商业发票填写，品名要具体，不得概括；包装种类和件数要按具体单位填写总的包装件数，并在阿拉伯数字后加注英文表述，末行要打上表示结束的符号"＊＊＊＊"，以防加添。若货物为散装，则在品名后加注"IN BULK"。

（8）HS 编码（HS CODE）

按规定填写，不得留空。

（9）数量或重量（QUANTITY OR WEIGHT）

填写出口货物和量值及商品计量单位，若无则填重量。

（10）发票号码及日期（NUMBER AND DATE OF INVOICE）

如 INVOICE NO.：FHTO21T INVOICE DATE：DEC 10, 2001。

（11）出口商声明（DECLARATION BY THE EXPORTER）

已事先印好，由出口公司填写签发地点、日期并盖公章和专人签字，且不得重合。

（12）证明（CERTIFICATION）

由中国海关和贸促会签发地点、日期、盖章和手签。

6. 普惠制产地证表格 A 缮制要求

普遍优惠制是发达国家对发展中国家向其出口的制成品或半成品货物时，普遍给予的一种关税优惠待遇的制度。凡享受普惠制待遇的商品，出口国一般应向给惠国提供原产地证书表格 A（澳大利西亚可使用发票加注有关声明文句代替，新西兰使用 FORM 59A）。

（1）出口商名称、地址及所在国（EXPORTER'S BUSINESS NAME, ADDRESS, COUNTRY）

此栏是强制性的，必须填上出口商的全称和详细地址，包括街道及门牌号码等。

（2）收货人名称、地址、国家（CONSIGNEE'S NAME, ADDRESS, COUNTRY）

一般为给惠国的收货人名址，不能填中间商名址。

（3）运输方式和路线（MEANS OF TRANSPORT AND ROUTE）

按信用证或合同规定，填启运地、目的地及采用的运输方式。

（4）供官方使用（FOR OFFICIAL USE）

由签证机构根据需要填写。

（5）商品项目编号（ITEM NUMBER）

有几种商品，就给之编几个号码，如 1、2、3 等。若只有一种商品，此栏填 1。

（6）标记唛码（MARKS & NO. S OF PACKAGES）

应按实际填写，若唛头过多可利用第 7 栏和第 8 栏。

（7）品名及包装种类和件数（DESCRIPION OF GOODS, NUMBER AND KIND OF PACKAGES）

一般应按商业发票填写，品名要具体，不得概括；包装种类和件数要用阿拉伯数字和英文同时表示，在下行要打上表示结束的符号"＊＊＊＊"，以防加添。若货物为散装，则在品名后加注"IN BULK"。

（8）原产地标准（ORIGIN CRITERION）

此栏是证书的核心，根据规定填写，要求如下。

①完全自产于出口国的产品，输往给惠国时，填写"P"。对澳大利亚和新西兰出口时，可不必填写。

②经过出口国充分制作或加工的产品，输往下列国家和地区时，其填写要求为如下。

加拿大：对于在两个或两个以上受惠国内加工或制作且符合原产地标准的产品，填"G"，其他填"F"。

日本、挪威、瑞士和欧盟：填"W"，其后填明出口产品 HS 编码的前四位税则号，如"W"9618。

白俄罗斯、保加利亚、捷克、匈牙利、哈萨克斯坦、波兰、俄罗斯、乌克兰和斯洛伐克：对于在出口受惠国增值的产品，填"Y"，其后注明进口原料和部件的价值在出口产品离岸价格中所占的百分率，如"Y"45%，对于在一个受惠国生产而在另一个或数个其他受惠国制作或加工的产品，填写"PK"。

澳大利亚和新西兰：本栏不必填写，在第 12 栏进行适当申报即可。

对美国出口，对于单一国家产的货物，填"Y"，对于被认定的国家集团产的货物填"Z"，其后填明本国原料的成本或价值加上直接加工成本在该出口货物出厂价中所占的百分率（如"Y"35%或"Z"35%）。

（9）数量或重量（QUANTITY OR WEIGHT）

填写出口货物的量值及商品计量单位，若无则填重量。

（10）发票号码及日期（NUMBER AND DATE OF INVOICE）

如 INVOICE NO.：FHTO21T INVOICE DATE：DEC 10, 2001。

（11）出口商声明（DECLARATION BY THE EXPORTER）

已事先印好，由出口公司填写签发地点、日期并加盖公章和专人签字，公章应为中英文对照章，且签字与公章不得重合。

（12）证明（CERTIFICATION）

由中国海关签发地点、日期、盖章和手签。

实训操作：填制原产地证书

根据商业发票和下述补充资料，填写一般产地证。如有配套教学平台，请在教学平台完成一般产地证填制。

世格贸易公司于 2017 年 4 月 28 日在南京申请签发一般原产地证。

商品编码：2003101100

相关工厂资料：XUZHOU SHENGTONG FOODSTUFTS CO., LTD.

　　　　　　NO. 15 HEPING ROAD, XUZHOU 221009, CHINA

　　　　　　TEL：86-0516-3402323

　　　　　　FAX：86-0516-3402330

ISSUER DESUN TRADING CO., LTD. HUARONG MANSION RM2901 NO.85 GUANJIAQIAO, NANJING 210005, CHINA TEL: 0086-25-4715004 FAX: 0086-25-4711363		商业发票 COMMERCIAL INVOICE		
TO NEO GENERAL TRADING CO. P.O. BOX 99552, RIYADH 22766, SAUDI ARABIA TEL: 00966-1-4659220 FAX: 00966-1-4659213				
^		NO. 2017SDT001		DATE Apr.25,2017
TRANSPORT DETAILS SHIPMENT FROM SHANGHAI,CHINA TO DAMMAM,SAUDI ARABIA BY VESSEL		S/C NO. NEO2017026		L/C NO. 0011LC123756
^ || TERMS OF PAYMENT L/C AT SIGHT			
Marks and Numbers	Number and kind of package Description of goods	Quantity	Unit Price	Amount
			USD*	
			CFR DAMMAM,SAUDI ARABIA	
ROSE BRAND 178/2017 RIYADH	ABOUT 1700 CARTONS CANNED MUSRHOOMS PIECES & STEMS 24 TINS X 425 GRAMS NET WEIGHT (D.W. 227 GRAMS) AT USD7.80 PER CARTON. ROSE BRAND.	1700CARTONS	USD7.80	USD13260.00
	Total:	1700CARTONS		USD13260.00
SAY TOTAL: USD THIRTEEN THOUSAND TWO HUNDRED AND SIXTY ONLY. BREAK DOWN OF THE AMOUNT AS FOLLOWS: FOB VALUE: USD12260.00 FREIGHT CHARGES: USD1000.00 TOTAL AMOUNT C AND F: USD13260.00 （出口商签字和盖单据章）				

在外贸单证教学系统完成一般产地证填制界面如下：

1.Exporter DESUN TRADING CO., LTD. HUARONG MANSION RM2901 NO.85 GUANJIAQIAO, NANJING 210005, CHINA TEL: 0086-25-4715004 FAX: 0086-25-4711363	Certificate No.		
2.Consignee NEO GENERAL TRADING CO. P.O. BOX 99552, RIYADH 22766, SAUDI ARABIA TEL: 00966-1-4659220 FAX: 00966-1-4659213	**CERTIFICATE OF ORIGIN**		
3.Means of transport and route FROM SHANGHAI,CHINA TO DAMMAM,SAUDI ARABIA BY VESSEL	5.For certifying authority use only		
4.Country / region of destination SAUDI ARABIA`DAMMAM			

Choice	6.Marks and numbers	7.Number and kind of packages; description of goods	8.H.S.Code	9.Quantity	10.Number and date of invoices
	ROSE BRAND 178/2017 RIYADH	ONE THOUSAND SEVEN HUNDRED (1700) CARTONS OF CANNED MUSRHOOMS PIECES & STEMS 24 TINS X 425 GRAMS NET WEIGHT (D.W. 227 GRAMS) AT USD7.80 PER CARTON.	2003101100	1700CARTONS	2017SDT001 Apr.25,2017

11.Declaration by the exporter The undersigned hereby declares that the above details and statements are correct, that all the goods were produced in China and that they comply with the Rules of Origin of the People's Republic of China. Place and date, signature and stamp of authorized signatory	12.Certification It is hereby certified that the declaration by the exporter is correct. Place and date, signature and stamp of certifying authority

国际贸易单证实务

拓展阅读

RCEP 原产地证书累积规则的应用[①]

2020 年 11 月 15 日，RCEP 正式签署。RCEP 包括 20 个章节，涵盖货物、服务、投资等全面的市场准入承诺，是一份全面、现代、高质量、互惠的自由贸易协定。

一、RCEP 货物原产地规则

货物原产地规则是货物贸易的基础，区域内的原产地累积规则是 RCEP 的重要成果。

海关总署第 255 号令规定了我国与 RCEP 其他成员方之间进出口货物的原产地管理的办法。RCEP 项下 3 种条件可以视为原产货物：

1. 在一成员方完全获得或者生产；
2. 在一成员方完全使用原产材料生产；
3. 在一成员方使用非原产材料生产，但符合产品特定原产地规则规定的税则归类改变、区域价值成分、制造加工工序或者其他要求。

二、累积规则的定义

累积规则一直是自由贸易协定中的一项重要补充规则，在 RCEP 中的相应描述是："除本协定另有规定外，符合第三章第二条（原产货物）规定的原产地要求且在另一缔约方用作生产另一货物或材料的材料，应当视为原产于对制成品或材料进行加工或处理的缔约方。"同时，RCEP 还考虑在审议后"将累积的适用范围扩大到各缔约方内的所有生产和货物增值"。

可以看到，RCEP 将累积规则的使用范围扩大到了全部 15 个成员方，对于生产链条较长的出口产品生产企业而言，有利于实现生产资源的优化配置和灵活协调，以便促进区域内贸易自由发展。另外，企业还可通过调整区域内的生产分工来调整最终产品的原产地，以达到享受最优惠协定税率的目的，加强了产业协调的灵活性。

三、RCEP 原产地证书累积规则的应用

《中华人民共和国海关〈区域全面经济伙伴关系协定〉项下进出口货物原产地管理办法》（以下简称《办法》）第六条规定，在一成员方获得或者生

[①] 改编自：夏雨禾，王廷者. 累积规则在 RCEP 原产地证书签证中的应用 [J]. 中国海关，2022，(05)：28.

产的原货物或者原产材料，在另一成员方用于生产时，应当视为另一成员方的原产材料。

（一）RCEP 原产地证书累积规则的应用案例

2023年1月，H 企业向 Y 海关咨询，该企业生产的三文鱼无骨切身是出口日本的，在 RCEP 实施后，日本客户想要该出口商申请 RCEP 原产地证明，以用于关税减免，但其使用的三文鱼原材料为进口，企业不知道能否申请 RCEP 原产地证书。

经查询产品特定原产地规则，Y 海关关员发现，该企业生产的三文鱼无骨切身，既不满足 RCEP 原产地规则中的章改变，又不满足区域价值成分不低于40%的实质性改变标准。后经过向企业进一步了解产品的原材料构成以及加工工序等生产情况，Y 海关关员发现其产品原材料进口自同为 RCEP 成员方的新西兰，适用累积规则，可以申请 RCEP 原产地证明，在申报 RCEP 原产地证明时，原产地标准一栏须申报为"PE ACU"。

（二）累积规则应用分析

以案例中 H 企业生产的三文鱼切身（出口 HS 编码为0304890090）为例，其原材料为自新西兰进口的冷冻三文鱼（进口 HS 编码为0303899090）。查询 RCEP 产品特定原产地规则发现，该产品的特定原产地规则为"章改变或区域价值成分40%"。该产品并不满足以上两种情况，若其生产使用的原材料不是从 RCEP 成员方进口，则无法获得中国原产资格，不能申请 RCEP 原产地证。在案例中，原材料冷冻三文鱼为新西兰原产，且最终出口产品不在出口日本的《特别货物清单》内，则可以应用累积规则，将新西兰原产的三文鱼视为原产材料，即满足《办法》第三条第（二）款：在一成员方完全使用原产材料生产。具备 RCEP 项下原产资格，原产地标准为"PE"。由于货物获得 RCEP 项下原产资格使用了累积规则条款，还应在填写上述标准的基础上增加填写"ACU"。因此，在申报 RCEP 原产地证时，原产地标准一栏应申报为"PE ACU"。

另外，《办法》第十四条规定，具备原产资格并且列入进口成员方《特别货物清单》的货物……其他成员方生产的材料一律视为非原产材料。因此在使用累积规则前，需要先确认产品是否被列入进口成员方的《特别货物清单》。

四、RCEP 原产地证书累积规则应用启示

我国原产的产品在进入与我国签署自由贸易协定的国家或地区时，进口商均可通过提交原产地证书获得关税优惠。在判定原产资格时，不仅在我国完全获得或者生产或我国完全使用原产材料生产的产品属于中国原产，使用

非原产材料生产，但符合货物特定原产地规则规定的税则归类改变、区域价值成分、制造加工工序或者其他要求的产品，也能判定为中国原产。

RCEP 作为极具发展潜力的自由贸易协定，累积规则的应用也会越来越普遍，建议企业吃透、用好原产地累积规则，高质量利用 RCEP，不断增强产品的国际市场竞争力。

项目练习

一、判断题

1. 普惠制的原则有非普遍原则、非互惠原则和非歧视原则。（   ）
2. 含有进口成分的产品，出口到加拿大，普惠制原产地证明书 FORM A 的原产地标准栏目填"W"。（   ）
3. 商检机构可以接受对外贸易关系人的申请，依照有关法律、行政法规的规定签发普惠制原产地证、一般原产地证。（   ）
4. 非歧视原则是指应对所有的发展中国家都给予优惠待遇，不应区别对待，不应有例外。（   ）
5. 非互惠原则是指非对等的原则，发达国家应单方面给予发展中国家优惠关税待遇，而不要求发展中国家给予同等待遇。（   ）

二、单选题

1. 关于中华人民共和国出口货物原产地证明书，下列表述中错误的是（   ）。
   A. 货物确系中华人民共和国原产的证明文件
   B. 进口国海关对该进出口商品适用何种税率的依据
   C. 出口报关的必备证件
   D. 各地出入境检验检疫局和贸促会均可签发此证
2. "GSP 产地证"表示（   ）。
   A. 一般原产地证书
   B. 普惠制原产地证书
   C. 欧盟体纺织品专用产地证
   D. 对美国出口纺织品声明书
3. 普惠制产地证主要有三种形式，其中，（   ）使用范围较广。
   A. 普惠制产地证明书格式 A
   B. 普惠制产地证明书格式 59A
   C. 普惠制产地证书格式 APR

D. 普惠制产地证明书

三、翻译常见原产地证书条款

1. G. S. P. CERTIFICATE OF ORIGIN FORM A IN DUPLICATE.

2. GSP CERTIFICATE OF CHINESE ORIGIN FORM A INDICATING ITS REFERENCE NUMBER.

3. GENERALIZED SYSTEM OF PREFERENCES CERTIFICATE OF ORIGIN FORM A SHOWING AUSTRIA AS IMPORTING COUNTRY.

4. GSP CERTIFICATE OF ORIGIN FORM A IN DUPLICATE ISSUED BY CIQ CONSIGNED TO AQUARIUS SEAFOODS LTD.

5. CERTIFICATE OF ORIGIN-FORM A IN DUPLICATE (ORIGINAL MUST BE VISAED) MADE OUT CONSIGNEE AS ETS. EUROPE IMPORT, CASIER 1-LOT E, 06510 Z. I. CARROS, FRANCE.

项目 2.5 通关单据制作

知识目标

1. 了解"单一窗口";
2. 熟悉海关进出口"两步申报"流程;
3. 能理解信用证中商检证书条款;
4. 熟悉中国国际贸易单一窗口网站常用功能;
5. 了解检验检疫证书的含义和种类;
6. 熟悉通关时须提供的单据。

能力目标

1. 能登录中国国际贸易单一窗口网站并查找常用功能模块;
2. 能进行"单一窗口"通关信息填写;
3. 根据信用证条款决定所需检验检疫证书。

引导案例

入境货物木质包装擅自运递

一、案例概述

重庆某公司委托代理公司向宁波海关申报进口一批高密度聚乙烯 HDPE 货物。在申报时,该公司声称该批货物木质包装情况为天然木托 396 件。然而,海关查验人员在对该批货物实施木质包装现场查验时,发现该公司未经许可擅自将部分货物连同木质包装运离港区,导致无法再对这部分货物进行查验。针对此情况,宁波海关依法对该公司实施了行政处罚。

二、案例分析

进境木质包装是境外有害生物传入我国的主要载体之一,可能携带各种有害生物,对国家农林生态安全构成威胁。近年来,此类违规情况频频出现,主要原因如下。

1. 企业法律知识匮乏

大多数涉及此类违规行为的企业属于中小微企业。这些企业的负责人和管理人员对海关检验检疫法律法规掌握不全面、理解不到位，导致在出现违法事实时仍不自知。此外，贸易双方缺乏检疫常识，对木质包装的申报不够重视。

2. 贸易相关方缺乏沟通

贸易相关方之间缺乏有效的沟通和跟踪机制，特别是对国际物流仓储、装运环节中加固、支撑用木质包装的相关信息沟通不畅。这可能导致信息不准确或遗漏，进而引发违规行为。

3. 报关工作失误

少数报关人员存在工作失误，如漏报或错报行为。根据相关法律法规，未按照规定向海关报检、报检与实际情况不符、未经海关许可擅自将木质包装货物卸离运输工具或者运递的行为，将受到海关的行政处罚。此外，对于未经海关许可擅自拆除、遗弃木质包装，未按海关要求对木质包装采取除害或者销毁处理，以及伪造、变造、盗用IPPC专用标识的行为，海关将处以3万元以下的罚款。

三、案例总结

进口企业应增强自我防范意识和防控能力，在签订贸易合同时，应明确提出木质包装检验检疫及除害处理的要求，约定相应的违约责任条款。另外，还应及时了解木质包装的相关规定，如不清楚相关规定应及时向海关咨询，入境货物在使用木质包装时要注意核对，避免无意违法，给自身带来不必要的损失。

讨论题

1. 检验检疫对包装材料通常有什么要求？
2. 进口企业应如何从检验检疫角度加强自我防范意识和防控能力？

任务1 "单一窗口"下的检疫操作

根据合同条款，公司与NEO公司交易的陶瓷餐具已经生产完毕并完成打包，即将装船出运。为了顺利完成本笔交易的货物通关手续，陈经理指示小李向负责报检的王师傅请教货物是否需要申报法定检验。并根据信用证和合同条款决定是否需要

申请品质检验。

陈经理对小李提出 3 点要求：
1. 熟悉 UCP 600 对检验检疫的有关规定；
2. 分析本交易中信用证里关于检验检疫的条款；
3. 熟悉海关"单一窗口"制度下的检验检疫操作流程。

任务要求

1. 以小组为单位，收集 UCP 600 对检验检疫的规定；
2. 列出本交易中信用证中关于检验检疫的条款；
3. 如本笔交易货物需要检验检疫，填制需要的相关信息。

课程思政

清朝五口通商：一场改变中国命运的开放

清朝五口通商，源于1842年与英国签订的《南京条约》，这一决策使得广州、厦门、福州、宁波和上海五个沿海城市成为对外开放的口岸，进行自由贸易。这一决策背后，是清朝在西方列强的压力下，被迫接受的一个不平等条约，也是中国近代史上的一个重要转折点。

一、五口通商的背景与原因

清朝中后期，西方列强逐渐崛起，并开始寻求与东方大国的贸易往来。然而，清朝长期实行的闭关锁国政策，使得中外交流受到了严重的限制。与此同时，英国为了扩大对华贸易，开始向中国大量输入鸦片，导致中国白银大量外流，社会秩序受到严重冲击。为了禁止鸦片贸易，清朝派遣林则徐前往广州禁烟，引发了中英之间的紧张关系。最终，英国发动了鸦片战争，清廷在战败后，被迫与英国签订了《南京条约》，其中规定开放五口通商。

二、五口通商的影响

五口通商对中国产生了深远的影响。首先，它打破了清朝长期以来的闭关锁国政策，使得中国开始融入世界经济体系中。这不仅促进了沿海城市的经济发展，也使得中国开始接触到西方的文化和科技，加速了中国的近代化进程。

其次，五口通商也使得中国面临更为严重的外来侵略。在英国之后，其他西方列强也纷纷与中国签订不平等条约，获取更多的利益。这些条约严重侵犯了中国的主权和利益，使得中国逐渐沦为半殖民地半封建社会。

最后，五口通商也激发了中国人民的民族意识。面对外来侵略和内部腐败，中国人民开始展开一系列的反抗和改革运动，如太平天国运动、洋务运动等。这些运动虽然大多以失败告终，但反映了中国人民不甘屈服、追求进步的精神。

三、结语

清朝的五口通商是一个历史性的事件，这场开放既是中国近代屈辱史的开端，也是中国逐渐融入世界的开始。它促使中国开始接触和吸收西方的文化和科技，加速了中国的近代化进程。同时，它也提醒我们，在面对外部压力和挑战时，需要有清醒的认识和坚定的决心，以维护国家的独立和主权。

知识链接

1. "单一窗口"介绍

（1）"单一窗口"的含义和特征

按照联合国贸易便利化和电子业务中心2005年公布的33号建议书（"建立国际贸易单一窗口"），"单一窗口"是指参与国际贸易和运输的各方，通过单一的平台提交标准化的信息和单证，以满足相关法律法规及管理的要求。"单一窗口"通常具备4个要素：一是一次申报，也就是说贸易经营企业只需要一次性向贸易管理部门提交相应的信息和单证；二是通过一个设施申报，该设施拥有统一的平台，对企业提交的信息数据进行一次性处理；三是使用标准化的数据元，贸易经营企业提交的信息应为标准化的数据；四是能够满足政府部门和企业的需要。

"单一窗口"允许贸易经营企业一次性提交相关信息和单证，通过一个平台、网页或地点（机构）申报，并对企业提交的信息数据进行一次性处理。"单一窗口"有利于优化口岸部门之间的协调配合，降低行政成本；有利于减少进出口货物在口岸的延误，提高口岸通关效率，降低贸易成本；有利于增强贸易商的守法意识和政府执法的透明度，维护国际贸易供应链安全与便利。"单一窗口"能使贸易、运输相关各方，在单一登记点提交满足进口、出口和转运全部规定的标准资料和单证。全球有70多个国家和地区已实行"单一窗口"，欧盟更形成了跨越国界的区域"单一窗口"。

(2)"单一窗口"的发展

单一窗口经历了以下 6 个发展阶段。

①海关自动化阶段

20 世纪 80 年代初,贸发会建立海关数据自动化系统(ASYCUDA),以帮助世界各国(地区)海关加快清关速度,促进贸易发展。接受 ASYCUDA 援助的国家和地区达 126 个,全球有 100 个国家使用其软件,包括 39 个最不发达国家,34 个发展中岛国以及 21 个内陆发展中国家。

②贸易门户阶段

ASYCUDA 系统建立后,各国开发了国家贸易点门户,此阶段的"单一窗口"主要为贸易商提供交易相关的数据信息。最初它们被设定为全球电子网络的门户,国际贸易点在全球电子网络中实现互联。

③电子数据交换(EDI)或增值网(VAN)阶段

EDI 或 VAN 是另外一种类型的贸易"单一窗口",其中 EDI 用于贸易信息交换、增值网提供运营环境。世界上已有很多经济体采用 EDI 的方式交换贸易单,如新加坡的贸易网(1989 年)、毛里求斯的贸易网(1994 年)、日本的 TEDI 贸易结算系统(1998 年),以及沙特阿拉伯的 SaudiEDI 系统(2002 年)。

④有限单一窗口阶段

海关、港口"单一窗口"和港口社区服务系统都是有限的"单一窗口"的不同形式。它们在贸易团体和海关、港口当局之间提供单一接口,通常不完全涉及所有其他政府机构的许可和授权。澳大利亚海关和边境保护服务集成货物系统是海关"单一窗口"的范例。而港口"单一窗口"的范例包括芬兰的 PortNet 系统(1993 年)。港口社区服务系统的典范则是建于 1994 年的英国菲利克斯托港社区服务系统。印度建于 2007 年的地方政府"单一窗口"系统则是另一种类型的有限单一窗口系统,它允许本地贸易团体和管理机构在贸易团体"单一窗口"系统中进行市级或省级组合。我国上海的 Easipass 平台也是如此。

⑤国家"单一窗口"阶段

国家"单一窗口"是全国性的设施,供所有贸易参与方使用,各方可按照管理机构的要求,通过单一入口一次性呈递所需的标准化信息。扩展的国家"单一窗口"形式包括企业对企业的电子商务交易。世界银行 2012 年跨境贸易报告显示:49 个经济体提供单一窗口服务,其中有 20 个已经部署了单一窗口系统,能够与所有政府机构建立连接。

⑥区域或全球单一窗口阶段

东南亚国家联盟(ASEAN)是最早构思区域"单一窗口"项目的组织之

一。2019 年 12 月，文莱、柬埔寨、印度尼西亚、老挝、马来西亚、缅甸、菲律宾、新加坡、泰国和越南都加入了 ASW Live Operation，允许根据通过 ASW 交换的东盟货物贸易协定电子原产地证书（ATIGA 电子表格 D）给予优惠关税待遇。非洲的 Trans-Kalahari"单一窗口"已经与博茨瓦纳、纳米比亚和南非建立了连接。欧盟内部也有两个主要的单一窗口方案：欧盟税务和海关联盟总局的单一窗口，方案的目标是建立社区级单一窗口；欧盟机动和运输总局的海事"单一窗口"的目标是在欧盟内部的海上运输运营者之间提供电子交换。

在能够促进跨境交易的全球网络中，未来"单一窗口"将实现国家"单一窗口"的互联与国际供应链上的信息共享。

（3）国际贸易"单一窗口"操作

"单一窗口"的落地整合、联通了外贸通关多个系统。以前外贸企业或个人办理进出口业务，需要分别对接海关、检验检疫、海事、边检等部门进行数据申报，流程复杂。而使用"单一窗口"后，企业只需要在一个窗口、一次录入，就能办完所有申报流程，从申报到放行结关最快只需两个小时，相关流程对比见图 2-5-1。

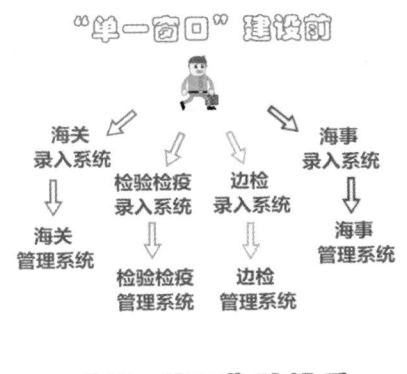

图 2-5-1 使用"单一窗口"前后进出口申报流程对比

国际贸易"单一窗口"标准版共包括 9 大基本功能，其中货物申报、舱单申报、运输工具申报、企业资质、原产地证、许可证办理、查询统计7大功能板块已完成建设。

2. 我国"单一窗口"和贸易便利化措施

我国国际贸易"单一窗口"建设一直受到党中央、国务院的高度重视，2016年被列入国务院《政府工作报告》中；2017年是我国在全国推行国际贸易"单一窗口"的关键年，其被列入"十三五"规划。

在系统方面，中央和地方两个层面推动国际贸易"单一窗口"建设，中央标准版侧重共性功能，地方侧重个性化功能，中央和地方口岸相关部门之间数据共享共用。国际贸易"单一窗口"标准版功能定位在4个方面：一是方便开展业务交流；二是引导广大进出口企业根据需要选择各地方"单一窗口"办理业务；三是加强口岸执法单位和地方行政管理部门信息系统连接与数据交换；四是实现企业申报数据"一次录入""跨系统共享""多部门共用"。

近年来，国际贸易"单一窗口"已经取得了较好的成绩。2018年，中国（上海）国际贸易单一窗口对接了22个政府部门，服务了28万家企业，实现降本增效，货物申报由1天缩短到半小时，船舶申报由2天缩短到2小时。福建省国际贸易"单一窗口"平台于2015年8月在福建自由贸易试验区上线试运行，该"单一窗口"的重要特色之一是与海外"单一窗口"的数据交换，是国内首次开展了与新加坡"单一窗口"之间的首票数据交换，实现两国平台正式联通。2023年海关总署牵头推进促进跨境贸易便利化专项行动，取得阶段性工作成效。

我国"单一窗口"标准版依托中国电子口岸平台，申报人通过"单一窗口"标准版一点接入、一次性提交满足口岸管理和国际贸易相关部门要求的标准化单证和电子信息，实现共享 数据信息、实施职能管理，优化通关业务流程。通过"单一窗口"标准版可以提高申报效率，缩短通关时间，降低企业成本，促进贸易便利化以推动国际贸易合作对接。

3. 检验检疫的概念

进出口商品检验检疫是进出口业务的一个重要环节。及时办理出口货物的报检手续，能保证出口货物按时、按质、按量出运；对进口货物进行及时的检验检疫，发现问题后能及时对外提出索赔。

进出口商品检验检疫是指具有权威的检验检疫机构依照相应的法律法规或进出口合同的规定，对商品的质量、数量、重量、包装、卫生、安全及装运条件进行检验并对出具相应的检验证书的一系列活动。通常简称为商检工作。

报检是指进出口商品的外贸关系人，包括生产单位、经营单位、进出口商品的收发货人和接运单位，按《中华人民共和国进出口商品检验法》《中华人民共和国进出境动植物检疫法》和《中华人民共和国食品安全法》等相关法律法规的规定，对法定检验检疫的进出境货物，向检验检疫机构申请办理检验、检疫、认定和鉴定的手续。

4. 检验检疫范围

（1）法律、行政法规规定必须由检验检疫机构实施检验检疫的报检范围

根据《中华人民共和国进出口商品检验法》及其实施条例、《中华人民共和国进出境动植物检疫法》及其实施条例、《中华人民共和国国境卫生检疫法》及其实施细则、《中华人民共和国食品卫生法》等有关法律、行政法规的规定，以下对象在出入境时必须向检验检疫机构报检，由检验检疫机构实施检验检疫或鉴定工作。

①列入《出入境检验检疫机构实施检验检疫的进出境商品目录》内的货物；

②入境废物、进口旧机电产品；

③出口危险货物包装容器的性能检验和使用鉴定；

④进出境集装箱；

⑤进境、出境、过境的动植物、动植物产品及其他检疫物；

⑥装载动植物、动植物产品和其他检疫物的装载容器、包装物、铺垫材料，进境动植物性包装物、铺垫材料；

⑦来自动植物疫区的运输工具，装载进境、出境、过境的动植物、动植物产品及其他检疫物的运输工具；

⑧进境拆解的废旧船舶；

⑨出入境人员、交通工具、运输设备以及可能传播检疫传染病的行李、货物和邮包等物品；

⑩旅客携带物（包括微生物、人体组织、生物制品、血液及其制品、骸骨、骨灰、废旧物品和可能传播传染病的物品以及动植物、动植物产品和其他检疫物）和携带伴侣动物；

⑪国际邮寄物（包括动植物、动植物产品和其他检疫物、微生物、人体组织、生物制品、血液及其制品以及其他需要实施检疫的国际邮寄物）；

⑫其他法律、行政法规规定需经检验检疫机构实施检验检疫的其他应检对象。

（2）输入国家或地区规定必须凭检验检疫机构出具的证书入境的报检范围

有的国家发布法令或政府规定要求，对某些来自中国的入境货物须凭检

验检疫机构签发的证书方可入境。如一些国家和地区规定，对来自中国的动植物、动植物产品、食品，凭我国检验检疫机构签发的动植物检疫证书以及有关证书方可入境；又如一些国家或地区规定，从中国输入货物的木质包装，装运前要进行热处理、熏蒸或防腐等除害处理，并由我国海关出具熏蒸/消毒证书，货到时凭熏蒸/消毒证书验放货物。因此，凡出口货物输入国家和地区有此类要求的，报检人须报经检验检疫机构实施检验检疫或进行除害处理，取得相关证书。

（3）有关国际条约规定必须经检验检疫的报检范围

随着加入WTO和其他一些区域性经济组织，我国已成为一些国际条约、公约和协定的成员。此外，我国还与世界几十个国家或地区缔结了有关商品检验或动植物检疫的双边协定、协议，认真履行国际条约、公约、协定或协议中的检验检疫条款是我国的义务。因此，凡国际条约、公约或协定规定须经我国检验检疫机构实施检验检疫的出入境货物，报检人须向检验检疫机构报检，由检验检疫机构实施检验检疫。

（4）国际货物买卖合同约定须凭检验检疫机构签发的证书进行交接、结算的报检范围

国际货物买卖合同是买卖双方通过协商，确定双方权利和义务的书面协议，一经签署即发生法律效力，双方都必须履行合同规定的权利和义务。然而在国际贸易中，买卖双方相距遥远，难以做到当面点交货物，也不能亲自到现场查看履约情况。为了保证对外贸易的顺利进行，保障买卖双方的合法权益，通常需要委托第三方对货物进行检验检疫或鉴定并出具检验检疫鉴定证书，以证明卖方已经履行合同，买卖双方凭证书进行交接、结算。此外，对某些以成分计价的商品，由第三方出具检验证书更是计算货款的直接依据。因此，凡对外贸易合同、协议中规定以我国检验检疫机构签发的检验检疫证书为交接、结算依据的进出境货物，报检人须向检验检疫机构报检，由检验检疫机构按照合同、协议的要求实施检验检疫或鉴定并签发检验检疫证书。

5. 检验检疫监管

《出入境检验检疫机构实施检验检疫的进出境商品目录》以《商品名称及编码协调制度》为基础编制而成，包括了大部分法定检验检疫的货物，是检验检疫机构依法对出入境货物实施检验检疫的主要执行依据。其中，海关监管条件、检验检疫类别代码含义如下。

（1）海关监管条件代码：

A：表示对应商品须实施进境检验检疫；

B：表示对应商品须实施出境检验检疫；

D：表示对应商品海关与检验检疫联合监管。

（2）检验检疫类别代码：

M：表示对应商品须实施进口商品检验；

N：表示对应商品须实施出口商品检验；

P：表示对应商品须实施进境动植物、动植物产品检疫；

Q：表示对应商品须实施出境动植物、动植物产品检疫；

R：表示对应商品须实施进口食品卫生监督检验；

S：表示对应商品须实施出口食品卫生监督检验；

L：表示对应商品须实施民用商品入境验证。

6. 出入境货物检验检疫的流程

（1）出入境报检的时限和地点

①入境货物，应在入境前或入境时向入境口岸、指定或到达站的检验检疫机构办理报检手续；入境的运输工具及人员应在入境前或入境时申报。

②入境货物需对外索赔出证的，应在索赔有效期前不少于20天内向到货口岸或货物到达地的检验检疫机构报检。

③输入微生物、人体组织、生物制品、血液及其制品或种畜、禽及其精液、胚胎、受精卵的，应当在入境前30天报检。

④输入其他动物的，应当在入境前15天报检。

⑤输入植物、种子、种苗及其他繁殖材料的，应当在入境前7天报检。

⑥出境货物最迟应于报关或装运前7天报检，对于个别检验检疫周期较长的货物，应留有相应的检验检疫时间。

⑦出境的运输工具和人员应在出境前向口岸检验检疫机构报检或申报。

⑧需隔离检疫的出境动物在出境前60天预报，隔离前7天报检。

⑨法定检验检疫货物，除活动物需由口岸检验检疫机构检验检疫外，原则上应坚持产地检验检疫。

（2）出境货物报检时须提供的单据

申请出境货物报检时，应填写出境货物报检单并提供对外贸易合同（售货确认书或函电）、信用证、发票、装箱单等必要的单证。有下列情况，报检时还应按要求提供有关文件。

①凡实施质量许可、卫生注册或需经审批的货物，应提供有关证明。

②出境货物须经生产者或经营者检验合格并加附检验合格证或检测报告；申请重量鉴定的，应加附重量明细单或磅码单。

③凭样成交的货物，应提供经买卖双方确认的样品。

④出境人员应向检验检疫机构申请办理国际旅行健康证明书及国际预防

接种证书。

⑤报检出境运输工具、集装箱时，还应提供检疫证明，并申报有关人员健康状况。

⑥生产出境危险货物包装容器的企业，必须向检验检疫机构申请包装容器的性能鉴定。

⑦生产出境危险货物的企业，必须向检验检疫机构申请危险货物包装容器的使用鉴定。

⑧报检出境危险货物时，须提供危险货物包装容器性能鉴定结果单和使用鉴定结果单。

⑨申请原产地证明书和普惠制原产地证明书的，应提供商业发票等资料。

⑩出境特殊物品的，根据法律法规规定应提供有关的审批文件。

(3) 入境货物报检时须提供的单据

申请入境货物报检时，应填写入境货物报检单并提供合同、发票、提单等有关单证。有下列情况，报检时还应按要求提供有关文件。

①凡实施安全质量许可、卫生注册或其他需审批审核的货物，应提供有关证明。

②品质检验的还应提供国外品质证书或质量保证书、产品使用说明书及有关标准和技术资料；凭样成交的，须加附成交样品；以品级或公量计价结算的，应同时申请重量鉴定。

③报检入境废物时，还应提供国家环保部门签发的进口废物批准证书和经认可的检验机构签发的装运前检验合格证书等。

④申请残损鉴定的还应提供理货残损单、铁路商务记录、空运事故记录或海事报告等证明货损情况的有关单证。

⑤申请重（数）量鉴定的还应提供重量明细单，理货清单等。

⑥货物经收、用货部门验收或其他单位检测的，应随附验收报告或检测结果以及重量明细单等。

⑦入境的动植物及其产品，在提供贸易合同、发票、产地证书的同时，还必须提供输出国家或地区官方的检疫证书；需办理入境检疫审批手续的，还应提供入境动植物检疫许可证。

⑧过境动植物及其产品报检时，应持货运单和输出国家或地区官方出具的检疫证书；运输动物过境时，还应提交国家检验检疫局签发的动植物过境许可证。

⑨报检入境运输工具、集装箱时，应提供检疫证明，并申报有关人员健康状况。

⑩入境旅客、交通员工携带伴侣动物的,应提供入境动物检疫证书及预防接种证明。

⑪因科研等特殊需要,输入禁止入境物的,必须提供国家检验检疫局签发的特许审批证明。

⑫入境特殊物品的,应提供有关的批件或规定的文件。

7. 国际贸易"单一窗口"出境检验检疫申请操作

涉检的出境货物,可向海关业务主管部门进行出境检验检疫数据申请。可对出境检验检疫申请数据进行录入、暂存、删除、打印、申报等操作。出境检验检疫申请审核通过之后为电子底账,可以在出口报关单申报时被调用。

（1）录入与暂存

在左侧菜单中点击"出口整合申报""出境检验检疫申请",右侧显示录入界面,包括基本信息、商品信息、基本信息（其他）、集装箱信息等,详见图2-5-2。

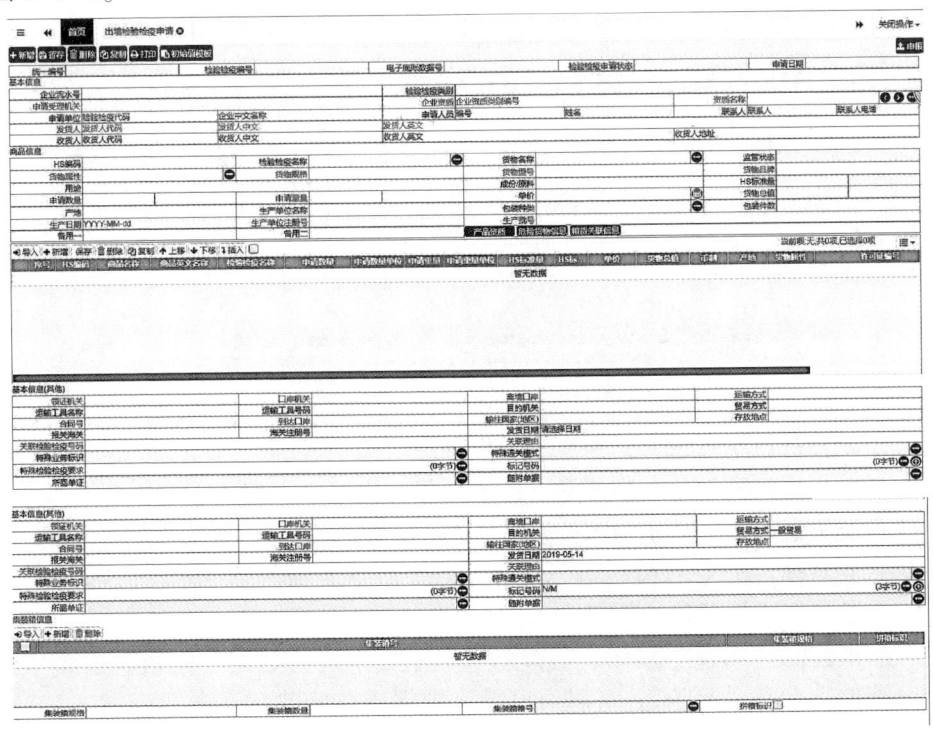

图2-5-2 出境检验检疫申请

（2）基本信息填写

①统一编号、检验检疫编号、电子底账数据号、检验检疫申请状态、申

请日期置灰，不允许录入，暂存或申报后，系统自动生成。

②企业流水号

最多40位字符，企业自行编辑，不可重复。

③检验检疫类别（必填）

按空格键后选取，或直接输入对应代码。

④申请受理机关（必填）

在参数下拉表选择，也可录入代码、名称。

⑤企业资质

可填写多个资质记录。点击名称字段后方蓝色按钮，在弹出的录入界面内（详见图2-5-3），进行编辑。录入保存后，显示在企业资质的界面字段中。录入多条数据时，主界面中默认显示第一条企业资质信息，可以通过点击方向按钮，依次查看所录入的企业资质信息。

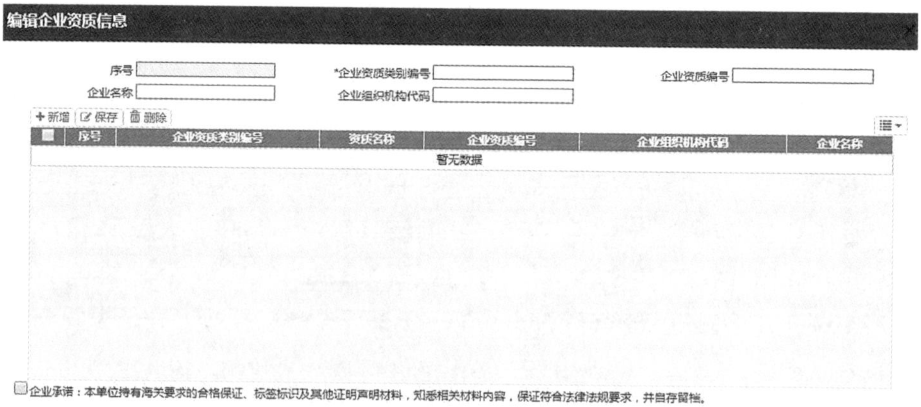

图2-5-3 企业资质录入界面

序号：灰色不可录入，保存成功后系统自动生成。

企业资质类别编号：在参数下拉表选择，也可录入代码、名称。

企业资质编号：手工录入。

企业名称：手工录入。

企业组织机构代码：手工录入。

点击左侧"保存"按钮，下方列表显示已录入的数据。勾选表格序号前的复选框，点击"删除"，可以对已录入数据进行删除。点击"新增"，清空表体录入区域的内容，便于重新录入数据。

⑥申请单位（必填）

填写企业在报检资质备案中的企业检验检疫代码与企业中文名称。

⑦申请人员

姓名必填，其他可按照海关要求填写。

⑧联系人、联系人电话（必填）

按实际情况填写。

⑨发货人（必填）

填写发货人代码、发货人中文名称、发货人英文名称（选填）。

⑩收货人

如需填写，按相应文本框内提示输入收货人代码、收货人中文名称、收货人英文名称及收货人地址。

（3）商品信息

①HS 编码（必填）

填写对应的 10 位商品编码，可输入商品编码前 4 位回车后选择或全部录入后确认。

②检验检疫名称（必填）

长度为 255 位字符，填写商品编码对应的商品名称。也可以点击录入框右侧蓝色按钮，在弹出的检验检疫编码列表中重新选取，也可手工直接修改。

③货物名称（必填）

长度为 255 位字符。按要求实际情况填写。该录入框可直接进行录入或修改。如该项有要求录入货物英文名称的，可以点击右侧蓝色按钮，在弹出的框内进行录入、确定。

④监管状态

录入 HS 编码后，由系统自动返填。

⑤货物属性

点击右侧蓝色按钮，在弹出的框内（详见图 2-5-4）勾选后，点击下方确定即可。

货物属性			
11-3C目录内	12-3C目录外	13-无需办理3C认证	14-预包装
15-非预包装	16-转基因产品	17-非转基因产品	18-首次进出口
19-正常	20-废品	21-旧品	22-成套设备
23-带皮木材/板材	24-不带皮木材/板材	25-A级特殊物品	26-B级特殊物品
27-C级特殊物品	28-D级特殊物品	29-V/W非特殊物品	30-市场采购
31-散装危险化学品	32-件装危险化学品	33-非危险化学品	

图 2-5-4　货物属性

⑥货物规格、货物型号、货物品牌

最多100位字符，根据实际情况及业务主管部门要求填写。

⑦用途（必填）

在参数下拉表选择，也可录入代码、名称。

⑧成分/原料

最多400位字符，根据实际情况进行填写。

⑨HS标准量（必填）

填写该商品对应标准计量单位的数量。由数量与单位组成。前一个框内为数字，标准数量最多为19位数字，小数后5位，不能为负数。后一个灰色框内为标准单位，由系统自动返填，不可修改。

⑩申请数量、申请重量

按实际情况填写。前一个框内为数字，最多可录入19位数字，小数后5位。后一个框内为单位，在参数下拉表选择，也可录入代码、名称。

⑪单价

按实际情况填写。最多可录入20位数字。

⑫货物总值（必填）

前一个框内为货物总值，最多可录入20位数字。后一个框内为币制，在参数下拉表选择，也可录入代码、名称。

⑬产地（必填）

在参数下拉表选择，也可录入代码、名称。

⑭生产单位名称（必填）

按实际情况填写。

⑮包装种类（必填）

在参数下拉表选择，也可录入代码、名称。

⑯包装件数（必填）

按实际情况填写。

⑰生产日期

在日期弹出框中，选择日期，格式为YYYY-MM-dd。

⑱生产单位注册号（必填）

填写生产单位的检验检疫注册编码。

⑲生产批号

填写商品的生产批号。

⑳备用一、备用二

填写主管业务部门要求填报的其他商品信息。

㉑产品资质

填写完商品信息后，可点击"产品资质"，进入编辑许可证信息界面（详见图2-5-5）。许可证信息与VIN信息按实际情况与主管业务部门要求进行填写。具体操作可参考上文进口报关单中关于产品资质的相关内容。

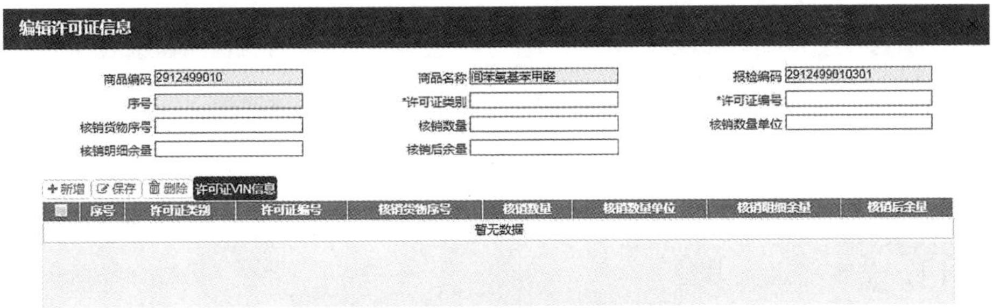

图2-5-5 编辑许可证信息

㉒危险货物信息

填写完商品信息后，可点击"危险货物信息"，进入编辑界面（详见图2-5-6）。按实际情况填写或选择，如果非危险化学品，在其方框内打勾后点击确定。

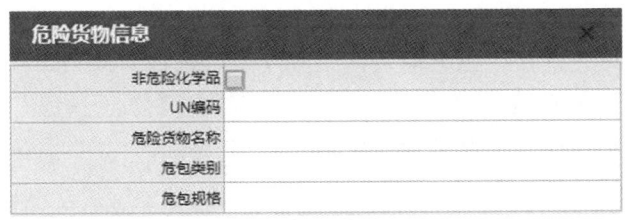

图2-5-6 危险货物信息

㉓箱货关联信息

填写完商品信息后，可点击"箱货关联信息"，进入编辑界面（详见图2-5-7），按实际情况填写或选择参数。

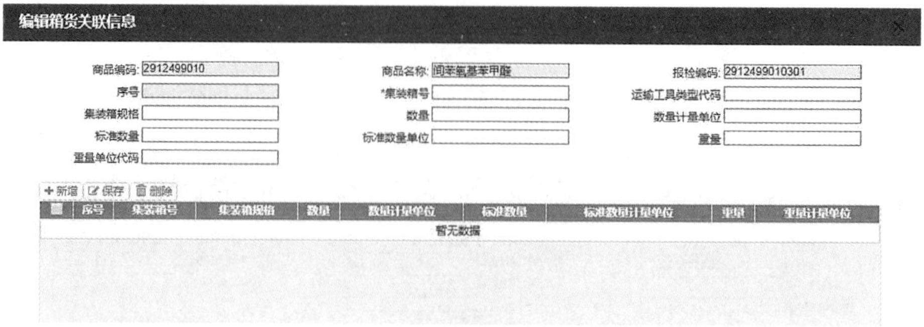

国际贸易单证实务

图 2-5-7　箱货关联信息

(4) 基本信息（其他）

①领证机关（必填）

填报领取证单的检验检疫机关，在参数下拉表选择，也可输入代码或汉字后选择对应机关。

②口岸机关（必填）

填报对入境货物实施检验检疫的检验检疫机关，在参数下拉表选择，也可输入代码或汉字后选择对应机关。

③离境口岸（必填）

在参数下拉表选择，也可输入代码或汉字后选择对应口岸。

④运输方式（必填）

在参数下拉表选择，也可录入代码、名称。

⑤运输工具名称

选填，最多50位字符，按实际情况填写。

⑥运输工具号码

选填，最多32位字符，按实际情况填写。

⑦目的机关（必填）

在参数下拉表中选择，也可录入代码、名称。

⑧贸易方式（必填）

根据实际对外贸易情况、按海关规定的监管方式代码表选择填报相应的监管方式简称及代码。

⑨合同号（必填）

最多32位字符，填报进出口货物合同（包括协议或订单）编号。

⑩到达口岸（必填）

在参数下拉表中选择，也可录入代码、名称。

⑪输往国家（地区）（必填）

在参数下拉表中选择，也可录入代码、名称。

⑫存放地点（必填）

最多100位字符，按实际情况填写。

⑬报关海关

口岸海关代码，在参数下拉表中选择，也可录入代码、名称。

⑭海关注册号

录入企业的海关十位编码。

⑮发货日期

在日期弹出框中，选择日期，格式为YYYY-MM-dd。

⑯关联检验检疫号码、关联理由

根据实际情况与主管业务部门要求进行填报。

8. "云签发"模式企业操作指引

（1）证单申请

①企业在中国国际贸易"单一窗口"货物申报系统拟证出证模块中，实施出境检验检疫证单申请，应符合以下条件：

一是系统已出具检验检疫编号；二是出境检验检疫申请单数据中"所需单证"已勾选相应证单类型。

②企业通过"检验检疫编号"调取证单申请信息，并完善"基本信息"。

③企业可按需选择"自助打印"或"现场领证"的领证方式；证单签发前企业需再次核对证单整体内容的，勾选"需确认后拟证"。企业无核对需求的，请勿勾选。

④企业在"添加证书"功能中选择出境检验检疫申请单中已选择的证单种类，确认证单格式。

⑤企业在证单录入界面按照出境检验检疫证单的规范录入信息，并上传证单申请所需附件。

⑥企业如申请"需确认后拟证"的，企业可在综合查询模块中查看回执并确认。

⑦企业可按需新增"初始模板"，对常用证单模板进行编辑保存。通过"使用初始值模板"功能调用常用证书模板进行快捷证单申报。

（2）证单打印

证单打印状态回执为"可打印"时，企业可进行自助打印或现场领证。

①企业选择自助打印的，可以根据进口地海关的认可（接受）情况，实现空白证单打印或普通纸张打印。

②企业选择现场打印的，按照系统提示到海关现场领取证单。

③企业需空白证单自助打印的，请在打印前通过单一窗口的空白证单管理功能，申请、领用对应证单类型的可用空白证单。

（3）证单修撤

企业证单申请数据提交成功后，需要修撤的，应当提交修改或撤销申请。

①企业申请修改证单的，通过"证单修改"功能中检验检疫编号选取证单，对照需修改的栏目，录入修改后内容，提交相应随附单据和修改依据，向海关发起修改申请。

②申请修改的字段数据来源于检验检疫申请单的，应先申请检验检疫申请单数据的修改；字段数据为企业录入的，可以直接申请证单修改。

③经海关审核后，审批结论为"办结（同意）"的申请，对应数据修改完成，重新出证；审批结论为"办结（不同意）"的申请，允许企业修改后，再次提交。

④企业需要申请撤销证单的，通过"证单撤销"功能中的检验检疫编号选取证单，提交相应随附单据和撤销理由，发起撤销申请。

⑤经海关审核后，审批结论为"办结（同意）"的申请，证单撤销完成；审批结论为"办结（不同意）"的申请，证单不予撤销，允许企业再次提交申请。

（4）证单管理

①对于打印失败、修撤成功的已打印的证单，企业须按照海关相关规定交回原证，若因遗失等原因无法交回的，须提交作废声明。

②对于海关已同意修改成功的证单，原联网核查电子数据同步更改。已撤销的，原联网核查电子数据同步作废。

实训操作：填制"出境货物报检单"

根据有关信用证的要求，填制"出境货物报检单"一份，要求海关经检验后出具"重量、健康和质量检验证书"。商品的 HS 编码为 0306.1311，信用证增加以下内容。

DOCUMENTARY REQUIREMENTS:

1) WEIGHT, PHYTOSANITARY AND QUALITY INSPECTION CERTIFI-CATES IN ONE FOLD ISSUED BY CHINA NATIONAL IMPORT & EXPORT COM-MODITIES INSPECTION CORPORATION (CCIC).

2) THE BUYER WILL SEND HIS TECHNICIANS TO INSPECT CARGO BE-FORE SHIPMENT AND BUYER MUST APPROVE QUALITY BEFORE SHIP-

MENT.

原信用证内容如下：设本信用证项下货物的交接方式为 CY—CY，整批货被装在 2 个 20 尺，编号分别为 EASU982341、EART520142 的集装箱内，由 YINHU A3032 号船于 8 月 30 日装运出海。该批货物的合同号为 BEIT0112，体积为 66.4CBM，每个纸箱重 0.15KGS，唛头由受益人自行设计。

ISSUING BANK：FIRST ALABAMA BANK
　　　　106 ST. FRANCIS STREET MOBILE ALABAMA 36602 USA
BENEFICIARY：XIAMEN YINCHENG ENTERPRISE GENERAL CORP.
　　　　176 LUJIANG ROAD XIAMEN，CHINA（厦门银城企业总公司）
　　　　TELEX：93052 IECTA CN，TEL：86-592-2046841
　　　　FAX：86-592-2020396
APPLICANT：BAMA SEA PRODUCTS. INC.
　　　　1499 BEACH DRIVE S. E. ST PELERSBURG. FL 33701，USA
ADVISING BANK：THE BANK OF EAST ASIA LIMITED XIAMEN BRANCH
　　　　G/F & 1/F HUICHENGBUILDING 837 XIAHE ROAD，XIAMEN，CHINA
　　　　TELEX：93132 BEAXM CN FAX：86-592-5064980
DATE：AUGUST 1，2023
FORM OF DC：IRREVOCABLE L/C AT SIGHT
AMOUNT：USD 170,450.00
PARTIAL SHIPMENT：PERMITTED
TRANSSHIPMENT：PERMITTED ONLY FROM XIAMEN CHINA FOR TRANSPORTATION TO LONG BEACH, CA. USA. WITH FINALPORT OF DESTINATION TAMPA, FL, USA.
SHIPMENT CONSISTS OF：34000KGS CHINESE SAND SHRIMP OR BIG HARD SHELL SHRIMP. BLOCK FROZEN SHRIMP (PTO)，PACKED 6X2KGS/CTN. (RAW，PEELED，TAIL ON)
CONSISTING OF：

KGS.	SIZE (MM)	UNIT PRICE (/KGS)	TOTAL
3000	71/90	USD6.60	USD19800.00
5000	91/110	USD6.35	USD31750.00
6000	111/130	USD5.45	USD32700.00
8000	131/150	USD4.55	USD36400.00
12000	151/200	USD4.15	USD49800.00

TOTAL AMOUNT OF USD170450.00 CFR TAMPA FL. U.S.A.

THE LATEST SHIPMENT DATE IS AUGUST 31. 2023
DOCUMENTARY REQUIREMENTS:

1) FULL SET (3/3) CLEAN ON BOARD COMBINED TRANSPORT BILLS OF LADING CONSIGNED TO THE ORDER OF BAMA SEA PRODUCTS INC., 1499 BEACH DRIVE S.E., ST, PELERSBURG, FL.33701 MARKED "FREIGHT PREPAID" NOTIFYING WILLIAMS CLARKE, INC., 603 NORTH FRIES AVENUE, WILMINGTON, CA 90744, USA. AND MUST INDICATE CONTAINER (S) NUMBER AND STATE THAT CONTAINER (S) HAVE BEEN MAINTAINED AT ZERO DEGREES FAHRENHEIT OR BELOW. IF COMBINED TRANSPORT BILL OF LADING IS PRESENTED, MUST BE INDICATE VESSEL NAME.

2) BILLS OF LADING MUST ALL FREIGHT CHARGES PREPAID, INCLUDING FUEL ADJUSTMENT FEES

中华人民共和国出入境检验检疫出境货物报检单

报检单位（加盖公章）： *编号_____
报检单位登记号： 联系人： 电话： 报检日期： 年 月 日

发货人	（中文）				
	（外文）				
收货人	（中文）				
	（外文）				
货物名称（中/外文）	H.S. 编码	产地	数/重量	货物总值	包装种类及件数
运输工具名称号码		贸易方式		货物存放地点	
合同号		信用证号		用途	
发货日期		输往国家（地区）		许可证/审批号	
启运地		到达口岸		生产单位注册号	
集装箱规格、数量及号码					
合同、信用证订立的检验检疫条款或特殊要求		标记及号码		随附单据（划"√"或补填）	

续表

		□合同 □信用证 □发票 □换证凭单 □装箱单	□厂检单 □包装性能结果单 □许可/审批文件 □ □
需要证单名称（划"√"或补填）		*检验检疫费	
□品质证书 □重量证书 □数量证书 □兽医卫生证书 □健康证书 □卫生证书	□动物卫生证书 □植物检疫证书 □熏蒸/消毒证书 □出境货物换证凭单 □通关单	总金额（人民币）	
		计费人	
		收费人	
报检人郑重声明： 本人被授权报验。 上列填写内容正确属实，货物无伪造或冒用他人的厂名、标志、认证标志，并承担货物质量责任。 签名：_____		领取证单	
		日期	
		签名	

 拓展阅读

欧洲野生大闸蟹出口困难分析

一、背景分析

欧洲大闸蟹在莱茵河泛滥成灾，给当地生态带来严重威胁。这些大闸蟹在河流中大量繁殖，消耗了大量的水生植物和底栖动物，影响了当地水生生态平衡。此外，大闸蟹还会在堤坝、船闸等水工建筑物中筑巢，对水域环境造成严重影响。

为了解决这个问题，当地政府采取了一些措施来控制大闸蟹的数量。例如，在河岸边设置围栏和陷阱，阻止大闸蟹进入河流；同时，鼓励当地居民和游客捕捞大闸蟹，并设立奖励机制。但是这些措施成效有限，大闸蟹大量繁殖问题无法短期得到根治。

中国的大闸蟹价格很高，能否将欧洲野生大闸蟹进口到我国？尽管中国消费者对大闸蟹的需求日益增长，但由于多种原因，欧洲出口商却难以将欧美野生大闸蟹成功地引入中国市场。欧洲野生大闸蟹出口到中国的业务面临着重重困难。

二、欧美野生大闸蟹进口困难分析

1. 品质和安全问题

中国海关对进口食品实施严格的疫情疫病防控措施，对所有进口食品进行严格的检验和检测。欧洲大闸蟹在养殖、捕捞和运输过程中可能携带某些病毒、细菌或寄生虫等，这可能导致中国海关拒绝其进口。

2. 检验检疫程序烦琐

中国海关对进口食品实施严格的检验检疫程序，包括报关、报检、抽检、审批等多个环节。这些程序可能烦琐且耗时，导致欧洲大闸蟹进口的时间延误和成本增加。根据我国检验检疫规定，"德国大闸蟹"第一次进入中国，需要德国官方提供水产养殖、疾病控制等方面的材料，我国的专家要到实地进行风险评估后，才能决定是否给予进口许可。欧洲出口也有严格的检验检疫制度，没有检疫合格证，大闸蟹根本无法出关。

3. 市场竞争力不足

相对于中国的本土螃蟹，欧洲野生大闸蟹在口感、品质、价格等方面可能不具备明显的竞争优势。中国本土的大闸蟹养殖业已经非常发达，能够满足国内市场的需求，而且价格相对较低。因此，欧美野生大闸蟹在与中国本土螃蟹的竞争中处于不利地位。

任务2 "单一窗口"的通关操作

在王师傅的指导下，小李准备在中国国际贸易"单一窗口"申报公司与NEO公司交易的陶瓷餐具。为了顺利完成货物通关，王师傅让小李查阅海关进出口货物"提前申报"和进口货物"两步申报"通关模式相关资料，并在王师傅的指导下完成信息的录入。

任务要求

1. 以小组为单位，收集进出口货物"提前申报"和进口货物"两步申报"通关模式的资料；
2. 掌握中国国际贸易"单一窗口"下货物通关流程。

知识链接

1. 海关职能

海关依照《中华人民共和国海关法》和其他有关法律、行政法规，监管进出境的运输工具、货物、行李物品、邮递物品和其他物品，征收关税和其他税、费，查缉走私，并编制海关统计和办理其他海关业务。

（1）进出境监管

监管进出境的运输工具、货物、行李物品、邮递物品和其他物品。

（2）查缉走私

海关是查缉走私的主管部门。海关总署为维护国民经济安全和对外贸易秩序，对走私犯罪行为给予坚决打击。中国实行"联合缉私、统一处理、综合治理"的缉私体制，海关在公安、工商等其他执法部门的配合下，负责组织、协调和管理缉私工作，对查获的走私案件统一处理。

（3）编制统计

海关统计是国家进出口货物贸易统计，负责对进出中国关境的货物进行统计调查和分析，科学、准确地反映对外贸易的运行态势，实施有效的统计监督。

（4）征税

海关税收是国家财政收入的重要来源，也是国家实施宏观调控的重要工具。海关总署除担负征收关税任务外，还负责对进口货物征收进口环节增值税和消费税。

2. 关检合一

2018年，按照《深化党和国家机构改革方案》工作部署，落实国务院机构改革方案的重大进展，中国出入境检验检疫统一以海关名义对外开展工作。

海关实质上全面承担着服务外贸发展、守护国门安全的重要职责。其职能定位主要包括：口岸规划、关税征缴、口岸缉私、编制统计、口岸核生化反恐、口岸检疫查验、口岸携带监管、进出口商品检验监管、大通关等职责。

关检合一后，原报关、报检共229个申报项目合并精简至105个，统一了国别（地区）、港口、币制等8个原报关、报检共有项的代码，其中7个采用国家标准代码或与国家标准建立对应关系。海关简化整合进口申报随附单证，将原报关、报检74项随附单据合并整合成10项，102项监管证件合并简化成64项。

3. 货物申报

（1）货物申报的概念和种类

货物申报是指进出口货物的收发货人及其代理人依照有关法律、行政法规和规章的要求，在规定的期限、地点，采用规定的形式，向海关、检验检疫部门报告实际进出口货物的情况。货物申报是整个海关进出口业务的中心环节，也是"单一窗口"标准版的重要组成部分。

（2）货物申报时间要求

普通进出口货物的申报期限，是指进口货物的收货人、受委托的报关企业应当自装载进口货物的运输工具申报进境之日起 14 日内向海关申报，出口货物发货人、受委托的报关企业在货物运抵海关监管区后、装货的 24 小时以前向海关申报。

4. 进口货物"两步申报"模式

为落实国务院"放管服"改革要求，优化营商环境，海关在保留原有申报模式的基础上，实施以概要申报、完整申报为主要内容的进口货物"两步申报"模式，着力构建高效便捷、灵活开放的申报制度。同时与"两轮驱动"风险防控方式、"两段准入"监管作业方式相衔接，通过加强海关内部流程管理，为企业提供多元化的通关服务。

（1）"两步申报"模式的概念

适应国际贸易特点和安全便利需要，企业无须一次性提交全部申报信息及单证，第一步凭提单概要申报即可提货（满足法律、监管手续需要），第二步在规定时间内完成完整申报。

概要申报：企业向海关申报是否属于依法管制或依法需检验检疫。不属于依法管制或依法需要检验检疫的，申报 9 个项目，海关实施安全准入风险甄别后，无须查验的货物即可提离；属于依法管制或需要检验检疫的分别增加必要申报项目。

完整申报：企业自运输工具申报进境之日起 14 日内，按照报关单填制规范完成报关单完整申报。

（2）"两步申报"的优势

① "时点申报"转变为"过程申报"

有效降低企业在申报过程中的风险，降低进口费用和成本，企业申报更加高效便捷、货物放行更快、通关效率得到进一步提高。在货物提离后，企业按照规定完成完整申报并办理相关手续，保障了企业权益、降低了企业成本。

②适应世界海关监管制度发展趋势的要求

美国、欧盟、澳大利亚等经济发达国家和地区采用的"两步申报"虽然在流程上略有差异，但总体而言，是在舱单法定提前电子传输的前提下，企业进行第一步申报后，海关可先办理提货放行手续，其后企业在规定时间内进行完整详尽的申报和办理相关手续。

③促进海关精准监管、提升效率、缓解口岸通关压力

简化口岸环节申报，推动转变风险防控理念和方式，针对企业概要申报，海关风险布控更加聚焦安全准入风险，从而进一步提升国门安全水平；同时将涉及税收、统计等申报风险，放在货物提离后的开阔时空中加强监管，有效缓解口岸通关压力。

5. 进出口货物"提前申报"

伴随着申报方式的改革进步，"提前申报"已经成为企业报关时经常选择的方式。企业采取"提前申报"方式办理通关手续，提前办理单证审核和货物运输作业，非布控查验货物抵达口岸后即可放行提离，企业通关效率得以提高、通关时间不断压缩。

（1）"提前申报"的含义

《中华人民共和国海关进出口货物申报管理规定》第十八条规定，经海关批准，进出口货物的收发货人、受委托的报关企业可以在取得提（运）单或载货清单（舱单）数据后，向海关提前申报。

（2）"提前申报"相关管理要求

①申报时限

提前申报进口货物应于装载货物的进境运输工具启运后、运抵海关监管场所前向海关申报。

提前申报出口货物应于货物运抵海关监管场所前3日内向海关申报。

②如实申报责任

进出口货物的收发货人、受委托的报关企业应当如实申报，并对申报内容的真实性、准确性、完整性和规范性承担相应法律责任。

③有关单证

进出口货物的收发货人、受委托的报关企业应当按照海关要求交验有关随附单证、进出口货物批准文件及其他需提供的证明文件。

④适用时限

进出口货物许可证件在海关接受申报之日应当有效。货物提前申报之后、实际进出之前国家贸易管制政策发生调整的，适用货物实际进出之日的贸易管制政策。

⑤适用税率

提前申报的进口货物,应当适用装载该货物的运输工具申报进境之日实施的税率和汇率;提前申报的出口货物,适用海关接受申报之日实施的汇率和税率。

提前申报的进口转关货物,应当适用装载该货物的运输工具抵达指运地之日实施的税率。提前申报的出口转关货物,应当适用启运地海关接受该货物申报出口之日实施的税率。

6. 国际贸易"单一窗口"进口报关单整合申报操作

(1) 录入与暂存

在左侧菜单中点击"进口整合申报""进口报关单整合申报",右侧显示录入界面,包括基本信息、商品信息、集装箱、随附单证、涉检信息等部分(详见图2-5-8)。

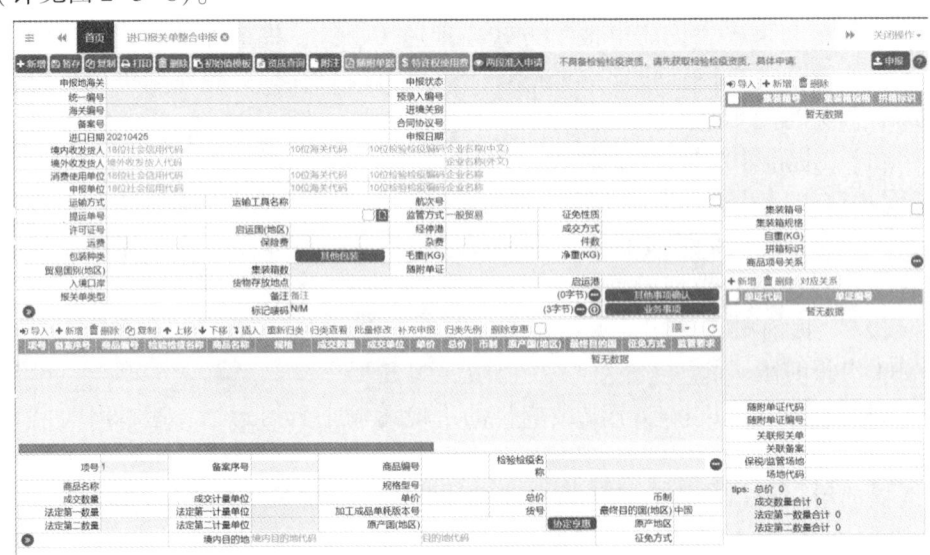

图2-5-8 进口报关单整合申报

(2) 基本信息

①申报地海关(必填)

在参数下拉表中选择,也可录入代码、名称。

②申报状态、统一编号、预录入编号、海关编号、申报日期

置灰,不允许录入,暂存或申报后,系统自动生成。

③进/出境关别(必填)

参数下拉表选择,也可录入代码、名称。

④备案号

长度为 12 位字符。备案号为空时,参照现行一般贸易方式的报关单,直接录入商品信息(表体)。备案号不为空时,系统根据录入的备案序号,返填备案号对应已备案的信息。

⑤合同协议号

长度为 32 位。

录入备案号、运输方式、监管方式 3 项,系统可返填合同协议号,返填后可以修改。

⑥进出口日期(必填)

进口,暂存后自动返填当前系统时间。出口,申报后系统自动返填海关系统返回的时间。

⑦境内收发货人(必填)

社会信用代码,必填。可录入 18 位字符或 NO。无信用代码时,可填写 NO,注意使用大写。填写 NO 时,请务必填写海关编码。

海关代码,必填。最多 10 位,可为海关临时编码。

检验检疫编码,选填。最多 10 位。

企业名称,必填。最多 70 位。

⑧境外收发货人(必填)

代码,选填。最多 20 位。企业名称(外文),必填。最多 100 位。

企业名称,如有检验检疫等特殊需要的,在英文名称后填报该单位或自然人除英文外的其他外文名称,以半角括号分隔。已互认的 AEO 企业,同时填报 AEO 编码。如果确实无法获取境外收发货人信息,名称可填写 NO,代码可为空。

⑨消费使用/生产销售单位(必填)

社会信用代码,必填。录入 18 位或 NO。无信用代码时,可填写 NO,注意使用大写。填写 NO 时,请务必填写海关编码。

海关代码,必填。最多 10 位,可为海关临时编码。

检验检疫编码,选填。最多 10 位。

企业名称,必填。最多 70 位

⑩申报单位(必填)

社会信用代码,必填。录入 18 位或 NO。

海关代码,必填。最多 10 位,可为海关临时编码。

检验检疫编码,选填。最多 10 位。

企业名称,必填。最多 70 位。

新增一票报关单时，自动返填申报单位初始值，即当前登录企业用户的信息。

⑪运输方式（必填）

在参数下拉选择录入框，可录入代码、名称。

⑫运输工具

手工录入，最多200位。

⑬航次号

手工录入，最多32位。

⑭调用舱单

在提运单号字段后的蓝色按钮。为"调用舱单"的按钮。目前仅支持水路运输、航空运输、公路运输、铁路运输。区分进出口。

水路运输调用舱单：运输工具名称、航次号、提运单号必填。

航空运输调用舱单：运输工具名称、提运单号必填。

调用舱单成功，点击"回填舱单数据"按钮，系统先把舱单系统原始/预配的进出口岸、件数、毛重返填至录入页面，若原来有值就覆盖原来数据；点击"回填集装箱"按钮，系统返填集装箱数据。

⑮监管方式（必填）

在参数下拉表选择，也可录入代码、名称。

⑯征免性质

在参数下拉表选择，也可录入代码、名称。

⑰许可证号

最多20位，超长自动截取。

⑱启运国（地区）、经停港（进口必填）

在参数下拉表选择，也可录入代码、名称。

⑲运抵国（地区）、指运港（出口必填）

在参数下拉表选择，也可录入代码、名称。

⑳成交方式（必填）

在参数下拉表选择，也可录入代码、名称。

进口报关单的成交方式为 CIF 或出口报关单的成交方式为 FOB 时，不允许录入运费，也不允许录入保费。

进口报关单的成交方式为 C&I 或出口报关单的成交方式为 C&F 时，允许录入运费，不允许录入保费。

进口报关单的成交方式为 C&F 或出口报关单的成交方式为 C&I 时，不允许录入运费，允许录入保费。

㉑运费

填写运费代码、运费/率、运费币制。

㉒保险费

填写保险费代码、保险费/率、保险费币制。

㉓杂费（杂费代码、杂费/率、杂费币制）

运费、保险费、杂费填写规范类似，此处以运费为例进行说明：

3个录入框依次为标志代码、＊费/费率、＊费币制。

标志代码与＊费/费率对应关系如下：

标志代码1—费率。费率录入0.0001—99，代表费率是0.0001%—99%。

标志代码2—单价。整数最多录入10位，小数点后面最多录入4位。

标志代码3—总价。整数最多录入12位，小数点后面最多录入4位。

㉔运费币制

在参数下拉表选择，也可录入代码、名称。

㉕件数（必填）

填报有外包装的进出口货物的实际件数。不得填报0，散装货物建议填报1。

㉖包装种类（必填）

在参数下拉表选择，也可录入代码、名称。页面录入包装种类及件数保存后，显示在当前字段。

㉗其他包装

包装种类，建议填写运输包装。如果有其他辅助包装，在"其他包装"按钮中填报。

㉘毛重（KG）、净重（KG）（必填）

需填写大于等于1的数字。如果小于1，则输入1。

㉙贸易国别（地区）（必填）

参数下拉表选择，也可录入代码、名称。

㉚集装箱数

不允许录入，系统通过页面右侧的集装箱信息进行返填，显示在当前字段中。

㉛随附单证

不允许录入，系统根据页面右侧的随附单证信息返填，显示在当前字段。

㉜入境口岸（进口必填）

在参数下拉表选择，也可录入代码、名称。

按照海关规定的国内口岸代码表选择填报相应的境内口岸名称及代码。

㉝出境口岸（出口必填）

在参数下拉表选择，也可录入代码、名称。

㉞货物存放地点（必填）

根据实际情况手工录入。

㉟启运港（进口必填）、指运港（出口必填）

在参数下拉表选择，也可录入代码、名称。

㊱报关单类型（必填）

在参数下拉表选择，也可录入代码、名称。

 项目练习

一、单选题

1. 关于"单一窗口"，以下说法错误的是（　　）。

A. 我国的电子口岸不属于"单一窗口"工程

B. 主要分为三种模式：一是单一机构模式，二是单一系统模式，三是公共平台模式

C. 我国的电子口岸是具有中国特色的"单一窗口"工程

D. 指参与国际贸易和运输的各方，通过单一的平台提交标准化的信息和单证

2. 某英国生产的产品由中国某公司自新加坡购买，从新加坡启运经中国香港转运至中国内地，填写报关单时启运地为（　　）。

A. 英国　　　　B. 新加坡　　　C. 中国香港　　　D. 不用填

3. 我国某进出口公司（甲方）与新加坡某公司（乙方）签订一出口合同。合同中订明，甲方向乙方出售5000件衬衫，于2019年4月10日在上海装船，途经中国香港运往新加坡。在签订合同时甲方得知乙方还要将该批货物从新加坡运往智利。根据上述情况填写报关单时，以下填写正确的是（　　）。

A. 运抵国（地区）为"中国香港"，最终目的国（地区）为"新加坡"

B. 运抵国（地区）为"新加坡"，最终目的国（地区）为"智利"

C. 运抵国（地区）为"中国香港"，最终目的国（地区）为"智利"

D. 运抵国（地区）为"智利"，最终目的国（地区）为"智利"

4. 100美元的运费单价应填报（　　）。

A. 502/100/1　　B. 100美元　　C. 100　　D. 502/100/2

5. 大连盛凯公司（0903535020）委托辽宁省机械设备进出口公

(0801914031）与日本三菱重工签约进口工程机械，并委托大连外运公司代理报关，在填制进口报关单时，"经营单位"栏应为（　　）。

A. 大连盛凯公司（0903535020）

B. 辽宁省机械设备进出口公司（0801914031）

C. 大连盛凯公司

D. 大连外运公司

6. 某进出口公司向从国外进口一批钢板共 70 吨，在运输过程中加以捆扎放于船的甲板上。进口报关单上的"件数"和"包装种类"两个项目的正确填报应是（　　）。

A. 件数为 70，包装种类为"吨"

B. 件数为 1，包装种类为"散装"

C. 件数为 1，包装种类为"裸装"

D. 件数为 1，包装种类为"其他"

7. 某进出口公司向某国出口 500 吨散装小麦，该批小麦分装在一条船的三个船舱内，海关报关单上的"件数"和"包装种类"两个项目的正确填报应是（　　）。

A. 件数为 500 吨，包装种类为"吨"

B. 件数为 1，包装种类为"船"

C. 件数为 3，包装种类为"船舱"

D. 件数为 1，包装种类为"散装"

8. 我国某进出口公司从香港地区购进一批"SONY"电视机，该电视机为日本品牌，其中显像管为韩国生产，集成电路板由新加坡生产，其他零件均为马来西亚生产，最后由韩国组装成整机。该公司向海关申报进口该批电视机时，原产地应填报为（　　）。

A. 日本　　　B. 韩国　　　C. 新加坡　　　D. 马来西亚

9. 某工厂从无关系的美国某企业购买了一批机械设备，成交条件为 CIF 广州，该批货物的发票列示如下：机械设备 USD10 000，运保费 USD500，卖方佣金 USD3500，培训费 USD500，设备调试费 USD700。该批货物向海关申报的总价应是（　　）。

A. USD10500　　　B. USD14500　　　C. USD14000　　　D. USD15200

10. 在中国台湾纺成的纱线，运到日本织成棉织物，并进行冲洗、烫、漂白、染色、印花。上述棉织物又被运往越南制成睡衣，后又经中国香港更换包装转销中国内地。中国海关应以（　　）为该货物的原产地，因为(　　）。

A. 日本，因为成衣在日本进行了第一次实质性加工
B. 中国台湾，因为纱线是在中国台湾完成制造的
C. 越南，因为制成成衣在税则归类方面已经有了改变
D. 中国香港，因为该货物是从中国香港进口的

二、翻译常见信用证中的检验检疫条款

1. CERTIFICATE OF QUALITY ISSUED AND SIGNED BY CIQ IN DUPLICATE.

2. ONE ORIGINAL OF INSPECTION CERTIFICATE FOR QUALITY AND QUANTITY ISSUED BY CIQ.

3. INSPECTION CERTIFICATE FOR QUALITY AND QUANTITY ISSUED BY KUNMING COMMODITY INSPECTION BUREAU.

4. INSPECTION CERTIFICATE OF WEIGHT/QUALITY ISSUED BY CCIC OR CIQ.

5. QUALITY INSPECTION CERTIFICATE 2 COPIES TO BE ISSUED BY CIQ CERTIFYING THAT GOODS SHIPPED HAVE BEEN INSPECTED BEFORE SHIPMENT IS EFFECTED AND QUALITY IS IN ACCORDANCE TO CHINA INTERNATINAL STANDARD GB175-85.

6. SANITARY CERTIFICATE IN ORIGINAL AND 3 COPIES STATING THAT SKINS ARE COMING FROM ALIVE ANIMALS SLAUGHTERED AT LEAST 4 MONTHS BEFORE SHIPMENT.

7. VETERINARY HEALTH CERTIFICATE TO CERTIFY THAT THE PETFOOD WAS PROCESSED, WITHOUT SPOILAGE, WITH RAW MATERIAL FROM HEALTHY ANIMALS WHICH CAME FROM NON INFECTED AREAS.

项目 2.6 制作投保单和办理保险操作

知识目标

1. 了解保险单据的种类及投保流程；
2. 熟悉 ICC 险种和 CIC 险种；
3. 掌握保险单填制方法；
4. 能理解信用证中的保险单据条款。

能力目标

1. 能办理保险，能正确填制投保单；
2. 能准确填制投保单；
3. 能根据信用证和合同要求准确选择投保险别。

 引导案例

仓至仓保险拒赔案例

一、案例介绍

2023 年 2 月，中国广州某外贸公司委托货代将 2 个 20 尺高箱的"FOB 深圳"指定货物从启运地中国东莞运往目的港埃及的亚历山大。发货人东莞工厂代收货人投保了含有"仓至仓"条款的从东莞至亚历山大的一切险，保险单的被保险人是收货人。但是，货物在东莞至深圳的拖车运输期间由于意外事故发生货损。事后，发货人向保险公司索赔，但被拒赔。而后收货人以自己名义凭保险单向保险公司索赔，也同样被拒赔。

在本案中，发货人和收货人，谁有权利要求赔偿呢？在约定"仓至仓"的保险条款下，投保了一切险，为什么还是无法避免损失？

二、案例分析

一切险（All Risk）是海上运输保险的基本种类之一，是保险人对保险标的物遭受特殊附加险以外的其他原因造成的损失均负赔偿责任的一种保险。虽然一切险名为"一切"，但是保险内容不是一切，保险责任范围并非没有限

制。就本案而言，港前拖车运输中的发生货损应属一切险的保险责任范围。

仓至仓条款（Warehouse to Warehouse），所指的运输包括海上、陆上、内河和驳船运输的整个运输过程，是海运保险合同中规定保险责任起止期的条款。一切险承保的是仓至仓责任。保险期间自货物从保险单载明的启运港（地）发货人的仓库或储存处开始运输时生效，到货物运达保险单载明目的港（地）收发人的最后仓库或被保人用做分配、分派或非正常运输的其他储存处所为止。如未抵达上述仓库或储存处所，则以被保险货物在最后目的港（地）卸离海轮满 60 日为止。在货物未经运抵收货人仓库或储存处所并在卸离海轮60 天内，需转运到非保险单载明的目的地，以该项货物开始转运时终止。

仓至仓条款是运输货物保险中较为典型的条款，是指货物保险人对被保险货物的保障程度贯穿于货物运输全过程的各个环节，涉及各种运输方式，包含整个运输过程。既然仓至仓条款如此充分、严密而强大，那是不是采用了此条款，无论在任何阶段发生的保险风险，其损失都可由保险公司赔偿呢？答案是否定的。

保险公司对运输货物进行保险理赔时，将从以下 4 个方面审核：（1）所遭受的损失与发生的风险之间具有直接的因果关系；（2）所发生的风险是在保险责任范围之内；（3）依照"仓至仓条款"，被保险货物遭损的时间和地点是在保险期间之内；（4）在保险标的遭受风险时，索赔人对货物具备保险利益，即货物损失与索赔人之间存在利害关系。如需成功获得赔偿，以上 4 个条件缺一不可。

在"FOB 深圳"的贸易条款下，根据 Incoterms® 2020，在 FOB 价格条件下，应由买方办理保险，买卖双方在海上运输中的风险，以货物装上船为界限来划分的。货物装船前的风险由卖方承担，装船后的风险由买方承担，所以货物在装船前对卖方具有的保险利益，装船之后转移到对买方具有保险利益。本案发生的保险事故符合前 3 个前提条件，但是并不符合第 4 个条件。从而，本案中的收货人对装船前的货物不具备保险利益，因此，保险公司拒赔收货人。此外，发货人不是保险单的合法持有人和被保险人，因此，保险公司拒赔发货人。

讨论题

1. 不同贸易术语下进出口商投保操作有什么不同？
2. 进出口企业应如何巧妙利用"仓至仓条款"才能充分保障其权利？

模块二 国际贸易单证操作

 任务　缮制投保单和办理保险

本公司与 NEO 公司交易的陶瓷餐具顺利出运，公司需要根据信用证 46A 条款的要求进行货物运输保险投保流程。货物出运后单证员小李制作投保单并传真给保险公司；保险公司回传确认件，小李审核无误后，在确认件上写"保险信息确认无误"，再传回保险公司；次日小李到保险公司拿到正本保险单。

每周例会上小李汇报了本次投保流程，如果你是小李，该如何汇报本次交易投保流程？

 任务要求

1. 以小组为单位，收集 UCP 600 对货物保险的规定；
2. 收集信用证对投保的常用规定；
3. 分析本交易中信用证中关于检验检疫的条款；
4. 制作 PPT 汇报本笔交易投保流程。

⚛ **课程思政**

中国古代的保险雏形

自古以来，随着人类活动的不断发展，对于抵御风险的需求也随之产生。中国作为世界文明的发源地之一，在很早的时期就产生了初级的保险行为。民国时期的学者孔涤庵曾指出，我国以农业为主，农民生活相对稳定，因此对于预防忧患的需求相对较低。然而，如果我们仔细回顾数千年的历史，不难发现其中存在着许多与保险相类似的制度，值得我们深入探讨。

在生产力水平较低的时代，自然灾害，特别是水旱饥荒，频繁发生，因此防灾、救灾、赈灾一直是中国社会治理的重要课题。经过长期的实践，中国逐渐形成了一套完善的救灾、赈灾制度体系，其中仓储制度占据重要地位。义仓和社仓起源于汉代，在隋唐时期达到兴盛，并一直沿用至今。各朝各代都设立了不同类型的仓储设施，如五代后周的惠民仓、宋代的广惠仓和丰储仓，以及王安石变法中提出的常平仓新法等。这些设施由官方或民间单独或合作举办,平时用于储存粮食,在灾荒时期则开仓赈济,有效平抑了粮价、缓解了灾荒的影响。

尽管这些仓储制度在各朝代的实践效果不尽相同,有的甚至名存实亡,但它们所体现的相互扶助与救济精神与保险制度的目标是一致的。这些制度在一定程度上为古代中国人民提供了风险保障,为社会的稳定和发展做出了贡献。

知识链接

进出口货物在长途运送和装卸过程中,有可能会因自然灾害、意外事故或其他外来因素而导致受损。为了保障收货人在货物受损后获得经济补偿,一般在货物出运前,货主都向保险公司办理有关投保事宜。当被保险货物遭受保险凭证责任范围内的损失时,保险单是索赔和理赔的依据。

1. 进出口货物保险的概念

进口货物运输保险属于财产保险范围。进口货物保险是被保险人为了货物在进口运输过程中能安全地到达目的地,不受自然灾害和意外事故的损失,向保险人交纳一定的保险费,双方订立有保险契约,一旦货物遭受各种灾害和意外事故,出口商可以从保险人得到货物损失的经济补偿。

2. 进口货物保险险别

(1) 根据投保适用的条款

世界上大多数国家在海上业务中直接采用英国伦敦保险协会所制定的"协会货物条款"(Institute Cargo Clause,简称 I. C. C.)。

中国人民保险公司根据我国保险工作的实际情况,按照 1963 年伦敦协会货物条款,并参照国际保险市场的习惯做法,分别制定了海洋、陆上、航空及邮包运输方式的货物运输保险条款,以及适用于以上 4 种运输方式货物保险的附加条款,总称为"中国保险条款"(China Insurance Clauses,简称 CIC)。1972 年、1981 年进行了修订,目前在国内应用广泛。

(2) 根据运输方式划分

对外贸易运输货物保险的种类以其保险标的的运输工具种类相应分为 4 类:

①海洋运输货物保险;

②陆上运输货物保险;

③航空运输货物保险;

④邮包保险。

一批货物的运输全过程使用两种或两种以上的运输工具，这时，往往以货运全过程中主要的运输工具来确定投保何种保险种类。

3. 信用证对投保常见规定

（1）INSURANCE PLOICIES OR CERTIFICATE IN DUPLICATE ENDORSED IN BLANK OF 110% OF INVOICE VALUE COVERING ALL RISKS AND WAR RISKS AS PER CIC WITH CLAIMS PAYABLE AT SINGAPORE IN THE CURRENCY OF DRAFT (IRRESPECTIVE OF PERCENTAGE), INCLUDING 60 DAYS AFTER DISCHARGES OF THE GOODS AT PORT OF DESTINATION (OF AT STATION OF DESTINATION) SUBJECT TO CIC.

保单或保险凭证做成空白背书，按发票金额的110%投保中国保险条款的一切险和战争险，按汇票所使用的货币在新加坡赔付［无免赔率，并根据中国保险条款，保险期限在目的港卸船（或在目的地车站卸车）后60天为止］。

（2）INSURANCE POLICIES OR CERTIFICATE IN TWO FOLD ISSUED TO THE APPLICANT, COVERING RISKS AS PER INSTITUTE CARGO CLAUSES (A), AND INSTITUTE WAR CLAUSES (CARGO) INCLUDING WAREHOUSE TO WAREHOUSE CLAUSE UP TO FINAL DESTINANTION AT SCHORNDORF FOR AT LEAST 110% OF CIF VALUE, MARKED PREMIUM PAID SHOWING CLAIMS IF ANY PAYABLE IN GERMANY, NAMING SETTLING AGENT IN GERMANY.

此保单或保险凭证签发给开证人，按伦敦保险协会条款投保ICC（A）和协会战争险，包括"仓至仓条款"到达最后目的地SCHORNDORF，至少按CIF价发票金额投保，标明保费已付，注明在德国赔付，同时标明在德国理赔代理人的名称。

（3）INSURANCE policy or certificate issued by an insurance Co. with clause covering the merchandise for about 10% above the full invoice value including unlimited transhipment with claims payable at Singapore.

由保险公司签发的保险单或凭证按发票总金额另加10%投保水渍险，包括非限定转船的损失，在新加坡赔付。

（4）INSURANCE covering air transportation all risk as per air transportation cargo insurance clauses of…

按照中国人民保险公司×年×月×日航空运输货物保险条款投保航空运输一切险。

（5）Insurance policy or certificate covering parcel post all risks including war risks as per parcel post insurance clauses and parcel post war risk insurance clauses of the People's Insurance Company of China dated…

保险单或凭证按照中国人民保险公司×年×月×日邮包保险条款和邮包战争险条款投保邮包一切险和邮包战争险。

4. 我国海运货物保险条款

中国人民保险公司为了适应我国对外贸易的发展，根据我国保险工作的实际情况并参照国际上的一般做法，制定了我国的海洋货物运输保险条款，其内容包括保险人的承保责任范围，除外责任、责任起讫、被保险人的义务和索赔期限等。

（1）承保责任范围

承保责任范围是指保险人对被保险人的风险和损失承保的险别。它既是保险人承保责任大小的依据，也是被保险人缴纳保险费多少的基础。海洋运输货物保险的险别概括起来可分为基本险和附加险两大类别。

（2）基本险

基本险亦称主险，是可以独立承保的险别。我国海运货物保险的基本险分为平安险（Free from particular Average，简称FPA）、水渍险（With Particular Average，简称WPA或WA）和一切险（All Risks）3种。

①平安险

平安险这一名称在我国保险行业中沿用甚久，其英文原意是指单独海损不负责赔偿。目前，平安险的责任范围包括以下几点。

A. 在运输过程中，由于自然灾害和运输工具发生意外事故，造成被保险货物的实际全损或推定全损。

B. 由于运输工具遭遇搁浅、触礁、沉没、互撞、与流冰或其他物体碰撞以及失火、爆炸等意外事故造成被保险货物的全部或部分损失。

C. 只要运输工具曾经发生搁浅、触礁、沉没、焚毁等意外事故，不论这个意外事故发生之前或者之后曾在海上遭遇恶劣气候、雷电、海啸等自然灾害造成的被保险货物的部分损失。

D. 在装卸转船过程中，被保险货物一件或数件落海所造成的全部损失或部分损失。

E. 被保险人对遭受承保责任内危险的货物采取抢救，防止或减少货损措施支付的合理费用，但以不超过该批被救货物的保险金额为限。

F. 运输工具遭遇自然灾害或者意外事故，需要在中途的港口或者在避难港口停靠，因而引起的卸货、装货、存仓以及运送货物所产生的特别费用。

G. 发生共同海损所引起的牺牲、分摊费和救助费用。

H. 运输契约订有"船舶互撞条款",按该条款规定应由货方偿还船方的损失。

②水渍险

水渍险英文原意是指单独海损负责赔偿。目前,水渍险的责任范围,除包括上列"平安险"的各项责任外,还负责被保险货物由于恶劣气候、雷电、海啸、地震、洪水等自然灾害所造成的部分损失。

③一切险

一切险的责任范围除包括"平安险"和"水渍险"的所有责任外,还包括货物在运输过程中,因一般外来原因所造成的被保险货物的全损或部分损失。实际上,一切险是平安险、水渍险以及一般附加险的总和。

(3) 附加险

附加险是不能单独承保的险别。它必须依附于基本险项下,即只有投保基本险其中的一种之后,才可加保附加险,并须另外支付一定的保险费。我国海运货物保险的附加险有一般附加险和特殊附加险。

①一般附加险

一般附加险归纳起来共有11种:偷窃提货不着险(Theft, Pilferage and Non-delivery)、淡水雨淋险(Fresh Water Rain Damage)、短量险(Risk of Shortage)、混杂、沾污险(Risk of Intermixture & Contamination)、渗漏险(Risk of Leakage)、碰损、破碎险(Risk of Clash & Breakage)、串味险(Risk of Odour)、受热、受潮险(Damage Caused by heating & Sweating)、钩损险(Hook Damage)、包装破裂险(Loss or Damage Caused by Breakage Packing)、锈损险(Risks of Rust)。

②特别附加险

特别附加险是指承保由于军事、政治、国家政策法令以及行政措施等特殊外来原因所引起的风险与损失的险别。中国人民保险公司承保的特别附加险,除包括战争险(War Risk)和罢工险(Strikes Risk)以外,还有交货不到险(Failure to Delivery Risks)、进口关税险(Import Duty Risk)、舱面险(On Deck Risk)、拒收险(Rejection Risk)、黄曲霉素险(Aflatoxin Risk)和出口货物到香港(包括九龙在内)或澳门存储仓火险责任扩展条款(Fire risk extension clause for storage of cargo at destination Hong Kong, including Kowloon or Macao)。

战争险。它是承保战争或类似战争行为等引起保险货物的直接损失,其不能单独投保,只能在投保一种基本险的基础上加保。保险公司对此种险别的承保责任范围包括:由于战争、类似战争行为和敌对行为、武装冲突或海盗行为以及由此而引起的捕获、拘留、禁制、扣押所造成的损失，或者由于各种常规武器（包括水雷、鱼雷、炸弹）所造成的损失，由于上述原因所引起的共同海损的牺牲、分摊和救助费用。但对原子弹、氢弹等核武器所造成的损失，保险公司不予赔偿。

罢工险。它是保险人承保因罢工者、被迫停工工人，参加工潮、暴动和民众战争的人员采取行动所造成的承保货物的直接损失。对于任何人的恶意行为造成的损失，保险公司也予赔偿。

(4) 承保责任的起讫期限

承保责任的起讫期限又称保险期限，是指保险人承担责任的起讫时限。我国海运货物保险条款对基本险和战争险分别做出了规定。

①基本险的责任起讫期限

根据中国海洋运输货物保险条款规定，基本险承保责任的起讫，均采用国际保险业中惯用的"仓至仓条款"（Warehouse to Warehouse，简称 W/W）规定的办法处理。

"仓至仓条款"规定保险公司所承担的保险责任，是从被保险货物运离保险单所载明的启运港（地）发货人仓库开始，一直到货物到在保险单所载明的目的港（地）收货人的仓库时为止。当货物一进入收货人仓库，保险责任即行终止。但是，当货物从目的港卸离海轮时起满60天，不论保险货物有没有进入收货人的仓库，保险责任均告终止。

例如，一百台计算机从上海出口运往吉隆坡，海轮于9月11日抵达吉隆坡港并开始卸货，9月13日全部卸在码头货棚而未运往收货人仓库，那么该保险责任到11月2日即告终止。当然，如果在11月2日前这批棉纱运进了收货人仓库，则不论在哪一天进入该仓库，保险责任也告终止。如上述保险期限内保险货物需转运到非保险单所载明的目的地时，则以该项货物开始转运时终止。另外，被保险货物在运至保险单所载明的目的港或目的地以前的某一仓库而发生分配、分派的情况，则该仓库就作为被保险人的最后仓库，保险责任也从货物运抵该仓库时终止。

此外，保险人可以要求扩展保险期限。

②战争险的责任起讫期限

战争险的责任起讫与基本险的责任起讫不同，它不采用"仓至仓条款"。战争险的承保期限仅限于水上危险或运输工具上的危险。例如，海运战争险规定自保险单所载明的启运港装上海轮或驳船时开始，直到保险单所载明的目的港卸离海轮或驳船时为止。如果货物不卸离海轮或驳船，则保险责任最长延至货物到目的港之当日午夜起算15天为止。如在中途港转船，则不论货物在当地卸载与否，保险责任以海轮到达该港或卸货地点的当日午夜起算满15天为止，待再装上续运的海轮时，保险人仍继续负责。

（5）除外责任

除外责任是保险人不负赔偿责任的范围。规定主要包括下列内容。

①被保险人的故意行为或过失所造成的损失。

②属于发货人责任所引起的损失。

③在保险责任开始前，被保险货物已存在的品质不良或数量短差所造成的损失。

④被保险货物的自然损耗、本质和特性缺陷以及市价跌落、运输延迟所造成的损失或费用。

⑤战争险和罢工险条款规定的责任范围和除外责任。

（6）被保险人的义务

我国海运货物保险条款对被保险人应承担的义务规定如下。

①当被保险货物运抵目的地后，被保险人应及时提货。当发现被保险货物遭受任何损失，应即向保险单上规定的检验、理赔代理人申请检验，并向有关当局（如海关、港务局）索取货损货差证明。如涉及第三者责任，必要时还须取得延长索赔时效的凭证。

②对遭受损失的货物，被保险人应采取合理抢救措施，以减少损失。

③如遇航程变更或发现保险单所载明的货物、船名或航程有遗漏或错误时，被保险人应在获悉后立即通知保险人。

④在向保险人索赔时，应提供下列单证：保险单正本、提单、发票、装箱单、磅码单、货损货差证明、检验报告及索赔清单。如涉及第三者责任，还须提供向责任方追偿的有关函电及其他必要的单证或文件。

（7）索赔期限

中国人民保险公司海洋运输货物保险条款规定索赔期限为2年，自被保险货物运抵目的港全部卸离海轮之日起计算。

5. 伦敦保险协会货物保险

在国际海运保险业务中，英国是一个具有悠久历史和比较发达的国家。它所制定的保险规章制度，特别是保险单和保险条款对世界各国（地区）影响很大。世界上大多数国家（地区）在海上保险业务中直接采用英国伦敦保险协会所制定的"协会货物条款"（Institute Cargo Clause，简称I.C.C.）。

（1）ICC（A）险的责任范围

根据伦敦保险协会对新条款的规定，ICC（A）采用"一切风险减除外责任"的办法，即除了"除外责任"项下所列风险保险人不予负责外，其他风险均予负责。

①ICC（A）险的除外责任

ICC（A）险的除外责任有下列4类。

一般除外责任。如归因于被保险人故意的不法行为造成的损失或费用；自然渗漏、自然损耗、自然磨损、包装不足或不当所造成的损失或费用；保险标的内在缺陷或特性所造成的损失或费用；由于直接延迟所引起的损失或费用；由于船舶所有人、租船人经营破产或不履行债务所造成的损失或费用；由于使用任何原子或核武器所造成的损失或费用。

不适航、不适货除外责任。指保险标的在装船时，被保险人或其受雇人已经知道船舶不适航，以及船舶、装运工具、集装箱等不适货。

战争除外责任。如由于战争、内战、敌对行为等所造成的损失或费用；由于捕获、拘留、扣留等（海盗除外）所造成的损失或费用；由于漂流水雷、鱼雷等造成的损失或费用。

罢工除外责任。罢工者、被迫停工工人造成的损失或费用，以及由于罢工、被迫停工所造成的损失或费用等。

（2）ICC（B）险的责任范围和除外责任

① ICC（B）险的责任范围

根据伦敦保险协会对（B）险和（C）险的规定，其承保风险的做法是采用"列明风险"的方法，即在条款的首部把保险人所承保的风险一一列出。ICC（B）险承保的风险如下。

保险标的物的灭失或损坏可合理地归因于下列任何之一者，保险人予以赔偿：火灾或爆炸；船舶或驳船搁浅、触礁、沉没或倾覆；陆上运输工具的倾覆或出轨；船舶、驳船或运输工具同水以外的外界物体碰撞；在避难港卸货；地震、火山爆发、雷电；共同海损牺牲；抛货；浪击落海；海水、湖水或河水进入船舶、驳船、运输工具、集装箱、大型海运箱或储存处所；B11货物在装卸时落海或摔落造成整件的全损。

②ICC（B）险的除外责任

ICC（B）险与ICC（A）险的除外责任基本相同，但有下列两项区别：

ICC（A）险除对被保险人的故意不法行为所造成的损失、费用不负赔偿责任外，对被保险人之外任何个人或数人故意损害和破坏标的物或其他任何部分的损害，要负赔偿责任；但ICC（B）对此均不负赔偿责任。

ICC（A）把海盗行为列入风险范围，而ICC（B）对海盗行为不负保险责任。

(3) ICC（C）险的责任范围和除外责任

①ICC（C）险的责任范围

ICC（C）险承保的风险比 ICC（A）、ICC（B）险要小得多，它只承保"重大意外事故"，而不承保"自然灾害及非重大意外事故"。其具体承保的风险有：火灾、爆炸；船舶或驳船触礁、搁浅、沉没或倾覆；陆上运输工具倾覆或出轨；在避难港卸货；共同海损牺牲；抛货。

②ICC（C）险的除外责任

ICC（C）险的除外责任与 ICC（B）险完全相同。

在"协会货物条款"中，除以上所述的 A、B、C 3 种险外，还有战争险、罢工险和恶意损害险 3 种。应注意的是，其"战争险"和"罢工险"不同于中国保险条款的规定——一定要在投保了 3 种基本险别的基础上才能加保，而是可以作为独立险别投保的。恶意损害险所承担的是被保险人以外的其他人（如船长、船员等）的故意破坏行为所致被保险货物的灭失和损害。它属于 A 险的责任范围，但在 B、C 险中，则被列为"除外责任"。

此外，"协会货物条款"3 种基本险别 A、B、C 的保险责任起讫，仍然采用"仓至仓条款"，同中国保险条款的规定大体相同，只是规定得更为详细。战争险的保障期限仍采用"水上危险"原则。同时，罢工险的保险期限与 ICC（A）、ICC（B）、ICC（C）的保险期限完全相同，即也采用"仓至仓"原则。

(4) 协会货物保险主要险别的保险期限

保险期限（Period of Insurance）亦称保险有效期，是指保险人承担保险责任的起止期限。英国伦敦保险协会海运货物条款与上文所述我国海运货物保险期限的规定大体相同，也是"仓至仓"，但比我国条款规定更为详细。在我国进出口业务中，特别是以 CIF 条件出口时，有些国外商人如要求我国出口公司按伦敦保险协会货物条款投保，我国出口企业和中国人民保险公司也可通融接受。

6. 我国海运出口货物保险的基本做法

我国出口货物如按 CIF 条件成交，应由我国出口人及时向当地中国人民保险公司逐笔输投保手续。其具体做法是：根据买卖合同或信用证的规定，在备妥货物后和确定装船出运时，按规定格式填制投保单，具体载明被保险人名称、保险货物项目、数量、包装及标志、保险金额、保险起讫地点、运输工具、启运日期和投保险别等项内容，向当地中国人民保险公司投保。然后由保险公司凭以出立保险单（或其他保险凭证），以作为其接受保险的正式凭证。该凭证是出口人向银行议付货款所必备的单证之一，也是被保险人索赔和保险公司理赔的主要依据。

在保险人出立保险单后，投保人如果需要更改险别、运输工具、航程、保险期限的扩展和保险金额等，应向保险公司或其授权的代理人提出批改申请。保险公司或其授权的代理人如接受这项申请，应立即出立批单，作为保险单的组成部分。此后，保险公司即按批改的内容负责。

参照国际保险市场的一般习惯做法，中国人民保险公司承保出口货物的保额一般也按 CIF 价再加成 10% 来计算，即按 CIF 发票金额的 110% 计算。这项保险加成可作为买方的期得利润和有关费用。由于不同货物、不同地区、不同时期的期得利润不一，因此，如买方要求保险加成超过 10%，也可酌情考虑。

保险公司承保时，通常是根据货物的性质按保险金额的一定比例收取相应的保险费。对于运输过程中容易损坏或丢失的货物，收取保险费就较高；反之，则较低。因此，各进出口公司应按不同货物的保险费率来核算并对外报价。

中国人民保险公司承保的出口货物，在到达国外目的地后，发现在承保范围内有损失时，可由国外收货人凭保险单等有关凭证，直接向中国人民保险公司或其代理人索赔。

7. 国际贸易货代保险基本索赔程序

国际货物运输，由于各种原因经常发生货损货差，索赔与理赔的问题也就伴随而至。

（1）被保险人发出货物受损通知

发现货物受损后，第一时间通知保险公司检验货物受损情况，之后保险公司会根据货物受损情况填写"定损单"。

①对于受损明显的货物，要尽可能地保留现场，并取得承运人或港务理货部门的证明。

②受损不明显的货物，收货人应聘请公证机构进行检验并出具检验证明。

③受损货物若属于第三方责任，而第三方拒绝赔付或拖延不理赔时，转向保险人索赔，并将有关文件交给保险公司。

（2）索赔所需的单据

①提单正本

提单的货物收据作用表明了承运人所收货物的外表状况和数量，交付货物时不能按其提交这一事实本身就说明了货损或货差的存在。

②卸货港理货单或货物溢短单、残损单等卸货单证

这些单证是证明货损或货差发生在船舶运输过程中的重要单证。如果这

些卸货单证注明了货损或货差情况,并经船舶大副签认,而在收货单上又未做出同样的批注,就证明了这些货损或货差是发生在运输途中的。

③重理单

船方对所卸货物件数或数量有疑问时,一般要求复查或重新理货,并在证明货物溢短的单证上做出"复查"或"重理"的批注。这种情况下,索赔时,必须同时提供复查结果的证明文件或理货人签发的重理单,并以此为依据证明货物有否短缺。

④货物残损检验报告

在货物受损的原因不明显或不易区别,或无法判定货物受损程度时,可以申请具有公证资格的检验人对货物进行检验。在这种情况下,索赔时必须提供检验人检验后出具的"货物残损检验证书"(inspection certificate for damage & shortage)。

⑤商业发票

⑥装箱单

⑦修理单

用来表明被损坏的仪器设备、机械等货物的修理所花费的费用。

⑧有关文件证明索赔的起因和索赔数目的计算依据

此外,其他能证明货运事故的原因、损失程度、索赔金额、责任所在单证都应提供。索赔单证必须齐全、准确,内容衔接、一致,不能自相矛盾。

8. 保险投保单制单要点

投保单的内容与保险单基本相似,不同的保险公司都有自己固有的保险单格式,其基本内容及缮制要点如下。

①被保险人

若信用证有规定,应按规定。以 CIF 条件对外成交时,一般为出口商,此时出口商应对保单进行背书转让。

②发票号码

填写此批货物的发票号码。如果是出口商投保,填商业发票号;如果是进口商投保,本栏无须填写。

③标记(MARKS & NO.S)

此栏参照合同中的"Shipping Mark"填写。唛头即运输标志,既要与实际货物一致,还应与提单一致,并符合信用证的规定。如信用证没有规定,可按买卖双方和厂商订的方案或由受益人自定。无唛头时,应注"N/M"或"No Mark"。如为裸装货,则注明"NAKED"或散装"In Bulk"。如来证规定唛头文字过长,用"/"将独立意思的文字彼此隔开,可以向下错行。即使无线相隔，也可酌情错开。

④包装及数量

填单件运输包装的件数及商品数量，若为散装，则应先注明"IN BULK"，再填重量。

⑤保险物资项目（DESCRIPTION）

填商品的名称，可与提单一致。

⑥投保加成

在进出口贸易中，根据有关的国际贸易惯例，保险加成率通常为0%~30%之间，当然，出口人也可以根据进口人的要求与保险公司约定不同的保险加成率。

⑦CIF金额、保险金额、费率、保险费

保险金额=CIF货价×（1+保险加成率）

保险费=保险金额×费率

由于保险金额的计算是以CIF（或CIP）货价为基础的，因此，对外报价时如果需要将CFR（或CPT）价格变为CIF（CIP）价格，或是在CFR（或CPT）合同项下买方要求卖方代为投保时，均不应以CFR价格为基础直接加保险费来计算，而应先将CFR（或CPT）价格换算为CIF（或CIP）价格后再求出相应的保险金额和保险费。

A. 按CIF进口时：保险金额=CIF货价×（1+保险加成率）

B. 按CFR进口时：保险金额=CFR货价×1.1／[1-（1+保险加成率）×r]，其中r为保险费率，请在My City（城市中心）中"保险公司"的相关网站里查找，将所投险别的保险费率相加即可。

C. 按FOB进口时：保险金额=（FOB货价+海运费）×1.1／[1-（1+保险加成率）×r]。

⑧装载运输工具（PER CONVEYANCE S.S）

要与运输单据一致。可填船名航次、航班号或车次，海运方式下也可填AS PER B/L。

⑨开行日期及起讫地点

可填提单签发日，或填"AS PER B/L"。

⑩承保险别

按合同或信用证的规定，如COVERING ALL RISKS AS PER OCEAN MARINE CARGO CLAUSES（1981.1.1）OF THE PICC.

⑪赔款偿付地点

一般为目的地，并注明使用货币的币种。

⑫保险勘查代理人

由保险公司自定，但要提供其地址，以便发生损失时收货人通知其进行勘查和理赔。

⑬签发地点和日期

签发日期须早于运输单据，才能证明是在装运前办理的投保。

⑭保险公司签章

经签章后保险单才能生效。

实训操作：根据所给资料填制投保单

1. 实训情景

小李新接到一份临时工作任务，要求根据所给资料填制投保单。相关信息如下。

BENEFICIARY：ABC LEATHER GOODS CO., LTD.

123 HUANGHE ROAD, TIANJIN CHINA

APPLICANT：XYZ TRADING COMPANY

456 SPAGNOLI ROAD, NEW YORK 11747 USA

DRAFTS TO BE DRAWN AT 30 DAYS AFTER SIGHT ON ISSUING BANK FOR 90% OF INVOICE VALUE.

YOU ARE AUTHORIZED TO DRAWN ON ROYAL BANK OF NEW YORK FOR DOCUMENTARY IRREVOCABLE CREDIT NO. 98765 DATED APR.15, 2017. EXPRITY DATE MAY31, 2017 FOR NEGOTIATION BENEFICIARY.

AVAILABLE WITH ANY BANK IN CHINA BY NEGOTIATION

FULL SET OF CLEAN ON BOARD OCEAN BILLS OF LADING, MADE OUT TO ORDER, BLANK ENDORSED AND MARKED FREIGHT PREPAID NOTIFY APPLICANT.

INSURANCE POLICY/CERTIFICATE IN DUPLICATE FOR 110 PCT OF INVOICE VALUE COVERING ALL RISKS AND WAR RISK OF THE PICC DATED01/01/1981

GOODS：5,000 PCS OF LEATHER BAGS PACKED IN 10 PCS/CARTON

合同号：ABC234

投保人公司相关信息：

联系人（Contact）：LIN XI　　电话（Tel.）：022-56425651

邮编（Code）：300100　　电子邮箱（E-mail）：LEATHER@MAIL.COM

发票号：1234567
发票金额：USD108000 CIF NEW YORK，USA
装运港：TIANJIN，CHINA　　目的港：NEW YORK，USA
开船日期：2017年5月15日
NO. OF PACKAGES：500 CARTONS
船名、航次号：SUN V. 126
运输标记：
XYZ
1234567
NEW YORK
NOS. 1-500
投保单填制日期：2017年5月12日

2. 投保单

小李结合保险投保单制单要点，根据资料完成投保单。

货物运输险投保单
APPLICATION FOR CARGO TRANSPORTATION INSURANCE

投保单号：_____

注意：请您在保险人明确说明本投保单及适用保险条款后，如实填写本投保单，您所填写的材料将构成签订保险合同的要约，成为保险人核保并签发保险单的依据。除双方另有约定外，保险人签发保险单且投保人向保险人缴清保险费后，保险人开始按约定的险种承保货物运输保险。

投保人 Applicant	ABC LEATHER GOODS CO., LTD.			
投保人地址 Applicant's Add	123 HUANGHE ROAD, TIANJIN CHINA		邮编 Code	300100
联系人 Contact	LIN XI	电话 Tel.	022-56425651	电子邮箱 E-mail	LEATHER@MA
被保险人 Insured	XYZ TRADING COMPANY		电话 Tel.	
贸易合同号 Contract No.	ABC234	信用证号 L/C No.	98765	发票号 Invoice No.	1234567

标 记 Marks & Nos.	包装及数量 Packing & quantity		保险货物项目 Description of goods
XYZ 1234567 NEW YORK	500	CARTONS	LEATHER BAGS

装载运输工具: Name of the Carrier	SUN V.126		
起运日期: Departure Date	2017-05-15	赔付地点: Claims Payable At	NEW YORK,USA
航行路线: 自 Route From	TIANJIN,CHINA	经 Via	到达（目的地） To(destination) NEW YORK,USA

包装方式：

承保条件 投保人可根据投保意向选择投保险别及条款，并划 √ 确认，但保险人承保的险别及适用条款以保险人最终确定并在保险单上列明的险种、条款为准。

Conditions:
进出口海洋运输： ☑一切险 □水渍险 □平安险 （《海洋运输货物保险条款》）
                □ICC(A) □ICC(B) □ICC(C) （《伦敦协会条款》）
进出口航空运输： □航空运输险 □航空运输一切险 （《航空运输货物保险条款》）
进出口陆上运输： □陆运险 □陆运一切险 （《陆上运输货物保险条款》）
特殊附加险： □战争险 □罢工险

特别约定 Special Conditions：
1. 加成 Value Plus About 110 %
2. CIF金额 CIF value _____   3. 保险金额 Insured Value _____
4. 费率（‰）Rate _____   5. 保险费 Premium _____

投保人声明：
1. 本人填写本投保单之前，保险人已经就本投保单及适用的保险条款的内容，尤其是关于保险人免除责任的条款及投保人和被保险人义务条款向本人作了明确说明，本人对该保险条款及保险条件已完全了解，并同意接受保险条款的约束。
2. 本投保单所填各项内容均属事实，同意以本投保单作为保险人签发保险单的依据。
3. 保险合同自保险单签发之日起成立。

投保人签字（盖章） ABC LEATHER GOODS CO., LTD.   日期 2017-05-12

拓展阅读

共同海损与单独海损的区分

一、案情介绍

一条载货船从青岛港出发驶往日本,在航行途中货船起火,大火蔓延到机舱。船长为了船、货的共同安全,命令采取紧急措施,往舱中灌水灭火。火扑灭后,由于主机受损,无法继续航行。船长雇用拖轮将货船拖回青岛修理,检修后重新将货物运往日本。事后经调查,此次事件造成的损失有如下几项。

(1) 500 箱货物被火烧毁;
(2) 1500 箱货物因灌水灭火受到损失;
(3) 主机和部分甲板被烧坏;
(4) 雇用拖船费用;
(5) 额外增加的燃料和船长、船员工资。

二、案例分析

本案中属于共同海损的有:(1) 因灌水灭火受损的 1500 箱货物;(2) 雇用的拖船费用;(3) 额外增加的燃料费用和船长、船员工资。

属于单独海损的有:(1) 被火烧毁的 500 箱货物;(2) 被火烧毁的主机和部分甲板。如在日本理算,适用日本法律。

共同海损是指船舶和船上载运的货物遭遇共同危险时,为了共同的安全和利益,采取有益而合理的措施,人为造成的特殊牺牲和额外支付的费用。而单独海损是海上风险对营运中的船舶和运输中的货物所造成的直接损失。

单独海损与共同海损的区别如下:共同海损涉及船、货的共同危险,单独海损只涉及船、货一方的利益;共同海损有人为因素,单独海损多由于偶然的意外事故;共同海损损失由受益各方分担,单独海损由单方承担。《中华人民共和国海商法》规定,共同海损的理算适用理算的法律。因此,如果本案在日本理算,应适用日本法律。

项目练习

一、单选题

1. 关于国际货运保险被保险人应在(　　)具有可保利益。

A. 投保时　　　　　　　　　　B. 保险单签发时

C. 保险事故发生要求赔偿时　　D. 向保险公司办理索赔时

2. 对于共同海损所做出的牺牲和支出的费用，应由（　　）。

A. 船方承担　　　　　　　　B. 货方承担

C. 保险公司承担

D. 所有与之有利害关系的受益人按获救船舶、货物、运费获救后的价值比例分摊

3. 保险公司承担保险责任的期间通常是（　　）。

A. 钩至钩期间　　　　　　　B. 舷至舷期间

C. 仓至仓期间　　　　　　　D. 水面责任期间

4. 按 CIF 术语成交的贸易合同，货物在运输途中因火灾被焚，应由（　　）。

A. 卖方承担货物损失　　　　B. 卖方负责向保险公司索赔

C. 买方负责向保险公司索赔　D. 买方负责向承运人索赔

5. 平安险不赔偿（　　）。

A. 自然灾害造成的实际全损

B. 自然灾害造成的推定全损

C. 意外事故造成的全部损失和部分损失

D. 自然灾害造成的单独海损

6. 淡水雨淋险属于（　　）的承保范围。

A. 平安险　　　　　　　　　B. 水渍险

C. 一般附加险　　　　　　　D. 特别附加险

7. 我国某公司以 CIF 条件与国外客户订立出口合同。根据 Incoterms® 2020 的解释，买方对投保无特殊要求，我国某公司只需投保（　　）。

A. 平安险　　　　　　　　　B. 水渍险

C. 一切险　　　　　　　　　D. 一切险加战争险

8. 按中国人民保险公司海洋货物运输保险条款的规定，在 3 种基本险别中，保险公司承担赔偿责任的范围是（　　）。

A. 平安险最大，其次是一切险，再次是水渍险

B. 水渍险最大，其次是一切险，再次是平安险

C. 一切险最大，其次是水渍险，再次是平安险

D. 一切险最大，其次是平安险，再次是水渍险

二、判断题

1. 平安险（F. P. A）英文名称为单独海损不赔，实际上，保险公司仍然承担了一部分单独海损的责任。（　　）

2. 对于推定全损，应由保险公司按全部损失赔偿货物的全价。（   ）
3. 共同海损属于全部损失范畴。（   ）
4. 单独海损损失由受损失方自行承担。（   ）
5. 委付是指被保险人在保险标的发生实际全损的情况下，将保险标的所有权转移给保险人，以便得到赔偿。（   ）
6. 投保一切险意味着保险公司为一切风险承担赔偿责任。（   ）
7. 基本险别中，保险公司责任最小的险别是水渍险。（   ）
8. 托运出口玻璃制品时，被保险人在投保一切险后，还应加保碰损破碎险。（   ）
9. "仓至仓条款"是指船公司负责将货物从装运地发货人仓库运送至目的地收货人仓库的运输条款。（   ）
10. 按我国保险条款的规定3种基本险和战争险均适用"仓至仓条款"。（   ）

项目 2.7 制作汇票操作

知识目标

1. 了解汇票的种类及汇票的票据行为；
2. 掌握 UCP 600 对汇票的有关规定；
3. 掌握汇票各栏目的填制内容；
4. 能理解信用证中的支付条款。

能力目标

1. 能够根据信用证和相关资料正确制作汇票；
2. 能进行汇票背书流转。

引导案例

国际贸易中的汇票结算欺诈案

一、案例介绍

我国一家医药器具公司从进口商人处收到了两张出口项下的银行汇票，要求国内的某家银行鉴别这两张汇票的真伪。这两张银行汇票的出票人是一家位于美国新泽西州的银行——FRIST FIDELITY BANK，而付款人则是哥斯达黎加的 AMERICAN CREDIT AND INVENT CORP。汇票上的金额分别为 37761.00 美元和 61624.00 美元，付款期限为出票后的 5 个月。

银行鉴别银行汇票后发现它们并不符合通常银行汇票的格式。该银行没有立即告知公司这张汇票是假的，而是劝告他们暂缓向海外的进口商发货，并立即与出票行取得联系以确认汇票的真实性。

不久后，美国新泽西州 FRIST FIDELITY BANK 回电确认，他们从未签发过上述两张汇票。

二、案例分析

上述两张汇票的主要疑点如下。

1. 两张汇票金额都很大，通过中间商而认识的我方出口商和国外进口商在对各自伙伴的资信、经营作风都不十分了解的情况下，通常是不会采用银行汇票方式办理结算的。国外进口商甘冒付款后货不到的风险委托银行开出两张大金额的汇票，这本身就有问题。

2. 上述两张汇票在付款期限上自相矛盾。即期汇票（SIGHT OR DEMAND DRAFT）下，收款人提示汇票的当天即为汇票到期日，而两张汇票都有"PAYING AGAINST THIS DEMAND DRAFT UPON MATURITY"这样的语句，且标明到期日，与出票日相差了60天，这是问题之一。若说两张汇票是远期汇票，那么汇票上应注明"见票后固定时期付款"或"出票后固定时期付款"（PAY IN A CERTAIN PERIOD AFTER SIGHT OR PAY IN A CERTAIN PERIOD AFTER ISSUE）。而这两张汇票在右上方"DATE OF ISSUE"的下面直接标出"DATE OF MATURITY"，而无"AT……DAYS AFTER SIGHT PAY TO……"或"AT……DAYS AFTER DATE OF THIS FIRST EXCHANGE PAY TO……"的语句，这是问题之二。

3. 两张汇票的出票人在美国，即付款项为美元，而付款人却在哥斯达黎加。美元的清算中心在纽约，世界各国发生的美元收付最终都要到纽约清算。既然美元汇票是由美国开出的，付款人通常的、合理的地点也应在美国。两张汇票在这一点上极不正常。

为保证票据安全起见，有关单位和银行可以采取以下措施防范伪造汇票欺诈：

1. 收到汇票而不知晓汇票上记载的出票人、付款人详情的，应迅速行动致电该出票人或收款人，或出票人和收款人所在地的自设的分支机构，就汇票签发人和付款人的资信、规模、业务范围及汇票的有关情况进行询问以判断汇票真伪。询问速度一定要快，并在询问前一定要告知持票人暂时等候，国际贸易中收到票据不等于收到现金，单纯一纸汇票，在无法确定其是否真实有效前，保证作用是很弱的，不要贸然以汇票为保证发运货物。收到汇票时应就汇票的纸质、印刷、文字、记载项目等方面进行仔细检查。若出现纸质过厚过薄与常见汇票用纸不一致、印刷不清楚、文字有明显错排、记载项目前后自相矛盾或不符合汇票要求规定时，应引起注意，请有关部门协助检验，以免上当受骗。此外，还要着重查看选择性条款的记载是否自相矛盾。

2. 有些国家或者地区，如尼日利亚、印度尼西亚和其他一些国家（地区）等，是伪造汇票的多发地区，常见的付款银行名称中往往包含"NIGERIA""INDONESIA"等字样，收到这些伪造汇票多发地区寄来的汇票时尤其要当心。收到这类汇票，除要严格按程序查询出票人或付款人外，还可从以往案例中总结出经验来判断常见的欺诈手段：尼日利亚伪造汇票金额不大，且同时寄发各公司的汇票号码也完全相同，并在背面都印有"凭空运提单及票据办理托收"；印度尼西亚伪造票据面额较大，且付款行多为不出名的小银行。

3. 许多业务人员对票据签发、流通转让方面的知识不了解，也是造成诈骗分子得逞的重要原因之一。在不了解票据的情况下。以为收到票据就等于收妥货款，贸然发货，往往落得货款两空。因此，应加强对银行结算人员和有关贸易业务人员的票据知识培训，帮助他们了解正常汇票的格式、记载项目、汇票的不同种类以及汇票伪造的常见形式如何鉴别，一旦怀疑是伪票后，该采取何种行动。

讨论题

1. 请找出这两张汇票的疑点。
2. 如何在工作中采取相关的措施防范伪造汇票欺诈？

任务　收汇单证制作

本公司与 NEO 公司的陶瓷餐具交易已经进入收款阶段。陈经理指示小李尽快完成收汇单证制作，向通知行议付，顺利完成收款工作。

任务要求

1. 以小组为单位，收集 UCP 600 对支付的相关规定；
2. 搜集信用证对付款的常用规定；
3. 分析本交易中信用证支付的规定并制作汇票。

课程思政

山西票号：通往"财可敌国"的传奇之路

票号，又称票庄或汇兑庄，是旧时的信用机构，开始主要承揽汇兑业务，后来也进行存放款等业务。票号名字源于其经营的汇票业务，所发庄票随处皆可汇付。因其执事者山西人居多，故称"山西票号"，也称山西票庄。山西票号是中国封建社会末期诞生的信用机构，标志着中国近代金融业的诞生。

一、山西票号发展简史

19世纪20年代,山西票号应运而生。尽管国外银行在19世纪40年代末已在中国设立机构,并逐渐扩大规模和覆盖范围,但直到19世纪60—70年代,山西票号依然活跃于国内金融市场,对当时中国经济运行产生了重要影响。

山西第一家票号是开办于清道光初年的日升昌票号,总号在平遥城西大街路南,分号在北京崇文门外草厂十条南口,专注于汇兑和存放款业务。由于其经营得当,业务迅速扩展,营业对象主要是封建官僚、地主和商人。几年后出现的蔚字五联号等,为平遥帮票号。

日升昌票号的成功吸引了众多商人的效仿,祁县、太谷等地纷纷设立或转型为票号。道光七年(1827年),祁县合盛元茶庄改成票号,继有大德通等,为祁县帮票号。同年,太谷志成信绸缎杂货庄改成票号,又有协成乾等,为太谷帮票号。山西票号的分号多达400多个,极大地促进了当时的商业贸易发展。平遥成为清代全国金融中心,汇聚了众多票号。

二、山西票号发展意义

从清道光初年第一家票号日升昌创立,到最后两家票号大德通、大德恒于1951年停业清理,山西票号共存续了100多年。在这期间,中国经历了许多动荡与变革,如鸦片战争的失败、太平天国运动、甲午战争以及八国联军侵略等。尽管面临种种挑战和困难,山西票号依然能够屹立不倒,成为"汇通天下"的代表。这主要归功于其明晰的产权结构、诚信的经营理念、灵活的激励机制以及严谨的号规、号章。从公司治理环境到激励措施,从思想认识到规章建设,山西票号在内部构建起了一个有利于行业健康发展的氛围。

山西票号在信用实践中逐步形成的内部经营管理氛围,是共同意识的结晶,也是其内部独特的文化景象。在商品经济社会中,利润是企业经营的动力。然而,山西票号的盈利手段与众不同,它们不投机取巧、不欺行霸市、不损人利己,而是依靠诚信经营、雄厚的资本、良好的信誉、灵活的经营和优质的服务赢得客户。这种经营理念和诚信原则是山西票号能够长期稳定发展的关键因素。

知识链接

1. 汇票的含义

《中华人民共和国票据法》对汇票（Bill of Exchange 或 Draft）下的定义是"汇票是出票人签发的，委托付款人在见票时或者在指定日期无条件支付确定的金额给收款人或者持票人的票据"。

各国广泛引用或参照的英国票据法对汇票的定义是"汇票为书面的无条件支付命令，由一人开至另一人，并由发出命令者签名，要求受票人见票或定期或可确定的日期，将一定金额的款项付与某一特定的或其指定人或持票人"。

汇票作为最常用的支付工具之一，在国际贸易货款结算中，通常是由卖方签发的，一般都签发一套，一式两份，两份具有同等的法律效力，在使用中通常注明"付一不付二"或者"付二不付一"字样。

2. 汇票的种类

（1）按照出票人不同，汇票可分为银行汇票和商业汇票

银行汇票的出票人是银行。在国际结算中，银行汇票签发后，一般交付款人，由付款人寄交国外收款人向指定的付款行取款。出票行签发汇票后，必须将付款通知书寄给国外付款行，以便付款行在收款人持票取款时进行核对。银行汇票一般为光票，不随附货运单据。

商业汇票的出票人是工商企业或个人。在国际结算中，商业汇票通常由出口方开立，供国外进口方或银行收取货款时使用。商业汇票的出票人不必向付款人寄送付款通知书。商业汇票大都附有货运单据。在信用证结算中，通常使用的是商业汇票。

（2）按照付款时间不同，汇票可分为即期汇票和远期汇票

见票即付的是即期汇票，将来某一时间付款的是远期汇票。远期汇票的付款日期主要有以下几种记载方法：①规定某一个特定日期，即指定日付款；②付款人见票后若干天付款；③出票日后若干天付款；④运输单据日后若干天付款。其中，较多用"提单日期后若干天付款"。

（3）按照承兑人不同，汇票可分为商业承兑汇票和银行承兑汇票

商业承兑汇票是由工商企业或个人承兑的远期汇票。商业承兑汇票建立在商业信用的基础上，其出票人也是工商企业或个人。

银行承兑汇票是由银行承兑的远期商业汇票。银行承兑汇票通常由出口人签发，银行对汇票承兑后即成为该汇票的主债务人，而出票人则成为次债务人，所以银行承兑汇票是建立在银行信用的基础之上的。

(4) 按照是否附有货运单据，汇票可分为光票和跟单汇票

光票是指不附带货运单据的汇票。光票的流通全靠出票人、付款人或出让人（背书人）的信用。在国际结算中，光票除少量用于货款结算外，一般仅限于贸易从属费用、货款尾款、佣金等的托收或支付时使用。

跟单汇票是指附有货运单据的汇票。跟单汇票的付款以附交货运单据为条件，付款人要取得货运单据提取货物，必须付清货款或提供一定的担保。跟单汇票体现了钱款与单据对流的原则，对进出口双方提供了一定的安全保证。在国际结算中，大都采用跟单汇票作为结算工具。

一份汇票通常同时具备几种属性，如一份商业汇票，可以是即期的跟单汇票、远期的银行承兑跟单汇票，或远期的商业承兑跟单汇票。

3. 汇票的票据行为

汇票的票据行为随汇票是即期还是远期而有所不同。即期汇票只需经过出票、提示和付款 3 个步骤。远期汇票需经过承兑手续。如需流通转让，通常要经过背书。汇票遭到拒付时，还要涉及做成拒绝证明、依法行使追索权等法律问题。以下分别介绍几种常见的票据行为。

(1) 出票

出票（Draw/Issue）是指出票人签发票据并将其交付给收款人的票据行为。出票由两个行为组成，一是由出票人写成汇票，并在汇票上签字；二是由出票人将汇票交付给收款人。由于出票是设立债权债务的行为，所以，只有经过交付，汇票才开始生效。

出票人签发汇票后，即承担保证该汇票必然会被承兑和/或付款的责任。出票人在汇票得不到承兑或付款时，应当向持票人清偿被拒绝付款的汇票金额和自到期日或提示付款日起到清偿日止的利息，以及取得拒绝证明和发出被拒绝通知等的费用。

(2) 提示

提示（Presentation）是指收款人或持票人将汇票提交付款人要求付款或承兑的行为。提示可分为以下两种。

提示承兑。提示承兑是指远期汇票持票人向付款人出示汇票，并要求付款人承诺付款的行为。

提示付款。提示付款是指汇票的持票人向付款人（或远期汇票的承兑人）出示汇票，要求付款人（或远期汇票的承兑人）付款的行为。

(3) 承兑

承兑（Acceptance）是指汇票付款人承诺在汇票到期日支付汇票金额的票据行为。汇票一经承兑，付款人就成为汇票的承兑人，并成为汇票的主债务

人,而出票人便成为汇票的次债务人。

(4) 付款

付款(Payment)是指付款人向持票人支付汇票金额的行为。即期汇票在付款人见票时照付,远期汇票于到期日在持票人作提示付款时由付款人付款。汇票一经付款,汇票上的一切债务即告结束。

(5) 背书

背书(Endorsement)是一种以转让票据权利为目的的行为。背书通常由持票人在汇票的背书或粘单上签上自己的名字,或者再加上受让人即被背书人的名称,并把汇票交给受让人。汇票经过背书后,收款的权利就转让给了受让人,由被背书人取得了汇票的所有权。出让人对受让人负有保证汇票必然会被承兑或付款的担保责任。

(6) 拒付与追索

拒付(Dishonor)包括拒绝付款和拒绝承兑两个内容。汇票被拒付时,持票人除可向承兑人追索(Recourse)外,还有权向其前手,包括所有的背书人和出票人行使追索权。持票人进行追索时,应将拒付事实书面通知其前手,并提供被拒绝承兑或被拒绝付款的证明或退票理由。持票人不能出示拒绝证明、退票理由的,丧失对其前手的追索权。追索的金额包括被拒付的汇票金额和自到期日或提示付款日起到清偿日止的利息,以及取得拒绝证明和向前手发出被拒绝通知的费用。

3. 汇票背书

(1) 汇票背书的概念

汇票背书是指持票人以转让汇票权利或其他为目的,在汇票背面或者粘单上记载有关事项并签章的票据行为。背书是转让票据权利的一种方式,也是票据得以流通的基础。

(2) 背书的种类

①以背书的目的不同,背书可分为转让背书和非转让背书。转让背书是持票人以转让票据权利为目的的背书。非转让背书是指持票人以非转让票据权利的其他目的而为的背书。非转让背书又可分为委任背书和设质背书两种。

②以背书的效力不同,转让背书又可分为一般转让背书和特殊转让背书。

一般转让背书是指具有完全的、无限制效力的转让背书。特殊转让背书是指其转让效力受到一定限制的转让背书。一般转让背书依其记载事项完全与否分为完全背书和空白背书。

特殊转让背书包括禁止背书的背书、回头背书和期后背书等。

(3) 背书记载事项

①应记载事项。根据《中华人民共和国票据法》规定，背书应记载背书人签章、被背书人名称和背书日期。背书未记载日期的，视为在汇票到期日前背书。背书在粘单上进行的，粘单上的第一记载人，应在汇票和粘单的粘接处签章。

②可记载事项。根据《中华人民共和国票据法》的规定，汇票上可记载"不得转让"字样。背书人记载"不得转让"字样的汇票，不得转让，其后手若再背书转让的，原背书人对后手的被背书人不承担保证责任。应当注意的是，《中华人民共和国票据法》不承认"免除担保责任""免予作成拒绝证书""预备付款人"等记载及其效力。

③不得记载事项。根据《中华人民共和国票据法》的规定，背书不得附有条件，附有条件的，所附条件不具有汇票上的效力，但背书转让仍然有效。此外，将汇票金额的一部分转让或将汇票金额分别转让给两人以上的背书无效。

(4) 连续背书

汇票以背书方式转让的，其背书应当连续。所谓背书连续是指在票据转让中，转让汇票的背书人与受让汇票的被背书人在汇票上的签章依次前后衔接。即自出票时的收款人到最后持票人也是最后的被背书人，除第一次背书，背书人为收款人外，其后背书，均以前一次背书的被背书人为后一背书的背书人，且相互连接而无间断。

①背书效力

对持票人的效力，主要是证明的效力。只要汇票背书是连续的，持票人不需另行提出任何证据，即可行使票据权利。如背书形式上不连续，但实质上是连续的，即非经背书转让，而以其他合法方式取得汇票的，必须依法举证，证明其汇票权利。背书在形式上和实质上均不连续时，持票人只能行使追索权或利益返还请求权。

对付款人的效力。付款人负有查验背书是否连续的责任。付款人在背书不连续的情况下付款，因此而造成的损失由付款人负责。

②背书认定

背书连续的认定，应遵循下列原则：首先，各次背书在形式上均为有效。这里仅以形式要件为标准，不管实质情形如何，即使背书实质上无效，如伪造的背书，也不影响对背书连续的认定。其次，连续的背书应为同一性质的背书。即在同一汇票的背书中，转让背书和非转让背书并存时，仅以转让背书的连续来认定背书的连续。再次，背书在汇票上的记载顺序应有连续性。

③背书效力转让

背书的效力是指票据因背书行为所带来的法律后果。背书效力分为转让背书的效力和非转让背书的效力。这里仅讲解转让背书的效力。转让背书主要有以下3种效力。

权利转移。这是背书的基本效力，背书是以背书人转移票据权利为目的票据行为。被背书人由背书而受让票据后，即取得票据所有权及票据上的一切权利。对善意取得人而言，只要是出于善意，即无恶意或无重大过失，从背书连续的汇票持票人那里依背书方式取得票据，即使该背书人为非权利人而背书无效时，善意取得人仍能取得票据权利。

担保责任。《中华人民共和国票据法》规定，背书人以背书转让汇票后，即承担担保证其后手所持汇票承兑和付款的责任。背书人在汇票得不到承兑或者付款时，应当依法向持票人清偿法律规定的金额和费用。

权利证明。就持票人而言，只要所持票据上的背书为连续时，就应推定其为票据权利人，不需另行举证，即可行使票据权利。就票据债务人而言，当背书连续时，不必要求持票人提出证明，就可向持票人付款；只要票据债务人是善意，即使向非真正权利人的持票人付了款，也免除其付款责任，无须再向真正的权利人付款。票据债务人若对背书连续的持票人主张其为非票据权利人时，应负举证责任。对于背书不连续的持票人，票据债务人应当拒绝付款，除非其能另行提出其为真正权利人的确切证据，否则付款人对该持票人的付款责任自负。

5. 汇票填制要点

由于汇票是一种要式的有价证券，故其缮制要求内容不得有误，而且不得进行涂改，否则汇票无效。

汇票的格式没有统一的标准，卖方可向银行购买，也可自行设计，但其主要内容都包括以下几点：

（1）出票依据/出票条款（DRAWN UNDER）：信用证项下包括开证行名称、信用证号码及开证日期，托收项下留空不填或填"FOR COLLECTION"。

（2）年息（PAYABLE WITH INTEREST @ …% PER ANNUAL）：留空不填。

（3）出票地点及出票日期：出票地点为卖方所在地，出票日期为交单议付期，一般出口方向银行交单时由银行填写。

（4）汇票编号（NO.）：填发票号码或其他有利于识别的号码。

（5）汇票金额：即汇票上的灰色区域，分为小写和大写两部分。小写部分填货币代号和阿拉伯数字，大写部分由小写金额翻译而成。

(6) 付款期限（AT SIGHT）：即期汇票填"---""…"或"＊＊＊"；远期汇票根据规定填写。

(7) 受款人（PAY TO THE ORDER OF /PAYEE）：在我国出口业务中，一般银行为受款人，通常汇票上都已经事先印好。

(8) 付款人（DRAWEE/PAYER）：信用证项下为开证行或指定的付款行，托收项下为进口商。

(9) 出票人（DRAWER）：签发汇票的人，应写明出口人名称，并由负责人签字，否则无效。

实训操作：制作汇票

1. 实训情景

小李协助完成汇票制作，要求根据所给资料制作汇票。相关信息如下。
ISSUING BANK：DEUTSCHE BANK（ASIA）HONGKONG
L/C NO. AND DATE：LC-1495988, SEP. 20, 2023
AMOUNT：USD19,745.00
APPLICANT：MELCHERS（H.K）LTD., RM. 1210, SHUNTAK CENTRE, 200 CONNAUGHT ROAD, CENTRAL, HONGKONG
BENEFICIARY：CHINA NATIONAL ARTS AND CRAFTS IMP. & EXP. CORP. GUANG DONG（HOLDINGS）BRANCH.
INV. NO.：ITBE001121
WE OPENED IRREVOCABLE DOCUMENTS CREDIT AVAILABLE BY NEGOTIATION AGAINST PRESENTATION OF THE DOCUMENTS DETAILED HEREIN AND OF BENEFICIARY'S DRAFTS IN DUPLICATE AT SIGHT DRAWN ON OUR BANK.
NEGOTIATION BANK：BANK OF CHINA, TIANJIN BRANCH

2. 汇票

小李根据汇票填制要求，完成的汇票如下所示。

BILL OF EXCHANGE

Drawn under　DEUTSCHE BANK（ASIA）HONGKONG　　L/C NO. LC-1495988
Dated　　　SEP. 20, 2023　　Payable with interest@ _____ %　per annum
NO.　　　ITBE001121　Exchange for USD19,745.00　shanghai _____ （Date）
At　　　　----SIGHT_____　Of this FIRST of Exchange（Second of Exchange being
Unpaid）Pay to the order of　 BANK OF CHINA, TIANJIN BRANCH, THE SUM OF
U.S. DOLLARS NINETEEN THOUSAND SEVEN HUNDRED AND FORTY FIVE ONLY
Value received _____
To：　　　DEUTSCHE BANK（ASIA）HONGKONG
CHINA NATIONAL ARTS AND CRAFTS IMP. & EXP. CORP. GUANG DONG（HOLDINGS）BRANCH.

（Authorized Signature）

电子银行承兑汇票

1. 什么是电子银行承兑汇票？

电子银行承兑汇票是纸质银行承兑汇票的继承和发展，电子银行承兑汇票所体现的票据权利义务关系与纸质银行承兑汇票没有区别，不同之处是电子银行承兑汇票以数据电文形式替代原有的纸质实物票据，以电子签名取代实体签章，以网络传输取代人工传递，以计算机录入代替手工书写，实现了出票、流转、兑付等票据业务过程的完全电子化。

2. 电子银行承兑汇票的优点

电子银行承兑汇票是中国人民银行统一推广的，以数据电文形式制作的一种商业汇票。电子银行承兑汇票与纸质银行承兑汇票相比，具有六大优点。

（1）电子银行承兑汇票要素记载全部电子化，流通通过银行的系统渠道进行。纸票传递和携带，为防止丢失或损毁，需要专人携带。

（2）电子银行承兑汇票没有实物，只有电子信息，全部储存在系统内，保管无忧愁。纸质票据实物的存放，为防止丢失或损毁，需要专一、保险柜保管。

（3）电子银行承兑汇票信息全部在系统中，电子化的信息查找更方便。纸质票据查找票据信息，需要逐张票据翻看或逐笔登记相关信息后查找，费时费力。

(4) 电子银行承兑汇票从出票开始的每个环节经过中国人民银行系统登记，杜绝了克隆票和假票，收票更放心。纸质票据在接受时，会担心票据真伪，需要根据交易对手信用进行判断或请银行代为鉴定。

(5) 电子银行承兑汇票到期后，发出付款申请，资金可瞬间到账，收款更高效。纸质票据到期前，发出委托收款、邮寄实物票据，资金一般1~3天才能到账。

(6) 电子银行承兑汇票则能实现企业内部信息及资金管理与外部运营的无缝对接，管理更高效。纸质票据无法满足大型企业对资金流、信息流和物流管理电子化以及情况掌握实时化的高要求。

3. 电子银行承兑汇票怎么操作？

(1) 申请办理电子银行承兑汇票客户在承兑行开立结算账户。

(2) 电子银行承兑汇票承兑行与用户双方签订电子商业汇票业务服务协议。

(3) 客户填写电子商业汇票业务申请表，申请开办电子票据业务。

(4) 电子银行承兑汇票承兑行为客户开通业务功能，并制作数字证书。

(5) 电子银行承兑汇票承兑行与用户双方根据业务种类签订相应协议。

(6) 客户具体办理电子银行承兑汇票业务。

4. 电子银行承兑汇票风险防范要点

(1) 严格审查对方资信。对于接收的电子银行承兑汇票，应当对出票人、票据状态、票据用途、金额等进行严格审查，确保票据的真实性和合法性。同时，要了解对方的企业信用记录和财务状况，以避免因对方信用问题而导致的风险。

(2) 保证电子银行承兑汇票的安全性。采取有效的安全措施，确保电子银行承兑汇票在使用、存储、传输等过程中不被篡改或丢失。例如，可以使用加密技术对电子银行承兑汇票进行加密处理，以保障数据的安全性。

(3) 加强内部控制和审计。建立完善的内部控制机制，确保电子银行承兑汇票的办理、审批、结算等流程符合规定。要加强内部审计和监督，及时发现和处理各种违规行为。

项目练习

一、单选题

1. 出票人在付款人处的存款足以支付支票金额时，付款人应当在（   ）

足额付款。

A. 见票后 3 日内　B. 见票当日　C. 见票后两日内　D. 见票后 10 日内

2. 《中华人民共和国票据法》规定的票据行为不包括（　　）。

A. 出票　　　　　B. 背书　　　　C. 付款　　　　　D. 承兑

3. 商业汇票的付款人为（　　）。

A. 出票人　　　　B. 承兑人　　　C. 保证人　　　　D. 背书人

4. 下列各项中，不能行使票据追索权的是（　　）。

A. 承兑人　　　　B. 出票人　　　C. 保证人　　　　D. 背书人

5. 由出票人签发，委托付款人在指定日期无条件支付确定的金额给收款人或者持票人的结算方式是（　　）。

A. 银行汇票　　　B. 支票　　　　C. 银行本票　　　D. 商业汇票

二、判断题

1. 汇票的出票依据，在信用证和托收支付条件下，是买卖合同。（　　）

2. 如果一张汇票未注明"汇票"字样，并不影响此汇票的使用。（　　）

3. 计算见票后或出票后或提单日后固定时期付款的汇票的时间，一般采用"算尾不算头"的方法，其含义是"不包括见票日、出票日或提单日，包括付款日"。（　　）

4. 持票人抬头的汇票无须持票人背书，仅凭交付即可转让。（　　）

5. 汇票经背书后，使汇票的收款权利转让给被背书人，被背书人若日后遭到拒付，可向前手行使追索权。（　　）

6. 在一般情况下，汇票一经付款，出票人对汇票的责任即告解除。（　　）

7. 支票和本票的主债务人是出票人，而汇票的主债务人是承兑人。（　　）

8. 即期汇票和远期汇票均可贴现。（　　）

9. 如果汇票的付款日期为见票后双方再协商，则此汇票是无效的。（　　）

10. 当汇票遭到拒付时，持票人有权自己制作拒绝证书。（　　）

项目 2.8　制作附属单据操作

知识目标

1. 熟悉受益人证明的格式和内容；
2. 熟悉装运通知的格式和内容；
3. 熟悉船公司证明的格式和内容。

能力目标

1. 能根据信用证条款和其他信息，制作受益人证明；
2. 能根据信用证条款和其他信息，制作装运通知；
3. 能根据信用证条款和其他信息，制作船公司证明。

 引导案例

未及时发送装运通知导致的货损

一、案例介绍

我方以 CFR 贸易术语与 B 国的 H 公司成交一批消毒碗柜的出口合同，合同规定装运时间为 4 月 15 日前。我方备妥货物，并于 4 月 8 日装船完毕。由于遇休息日，我方业务员未及时向买方发出装运通知，导致买方未能及时办理投保手续，而货物在 4 月 8 日晚因发生了火灾被烧毁。

二、案例分析

货物损失的责任由我方承担。因为，在 CFR 术语成交的情况下，租船订舱和办理投保手续分别由卖方和买方办理。因此，卖方在装船完毕后应及时向买方发出装运通知，以便买方办理投保手续，否则，由此产生的风险应由卖方承担。本案中，因为我方未及时发出装运通知，导致买方未能及时办理投保手续，未能将风险及时转移给保险公司，因而，风险应由我方承担。

讨论题

1. 什么是装运通知？
2. 装运通知的发送时效有什么要求？

任务　制作附属单据

本公司与 NEO 公司交易的陶瓷餐具已经顺利发运。货物发运后，陈总让小李立即向买方发送装运通知，装运通知需包含交易的发票号、提单号、船名航次、装运港、装运日期、目的港、预计到达日、货物品名及描述、唛头、信用证号等内容，并制作其他附属单据。

任务要求

1. 以小组为单位，收集 UCP 600 对装运通知、受益人证明的相关规定；
2. 分析船公司证明的格式和内容。

课程思政

郑和七次下西洋　四海文明开眼界

1405 年，郑和率领当时世界上最庞大的船队自中国太仓的刘家港起锚，拉开"郑和下西洋"的序幕。据《明史·郑和传》记载，（宝船）"大者，长四十四丈四尺，阔一十八丈"。换算下来，船长为 125 米，宽 50 米，是那个时代名副其实的"巨无霸"。相比之下，哥伦布首航美洲舰队的旗舰圣玛利亚号仅长 23.6 米、宽 7.8 米。更重要的是，规模庞大的郑和船队是名副其实的和平使者。郑和宝船在出海时装载了大量的瓷器、丝绸、茶叶、印花布和永乐通宝，这些在当时欧洲上流社会都属稀缺的东方珍品，价格不菲。从携带的货物不难看出，当年郑和下西洋的目的充满了中国式的诚意与善意，作为大明特使的郑和一路用慷慨大方、厚往薄来的方式播种友谊、建立感情、促成合作、化解危机，达到了"宣德化""柔远人""扬国威"的目的。

郑和七下西洋的壮举打通了亚洲海上航线，促进了中国与航线各国的经济、文化交流，成了"一带一路"倡议最早的践行者。郑和七下西洋时曾在马六甲和苏门答腊北部的须文答腊两处设立商馆，于所到之处尽力推动贸易、互市，让沉寂已久的海上丝绸之路恢复繁荣。坐落在圣淘沙的新加坡海事博物馆里陈列着一艘按照原尺寸复制的郑和宝船，这艘宝船足有三层楼高，船头设有开放式剧场滚动播放郑和下西洋的动画短片，整个宝船和周围还原出的露天市场如时空隧道般展现给人们当年海上丝绸之路的繁华。

不仅新加坡有许多郑和"遗迹"，东南亚很多国家都有与郑和有关的人文景观，除了为纪念郑和而建的庙宇，还有数不清的与郑和有关的大小遗迹。这些地方大多以郑和的小名"三宝"命名，例如印度尼西亚的三宝垄就建有三宝庙、三宝洞、三宝井，马来西亚槟城的"郑和脚印"，泰国的郑和塔、三宝港，斯里兰卡的郑和桥等。郑和下西洋的壮举倡导了和平友好、互惠发展的外交风气，为海外贸易发展、中华文化传播、东南亚文化交流以及地区国际秩序稳定提供了有利的条件，探索出了较为成熟的亚洲航线和亚非航路，并对航海技术和海洋科学的发展做出了巨大的贡献，其表现出的开放包容的疆域观对深刻理解现代国家疆域形态变化有着十分重要的意义。

从明代"郑和下西洋"到新时代"一带一路"倡议，在郑和宝船扬帆起航600多年后的今天，中国的友谊之舟仍在启航远行、乘风破浪，以中国特色、中国智慧、中国气派播撒和平、互惠的种子，谱写人类命运共同体的新篇章，为人民谋幸福，为民族谋复兴，为世界谋大同。

知识链接

附属单据（Additional Documents）也称辅助单据，或补充单据，指在交易中，出口商应买方的要求，在提供了基本单据以外，特别提供的单据。常见的附属单据有受益人证明、装运通知和船公司证明。

1. 装运通知

（1）装运通知的概念

常见的装运通知名称有装运通知（Shipping Advice），装船申明（Declaration of Shipment）。装运通知（Shipping Advice）是出口商根据信用证规定在货物装船并取得提单后，以传真、电报或电传方式将与装船有关的情况及时告知收货人等有关当事人的单据。议付时，须提供该传真、电报或电传副本予以证明。

装运通知的主要功能有两项：一是让收货人等有关当事人及时了解货物装运的情况；二是在 FOB 或 CFR 条件下，是进口商办理进口货物保险的凭证。按惯例，在 FOB 或 CFR 条件下，卖方未及时通知买方保险，货物在运输途中发生的损失，应由卖方负责。因此，在 FOB 或 CFR 条件下，卖方是否及时发出装运通知显得尤为重要。

FOB 贸易术语下卖方应在约定的装运期开始以前 30 天向买方发出货物备妥准备装船的通知。若信用证未对装运通知的出单日期作出明确规定，一般要求出口商在货物离开启运地后 3 个工作日内向进口商发出装运通知。

装运通知一般包括发票号、提单号、船名航次、装运港、装运日期、目的港、预计到达日、货物品名及描述、唛头、信用证号等内容。

有关装运通知性质的单据名称常见的有"Shipping Advice""Beneficiary's Certified Copy of Fax"以及"Declaration of Shipment"。不同名称的装运通知，内容上也有所不同。

（2）装运通知的内容

装运通知没有固定的格式，如果是信用证方式，其内容应符合信用证的规定。主要内容一般包括出口公司名称、装运通知日期、信用证号码、发票号码、提单号码、船名航次、唛头、装运港、目的港、装运日期、预计到达时间、商品名称、数量、重量总金额等。

（3）装运通知的作用

①便于进口商等有关当事人及时了解货物装运的情况；

②在 FOB 或 CFR 条件下，是进口商办理进口货物保险的凭证。按照惯例，在 FOB 或 CFR 条件下，卖方未及时发出装运通知，货物在运输途中发生的损失，应由卖方负责。在 CIF、CIP 条件下便于买方了解货物装运情况、准备接货或筹措资金。

（4）信用证项下的装运通知条款举例

①ORIGINAL FAX FROM BENEFICIARY TO OUR APPLICANT SHOWING INV. NO, B/L NO, NAME OF VESSEL, TOTAL AMOUNT, SHIPMENT DATE, QUANTITY AND VALUE OF GOODS.

翻译：受益人正本传真通知我方开证申请人，并在单据中注明发票号码、提单号码、船名、总金额、装运日期、装运数量及货物价值。

②SHIPPING ADVICE INDICATING NAME OF GOODS, SHIPPING MARKS, PACKAGES NUMBERS, VESSEL'S NAME, B/L NUMBER, GROSS WEIGHT, NET WEIGHT, ETD, ETA, MUST BE SENT ON THE DATE OF SHIPMENT

TO US.

翻译：装运通知必须注明货物名称、唛头、包装数量、船名、提单号码、毛重、净重、预计发货日期、预计到达日期，并在完成装运当天发送装运通知给我们。

③SHIPMENTS UNDER THIS CREDIT MUST BE ADVISED BY YOU IMMEDIATELY WITHIN 48 HOURS AFTER SHIPMENT INDICATING DIRECT TO APPLICANT AND A COPY OF SHIPMENT ADVICE IS REQUIRED.

翻译：本信用证项下的装运通知在装运后 48 小时内立即通知开证申请人，并且在议付时提供一份装运通知副本。

2. 受益人证明

（1）受益人证明的概念

受益人证明（Beneficiary's Certificate）是根据信用证条款，由出口商签发的用来证实有关内容的书面证明。

若来证要求"Beneficiary's certificate certifying that non-negotiable documents have been sent to applicant by DHL."按此条款，受益人应提供受益人证明。

（2）受益人证明的格式

受益人证明是一种内容多种多样、格式简单的单据。它由受益人自己出具，以证明自己履行了信用证规定的任务或证明自己按信用证的要求办事，证明的内容包括：寄出有关的副本单据、船样、样卡、码样、包装标签、商品已经检验、已发出装运通知等。受益人证明一般不分正、副本，但若来证要求正本，可以在"Beneficiary's certificate"的正下方打"original"字样。

受益人证明的特点是自己证明履行某项义务。一份受益人证明书一般有几个栏目。

①NAME & ADDRESS OF BENEFICIARY

填写出口公司名称和地址。

②BENEFICIARY'S CERTIFICATE

填写单据名称，按 L/C 规定填，如 BENEFICIARY'S CERTIFICATE，BENEFICIARY'S STATFMENT，BENEFICIARY'S DECLARATION。

③DATE

日期，应与证明的内容符合。例如，提单日期是 4 月 20 日，受益人证明的有关内容是："WE HEREBY CERTIFY THAT ONE SET OF NON-NEGOTIABLE SHIPPING DOCUMENTS HAS BEEN AIRMAILED TO THE APPLICANT WITHIN 2 DAYS AFTER THE SHIPMENT DATE."受益人证明不能早于 4 月 22 日，当然也不能晚于交单日期。

④RE：L/C NO. INVOICE NO.

参考号码，填写信用证号码和发票号码。

⑤TO：WHOM IT MAY CONCERN

抬头栏，可采用笼统填法，如致有关当事人（TO：WHOM IT MAY CONCERN）。

⑥WE HEREBY CERTIFY THAT

证明内容，根据信用证缮制，但有时应对所用时态作相应变化。例如，信用证条款规定"BENEFICIARY'S CERTIFICATE CERTIFY THAT ALL THE PACKAGES TO BE LINED WITH WATERPROOF PAPER AND BOUND WITH TWO IRON STRAPS OUTSIDE."，则受益人证明应作成"…PACKAGES HAVE BEEN LINED…"

⑦SIGNATUR

签署，注明出口公司名称并签章。

3. 船公司证明

在我国对外贸易实践中，经常会遇到进口商在信用证中提出要求船公司证明（以下简称"船证"）的情形，尤以来自中东和非洲地区的客户为多，所以单证从业人员必须对此进行恰当的理解和把握。船证通常由出口商或船方用英文制作，具体内容应以信用证中要求为准，所有船证必须签署。

（1）船舶本身的证明文件

①集装箱船只证明（Certificate of Container Vessel）。进口商或银行在合同/信用证中规定货物须装集装箱船并出具相应证明的，可由受益人自行制作并加盖有关签发人的图章，也可在运输单据上加以注明。

②船龄证明。有些国家/地区来证规定装载货物的船舶的船龄不得超过15年，受益人必须要求船代或船公司出具载货船只的船龄证明书（Certificate to evidence the ship is not over 15 years old or is under 15 years of age.），这样的要求主要目的在于禁止使用老龄船，保护货物运输安全。

③船籍证明（Certificate of Registry）。其用于证明船舶所属国籍。

④船级证明（Confirmation of Class）。有的信用证规定提供英国劳合社船级证明，如"Class certificate certifying that the shipment is made by a seaworthy vessel which are classified 100 A1 issued by Lloyds or equivalent classification society."，劳合社的船级符号为LR，标志为100AI，100A表示该船的船体和机器设备是根据劳氏规范和规定建造的，I表示船舶的装备如船锚、锚链和绳索等处于良好和有效的状态，对这样的要求通常应予以满足。

国际上著名的船级社有英国劳合社、德国船级社（GL）、挪威船级社

（DNV）、法国船级社（BV）、日本海事协会（NK）、美国船级社（ABS）等。

（2）运输和航行证明

①航程证明（Certificate of Itinerary）

主要说明航程中船舶停靠的港口，一些阿拉伯国家开立的信用证中，往往要求在提单上随附声明一份，明确船籍、船名、船东及途中所经港口顺序，出口方须按要求签发此类证明并按证明中所述行驶、操作船舶。

②转船证明书（Certificate of Transshipment）

出口方出具转船证明书，说明出口货物将在中途转船且已联系妥当，并由托运人负责将有关转船事项通知收货人。

③货装具名船舶证明

如信用证要求"A certificate from the shipping company or its agent stating that goods are shipped by APL"（出口方提供由船公司或其代理出具的货装美国总统轮船公司的证明）。

④船长收据（Captain's Receipt）

有的信用证规定，样品或单据副本交载货船只的船长带交进口商，并提供船长收据，如委托船长带去而未取得船长收据将影响出口商收汇，常见于近洋运输。此外，船证还包括进港证明、运费已交收据、港口费用单（port charges documents）、装卸准备就绪通知书（NOR）和装卸时间事实记录等，如要求出具相应证明的，出口方必须提供。

（3）航运组织和公约证明

①班轮公会证明（Conference Line Certificate）

信用证规定货物须装班轮公会船只时，向银行所交单据中应包括船公司或船代出具的证明。

例1：某信用证要求"A certificate issued by the carrier, shipping Co or their agents certifying that shipment has been effected by conference line and/or regular line vessels only covered by institute classification clause to accompany the documents."（由承运人、船公司或他们的代理签发证明，证实货物业已装运在符合伦敦协会船级条款的班轮公会船只或定期船上，该船证随单据提交。）

例2：某信用证要求"Shipping company's certificate stating that the carrying vessel has entered P&I Club and should be attached with the original documents."（船证应明确载货船舶系船东保赔协会成员并应随附正本证明。）

②SMC、DOC 和 SOLAS

这几个缩略语近年来常出现在信用证的要求中，SMC（Safety Management Certificate，船舶安全管理证书）和 DOC（Document of Compliance，安全符合证书，也有人称其为船/港保安符合证书）是按照国际安全管理规则（ISM）的规定载货船舶应在船上拥有的必要证书。SOLAS 是指《1974 年国际海上人命安全公约》。

我国海事局按 ISM 的规章发给船公司 DOC，船舶可获 SMC，如船公司没有相应证书，那么就没有办法按信用证要求来出具此类证明。信用证中的一般要求是"The carrying vessel should comply with the provisions of the（ISM）Code which necessitates that such vessel must have on board, copies of the two （SMC and DOC）valid Certificates and copies of such certificate must be presented with the original documents."也可体现为"Certificate issued, signed and stamped by the owner/carrier/ master of the carrying vessel holds valid ISM certificate and ISPS."（ISPS, International Shipping And Port Security Safety Code,《国际船舶和港口设施保安规则》。）

（4）正确理解船证制作要求

①Certificate from the shipping agents issued at the port of shipment stating that cargo and/or interests are carried by a mechanically self-propelled seaworthy vessel classified under Lloyd's register of shipping as 100A1 or equivalent provided such vessels are not over fifteen years of age or over fifteen years but not over twenty five years of age and have established and maintained a regular pattern of trading on an advertised schedule to load and unload at specific ports or equivalent.

某信用证中要求船证由船代在装港制作，明确货物系由英国劳合社或其他相应机构确认的 100A1 级、机械驱动、适航的船舶运输，船龄应 15 年以下，或能按预先公布的船期表在特定港口持续定期投入装卸货物的商业运营的，船龄也可在 15 年以上 25 年以下。证明内容以证内文字及船舶的实际情况加以叙述即可。

②A certificate from the shipping company or their agent stating that the goods are shipped on vessels: -that are exempted from the "solas" convention certificating requirement and is not required to have a certificate of conformity to the ISM code or that have a current ISM code certificate if the carrying vessel is subject to "solas" -covered by the institution classification clause. -that are allowed by the Arab authorities to call at Arabian ports-under 15 years of age.

该船证要求来自阿拉伯联合酋长国开的信用证，船证由船公司或其代理签发，证明载货的船舶：如适用"SOLAS"公约则必须持有有效的 ISM 证明，否则可以豁免相关证明；船舶符合协会船级条款；经阿拉伯相关国家授权，船舶可挂靠所有阿拉伯地区口岸；船龄 15 年以下。

实训操作：附属单据制作

1. 任务情景

根据国外来证和以下内容制作装运通知和受益人证明。

LETTER OF CREDIT	
27：SEQUENCEOF TOTAL	1/1
40A：FORM OF DOCUMENTARY CREDIT	IRREVOCABLE
20：DOCUMENTARY CREDIT NUMBER	001/02/14020X
31C：DATE OF ISSUE	170222
31D：DATE AND PLACE OF Expiry	170430 IN COUNTRY OF BENEFICIARY
50：APPLICANT	ALEXANDER FRASER AND SON LTD. FRANKLAND MOORE HOUSE, 185/187 HIGH ROAD, CHADWELL HEATH, ROMFORD, ESSEX. RM6 2NR, CANADA
59：BENEFICIARY	CHINA NATIONAL METALS AND MINERALS EXP & IMP CORP., JIANGSU BRANCH. 201 ZHUJIANG ROAD, JIANGSU, CHINA
32B：CURRENCY CODE, AMOUNT	USD15,002.88
41D：AVAILABLE WITH BY	ANY BANK BY NEGOTIATION
42C：DRAFT AT	AT SIGHT FOR FULL INVOICE VALUE
42A：DRAWEE	STANDARD CHARTERED BANK, LONDON
43P：Partial Shipments	NOT ALLOWED
43T：Transshipment	ALLOWED
44E：Port of loading	SHANGHAI, CHINA
44F：Port of discharge	TORONTO, CANADA
44C：Latest Date of Ship	170430

续表1

45A：Descript of Goods	AS PER APPLICANT ORDER NO. PET/CAN/5 POLISHED MARBLE TILES, 30.5×30.5×1CM. PLUS OR MINUS 0.5 MM. ART NO. 425：312.56 SQM. ART NO. 424-2：312.56 SQM TOTAL：625.12 SQM AS PER S/C 87MAF4002-43 AND 87MAF4002-44 THE BUYER'S TELEX NO. 422.
46A：Documents required	+SIGNED COMMERCIAL INVOICE IN 3 COPIES INDICATING L/C NO. AND CONTRACT NO. +PACKING LIST/WEIGHT MEMO IN 3 COPIES INDICATING QUANTITY, GROSS AND WEIGHTS OF EACH PACKAGE +MANUALLY SIGNED CERTIFICATE OF ORIGIN IN 3 COPIES INDICATING THE NAME OF THE MANUFACTURER + COMPLETE SET OF NOT LESS THAN 3 ORIGINAL CLEAN ON BOARD OCEAN BILLS OF LADING MARKED "FREIGHT PREPAID". NOTIFY PETRICO INTERNATIONAL TRADING CORP., 1110 SHEPPARD AVENUE EAST SUITE 406 WILLOWDALE ONTARIO, CANADA, M2K2W2 +BENEFICIARY'S CERTIFICATE IN REQUIRED EVIDENCING THAT ONE COMPLETE SET OF NON-NEGOTIABLE SHIPPING DOCUMENTS HAVE BEEN SENT BY AIRMAIL TO BOTH THE CONSIGNEE AND ALEXANDER FRASER AND SON LTD, NOT LATER THAN DATE OF PRESENTATION OF NEGOTIABLE DOCUMENTS. +SHIPPING ADVICE IN 3 COPIES INDICATING L/C NO. AND CONTRACT NO. +BENEFICIARY'S SIGNED STATEMENT THAT MERCHANDISE PACKED IN WOODEN CRATES WITH PLASTIC FOAM BOX. +ALL RISKS AND WAR RISKS INSURANCE POLICIES OR CERTIFICATE IN DUPLICATE ENDORSED IN BLANK FOR NOT LESS THAN THE FULL CIFVALUE PLUS 10 PERCENT OF THE SHIPMENT IN THE CURRENCY OF THE CREDIT. TRANSSHIPMENT RISKS TO BE COVERED IF TRANSSHIPMENT EFFECTED.

续表2

47A：Additional Conditions	BILL OF LADING TO EVIDENCE GOODS SHIPPED IN 1 *20'GP. CONSIGNEE-PETRICO INTERNATIONAL TRADING CORPORATION 1110 SHEPPARD AVENUE EAST SUITE 406 WILLOWDALE ONTARIO, CANADA M2K2W2
71B：Details of Charges	ALL BANKING CHARGES OUTSIDE BRAZIL ARE FOR A/C OF BENEFICIARY.
48：Presentation Period	DOCUMENTS TO BE PRESENTED WITHIN 15 DAYS AFTER THE DATE OF SHIPMENT, BUT WITHIN THE VALIDITY OF THE CREDIT.
49：CONFIEMATION INSTRUCTIONS	WITHOUT
57D：ADVISE THROUGH BANK	BANK OF CHINA JIANGSU
78：INSTRUCTIONS：	IN REIMBURSEMENT WE SHALL COVER YOU UPON RECEIPT OF DOCUMENTS IN ORDER. NEGOTIATING BANK IS TO DISPATCH ALL DOCUMENTS TO US BY REGISTERED AIRMAIL IN ONE COVER. THIS CREDIT IS SUBJECT TO UNIFORM CUSTOMS AND PRACTICE FOR DOCUMENTARY CREDITS (1993 REVISION) INTERNATIONAL CHAMBER OFCOMMERCE PUBLICATION 500. THIS TELECOMMUNICATION REPRESENTS THE OPERATIVE INSTRUMENT AND NO MAIL CONFIRMATION WILL BE ISSUED.
72：BANK TO BANK INFO：	FOR BANK OF CHINA JIANGSU PEOPLES REPUBLIC OF CHINA

补充资料：

(1) 托运单号码为02W-13，托运日期为APR.13，2017；船名为LANJING V.0213

(2) 该批商品有关数据如下：

MEAS=7.2CBM，UNIT PRICE=USD24.00

ART NO. 425：8CRATES, NW=8480 KGS, GW=8800 KGS；

ART NO. 424-2：8CRATES, NW=8480 KGS, GW=8800 KGS；

（3）运输路线：FROM SHANGHAI, CHINA TO TORONTO, CANADA VIA HONGKONG

（4）INVOICE NO./DATE：CNM-170310/170310

（5）CONTAINER NO.：CBHU3202732

（6）ORIGINAL NO.：C083333331210001

（7）B/L NO. AND DATE：APLU333333121/ APR.13,2017

（8）DATE OF ISSUE OF B/L：APR.13,2017

（9）INSURANCE NO.：1000002596，出单日期：2017-04-02

（10）SHIPPING MARKS：

P. M. T.

TORONTO

NO. 1-16

（11）DATE OF SHIPMENT：APR.6,2017

（12）ISSUE DATE OF SHIPPING ADVICE：APR.15,2017

（13）DATE OF BENEFICFARY'S DECLARATION AND CERTIFICATE：APR.15,2017

（14）DATE OF BILL OF EXCHANGE：APR.16,2017

（15）出口商负责人：赵俊

（16）贸易术语：CIF

（17）保险费率：0.88%

2. 附属单据

小李根据相关信息制作的装运通知和受益人证明如下。

CHINA NATIONAL METALS AND MINERALS EXP & IMP CORP., JIANGSU BRANCH.
201 ZHUJIANG ROAD, NANJING, JIANGSU, CHINA

CERTIFICATE

DATE APR.15.2017
INVOICE NO: CNM-170310

TO: ALEXANDER FRASER AND SON LTD

RE: L/C NO 001/02/14020X ORDER NO PET/CAN/5
WE HEREBY CERTIFY THAT ONE COMPLETE SET OF NON-NEGOTIABLE SHIPPING DOCUMENTS HAVE BEEN SET BY AIRMAIL TO BOTH THE PETRICO INTERNATIONAL TRADING CORPORATION AND ALEXANDER AND SON LTD ON APR.15,2017.

CHINA NATIONAL METALS AND MINERALS EXP & IMP CORP. JIANGSU BRANCH
赵俊

SHIPPING ADVICE

Messrs.
ALEXANDER FRASER AND SON LTD.
FRANKLAND MOORE HOUSE, 185/187 HIGH ROAD,
CHADWELL HEATH, ROMFORD, ESSEX. RM6 2NR, CANADA

Invoice No. CNM-170310
Date: APR.15,2017

Particulars
1. L/C No. 001/02/14020X
2. Purchase order No. 87MAF4002-43 AND 87MAF4002-44
3. Vessel: LANJING V.0213
4. Port of Loading: SHANGHAI, CHINA
5. Port of Dischagre: TORONTO, CANADA
6. On Board Date: APR.6,2017
7. Estimated Time of Arrival:
8. Container: 1*20'GP
9. Freight: [   ] [   ]
10. Description of Goods:
POLISHED MARBLE TILES
ART NO. 425

Documents enclosed
1. Commercial Invoice: 3
2. Packing List: 3
3. Bill of Lading: 3
4. Insurance Policy: 2

Very truly yours,

CHINA NATIONAL METALS AND MINERALS EXP &
Manager of Foreign Trade Dept.

 项目练习

一、单选题

FOB条件下,卖方应在约定的装运期开始以前,一般是(　　),向买方发出货物备妥准备装船的通知。

A. 15天　　　B. 30天　　　C. 5天　　　D. 7天

二、多选题

装运通知是指出口商在出口货物装运后,向收货人或其通知人发出货物装运情况的书面文件。其主要作用是(　　)。

A. CIF条件下告知进口商做好接货准备

B. FOB、CFR条件下提请进口商办理保险

C. 该副本是议付货款的单证之一

D. FOB、CFR条件下自动承保的证明

项目 2.9　单据审核和交单操作

知识目标

1. 熟悉审单原则、审单方法；
2. 掌握常见单据的不符点；
3. 熟悉 L/C 交单规定；
4. 了解各类单据移交规定。

能力目标

1. 能根据合同或信用证、相关国际惯例审出单据中的不符点；
2. 能按 L/C 指示或合同条款交单；
3. 能检查收回单据的准确性、完整性和一致性；
4. 能按业务的要求将各类单证归档。

 引导案例

单据不表示发票号码引起的纠纷

一、案例介绍

我国 PH 进出口公司对新加坡出口一批货物。2023 年 3 月 5 日由 N. H. M. 银行开来装船期为 3 月 23 日、有效期为 4 月 3 日的信用证，在单据条款中要求提供 "FULL SET OF CLEAR ON BOARD OCEAN BILL OF LADING AND ONE COPY OF NON-NEGOTIABLE B/L… AND GENERALIZED SYSTEM OF PREFERENCES CERTIFICATE OF ORIGIN FORM A." "ALL DOCUMENTS EXCEPT DRAFT AND INVOICE MUST NOT SHOW THE CREDIT NUMBER AND INVOICE NUMBER."。

PH 进出口公司制单人员在装船前缮制 GSP 原产地证书时，发现信用证要求所有单据不能表示发票号，而 GSP 原产地证书格式 A 却要求填写 "发票号和日期"。PH 公司立即与当地商检机构联系，商检机构坚决不同意出具发票号留空不填的 GSP 原产地证书，理由是联合国贸发会对于填写 GSP 原产地证

书格式 A 的有关规定，此栏目不得留空不填。

PH 进出口公司立即发传真给新加坡进口商，提出：贵方信用证要求一切单据除发票和汇票外，不得表示发票号和信用证号，但是贵方又要求我方提供 GSP 原产地证书，该证书按照联合国贸发会规定必须填写发票号，故信用证与上述规定有抵触，而且我地出证当局也不同意接受此条款。请贵方修改信用证为"ALL DOCUMENTS EXCEPT DRAFT, INVOICE AND GENERALIZED SYSTEM OF PREFERENCES CERTIFICATE OF ORIGIN FORM A MUST NOT SHOW THE CREDIT NUMBER AND INVOICE NUMBER."

新加坡进口商电复：请立即装船，信用证正在申请办理修改中。PH 进出口公司随即安排 3 月 22 日装船，装船后一周仍未见其修改信用证开到，有效期将至。联系新加坡进口商，对方却称已经办理信用证修改。4 月 3 日，PH 进出口公司只好出具保函向中国光大银行办理担保议付。

PH 进出口公司向中国光大银行提交的提单中船名标明"INTENDED VESSEL: FREESEA"，但是在已装船批注中填有经承运人加注实际已装船的船名和装船日期，并有承运人签章。

单据寄到国外后，开证行提出单证不符，暂代保管单据。不符点有二：其一，GSP 原产地证书格式 A 第 10 栏表示了发票号，与我方信用证的规定不符；其二，正本提单上承运人加注了实际装船的船名和日期，但是在副本提单上却无此批注，开证申请人不同意接受。

在这个案例里，PH 进出口公司的单证处理有哪些不足，该如何处理？

二、案例分析

本案例存在争议的单据处理有两个问题：原产地证书的发票号码显示问题和正副本提单签章的问题。

1. 原产地证书的发票号码显示问题

GSP 原产地证书表示了发票号系根据联合国贸发会的规定，PH 进出口公司工作人员在信用证审核时审查不严，没有考虑信用证中不常见条款能否实现的问题。银行对单据审核的唯一标准就是以单据表面上是否与信用证条款相符，并不考虑联合国贸发会的规定。原产地证书上标明了发票号，就是表面上单证不符。在发现问题后，虽及时与买方联系修改信用证，但在没有收到信用证修改书的情况下贸然发货，给后续的交单议付带来了被开证行拒付的风险。

2. 正副本提单签章的问题

正本提单上有承运人批注内容，而副本也应该有该批注的内容。虽然承运人可以对提单副本不进行签章，但其各面内容均应与提单正本内容完全一样。正本有，而副本没有，即构成单单不符。

最后，买卖双方经过反复交涉，又由于当时货物价格趋涨，买方才决定付款。付款时间比正常收汇拖延了 3 个月，PH 进出口公司损失利息 14000 美元。

讨论题

1. 小组讨论：你们如何看待案例中的两个不符点？
2. 讨论议付行审单的原则。

任务 1 　 单据审核操作

经过一个多月的努力，本公司与 NEO 公司的交易所有单据已经完成制作。这些单据是否满足信用证、UCP 600 以及国际银行的实务标准，是否能够构成相符提示并获得信用证下的支付？陈总带着小李进行单据审核操作。

任务要求

1. 以小组为单位，收集 UCP 600 和 ISBP 745 审单相关条款；
2. 根据信用证和相关惯例在正式交单前审核本笔交易所有单据。

课程思政

不断扩大开放的中国充满机遇①

2023 年国务院印发《关于进一步优化外商投资环境 加大吸引外商投资力度的意见》，推动更大力度、更加有效吸引和利用外商投资。国际舆论对此反应积极，认为推出的 24 条政策措施 "兼顾宏观与微观" "在细节上为外商在华经商生活提供便利" "有助于提振经济"。这些充分说明，尽管全球保护主义抬头、个别国家强推 "脱钩断链"，但各方依然渴望推进开放合作、期待共享中国机遇，不断扩大高水平对外开放的中国具有强大吸引力。

---

① 改编自：中华人民共和国中央人民政府. 不断扩大开放的中国充满机遇 [EB/OL]. （2023-08-17）. https://www.gov.cn/yaowen/liebiao/202308/content_6898689.htm.

中国机遇源自对接国际高标准经贸规则,不断推进贸易投资自由化便利化。2023年是中国自贸试验区建设10周年,从上海自贸试验区一枝独秀到21个自贸试验区形成"雁阵",自贸试验区已成为中国深层次改革的开路先锋。外商投资准入负面清单、国际贸易"单一窗口"、自由贸易账户等便利措施在自贸试验区实践、探索、成熟,再推广到全国。自贸试验区已累计向全国复制推广278项制度创新成果。《区域全面经济伙伴关系协定》全面生效,促进了成员更大范围、更高水平、更深层次的开放合作。中国与新加坡自贸协定升级后续谈判实质性完成,中国—东盟自贸区3.0版第三轮谈判举行,中国与洪都拉斯自由贸易协定谈判启动,中国与尼加拉瓜自贸协定谈判实质性完成……随着中国自贸区"朋友圈"越来越大,中国进一步开放的红利将惠及越来越多的国家和地区。

世界经济开放则兴、封闭则衰,唯有开放才能进步。世界越是面临保护主义带来的风险,越需要不断扩大开放的意愿和能力。中国以更加积极有为的行动推进高水平对外开放,发展更高层次的开放型经济,有利于中国,也有利于世界。

知识链接

1. 单证审核的重点

单证审核是进口商保证安全付汇和收货的关键环节,单证审核的重点有以下5点。

(1)检查L/C规定的单证份数,是否要求全套,正本、副本各多少份等;

(2)检查附加条款对单证的特别要求,如是否要求注明信用证号码、合同号码等;

(3)检查所提供的文件名称和类型是否符合要求,如是否需要认证、出单人是否符合要求等;

(4)单证之间的各类描述是否完全一致,如计价货币、金额大小写、计量单位等;

(5)单证出具或提交的日期是否符合要求,如保险单日期、GSP FORM A出单期等。

2. 分类审核的要点

（1）汇票的审查要点

①汇票的付款人名称、地址是否正确。

②汇票上金额的大、小写以及货币名称和代号必须一致而且规范。

③付款期限要符合信用证或合同规定。

④检查汇票金额是否超出信用证金额，如在信用证金额前有"大约"一词时，可按10%的增减幅度掌握。

⑤出票人、受款人、付款人都必须填写正确，符合信用证或合同的规定。

⑥出票条款是否正确。

⑦汇票是否由出票人进行了签字或盖章。

⑧汇票份数是否正确如"只此一张"或"汇票一式二份，有第一汇票和第二汇票"。

（2）商业发票的审查要点

①抬头人必须符合信用证规定，一般应是进口商的名称和详细地址。

②签发人必须是受益人。

③商品的描述必须完全符合信用证的要求。

④商品的数量必须符合信用证的规定。

⑤单价和价格条件必须符合信用证的规定。

⑥发票的正副本份数必须符合信用证的要求。

⑦信用证要求表明和证明的内容不得遗漏。

⑧发票的金额不得超出信用证的金额，如信用证中数量、金额均有"大约"时，可按10%的增减幅度掌握。

（3）保险单据的审查要点

①保险单据必须由保险公司、保险人或他们的代理人出具。

②投保加成必须符合信用证的规定。

③保险险别必须符合信用证的规定并且无遗漏。

④保险单据的类型应与信用证的要求相一致，除非信用证另有规定，保险经纪人出具的暂保单银行不予接受。保险单据的正副本份数应齐全，如保险单据注明出具一式多份正本，除非信用证所有正本都必须提交。

⑤保险单据上的币制应与信用证上的币制相一致。

⑥包装件数、唛头等必须与发票和其他单据相一致。

⑦运输工具、启运地及目的地，都必须与信用证及其他单据相一致，例如转运，保险须包括全程运输。

⑧除信用证另有规定，保险单据一般应做成可转让的形式，以受益人为

投保人,由保人背书。

⑨除非信用证另有规定,保险单的签发日期不得迟于运输单据的签发日期。

(4) 运输单据的审查要点

①运输单据的类型须符合信用证的规定,启运地、转运地、目的地须符合信用证的规定。

②装运日期/出单日期须符合信用证的规定,收货人和被通知人须符合信用证的规定。

③商品名称可使用货物的统称,但不得与信用证上货物说明的写法相抵触。

④运费预付或到付须正确表明。

⑤正副本份数应符合信用证的要求。

⑥运输单据上不应有不良批注。

⑦包装件数须与其他单据相一致。

⑧唛头须与其他单据相一致。

⑨全套正本都需盖妥承运人的印章及签发日期章。

⑩应加背书的运输单据,需加背书。

(5) 其他单据的审查要点

其他单据例如装箱单、重量单、产地证书、商检证书等,均需限于信用证的条款进行核对,再与其他有关单据核对,求得单证一致、单单一致。

3. 单证审核中比较常见的问题

单证审核中比较常见的问题如下:

(1) 对于信用证溢短装条款的误解,造成单证金额、数量错误。

(2) 汇票的受票人名称、地址打错。

(3) 发票中受益人名称、地址等与信用证描述相矛盾。

(4) 汇票、发票、保险单等之间币制名称不一致或不符合信用证的规定。

(5) 发票上的货物描述与信用证描述的不完全一致。

(6) 要求认证或证实单据的类型、出单人等不符合信用证要求。

(7) 单单之间商品名称、数量、计量单位、唛头描述、毛净重等相矛盾。

(8) 正本单据没有按规定表示或提交份数不足。

(9) 提单、保险单缺少有关签字或印章,不按要求背书。

(10) 提单中的卸货港、目的地签发错误以及存在不良批注等。

(11) 逾期装运。

(12) 逾期交单。

任务2　交单收汇与单证归档

本公司单证员小李通过审核,认为整套单据符合单证一致、单单一致的要求,就把准备好的结汇单据以及原信用证、信用证修改书的正本向通知行进行交单。交单时,外贸单证员需填写交单联系单。

2023年5月,公司收到议付行结汇收账通知。收汇之后,小李尚需做好出口收汇核销、出口退税、业务善后工作。为了能够更快、更顺利地办理出口收汇核销和退税手续,必须注意催促货代公司尽快把相关报关单据退回,以便完成单据归档工作。

假如你是小李,请完成交单收汇和单证归档阶段的工作任务。

任务要求

1. 以小组为单位,填写交单联系单;
2. 处理开证行拒付事件;
3. 完成收汇后,进行单据归档处理。

客户交单联系单

致：_____

兹随附下列出口单据一套，信用证业务请按国际商会现行《跟单信用证统一惯例》办理，跟单托收业务请按国际商会现行《托收统一规则》办理。

信用证	开证行：		信用证号：	
	信用证附　　次修改	提单日期：	效期：	交单期限：
无证托收	付款人全名及详址：			
	代收行外文名称及详址（供参考）：			
	交单方式：（　）D/P　（　）D/A		付款期限：	
发票编号：			核销单编号：	金额：

单据	名称	汇票	发票	海关发票	装箱单/重量单	产地证	GSP FORM A	数量/质量/重量证	检验/分析证	出口许可证	保险单	运输单据	受益人证明	船公司证明	信用证
	份数														

委办事项（打"×"者）
（　）上述单据我司申请办理押汇；
（　）上述单据系代理出口项下业务收妥后请原币划_____
开户行：_____　　账号：_____
（　）单据中有下列不符点：
（　）请向开证行寄单，我司承担一切责任；
（　）请电询开证行同意后寄单；
（　）请征询我公司意见；
（　）_____
公司联系人：_____　联系电话：_____　公司签章：_____

银行记录专栏	业务编号		接单日期：		
	银行费用：议付/托收：	邮费：	电报费：		小计：
	费用由　　承担		索汇方式：		寄单方式

审单记录：

	银行经办： 审单日期：	银行复核： 审单日期：

国际贸易单证实务

知识链接

1. 信用证结算方式下的交单收汇

信用证交易是纯粹的单据买卖。出口人想要及时、安全地收回货款，在按信用证要求发运完毕货物后，应随即缮制信用证规定的全套单据，开立汇票与发票，连同信用证正本（如经修改，还需连同修改通知书）在信用证规定的交单期和信用证的有效期内递交信用证限定的银行、通知行或自己有往来的其他银行请求议付，该过程被称为交单。

（1）交单时间的限制

受益人制单后，应在规定的交单期内向信用证指定的银行交付全套单据。若信用证没有规定交单期限，银行将不接受自装运日起 21 天内提交的单据，但在任何情况下，单据的提交不得迟于信用证的有效期。若信用证到期日或交单日的最后一天适逢接受单据的银行的终止营业日，则规定的到期日或交单期的最后一天将延至该银行开业的第一个营业日。但若该银行中断营业是因为天灾、暴动、骚乱、叛乱、战争、罢工、停工或银行本身无法控制的任何其他原因，则信用证规定的到期日或交单期的最后一天不能顺延。对交单期产生影响的时间包括生产及包装所需的时间，内陆运输或集装箱运输所需的时间，进行必要的检验（如法定商检或客检）所需的时间，申领出口许可证、原产地证所需的时间（如果需要），报关查验所需的时间，船期安排时间，到商会和/或领事馆办理认证或出具有关证明所需的时间（如果需要），制造、整理、审核信用证规定的文件所需的时间，将单据提交银行所需的时间（包括单据提交银行后经审核发现有误退回更正的时间）等。

（2）交单地点的限制

所有信用证必须规定一个付款或承兑的交单地点，或在议付信用证的情况下规定一个交单议付的地点，但自由议付信用证除外。若开证行将信用证的到期地点定在本国（地区）或自己的营业柜台，而不是受益人国家（地区），这对受益人极为不利，因为受益人必须保证于信用证的有效期内在开证行营业柜台前提交单据。

（3）议付行对单据的处理

议付行审核单据，若单证相符、单单相符，就会办理议付（或押汇），并向开证行寄单请求付款。议付行对有不符点的单据主要采取以下处理办法。

①凭保函议付。如果单据有非实质性的不符点，且受益人信誉较好，银行可凭受益人出具的保函议付，并向开证行寄单索汇。在这种情况下，有的议付行会表提不符点（在面函上注明单据的所有不符点），通知开证行此信用

证凭受益人出具的担保议付，请求开证行接受不符点。我国国内大多数银行则将受益人出具的保函存档，不表提不符点，与处理相符单据一样，向开证行寄单索汇。

②电提不符点。如果单据金额较大、不符点较严重，为保证收汇安全，银行可以采取电报、电传、SWIFT等方式把不符点告知开证行，要求其回电授权付款、承兑或议付不符点单据。在取得开证行同意并授权付款、承兑或议付时，议付行可按单据相符的方式，直接议付单据并照常索汇。采取电提不符点，可较快地明确开证人是否接受不符点，有利于受益人及时处理。受益人应配合议付行与开证行联系，加快沟通速度。不过，即使开证行授权议付，在偿付时，仍可能从偿付货款中扣除不符点费（Discrepancy Fee）和电报费（Cable Charges）。

③托收寄单或征求意见寄单。若单据中含有严重不符点，在受益人征得进口商同意，且进口商资信较好的情况下，寄单行可将单据寄给开证行作托收处理，并在寄单面函上列明不符点。这种托收寄单方式可减少业务手续和费用，但也使得受益人完全失去开证行的付款保证，单据是否被接受取决于开证申请人的商业信用。寄单行也可向开证行寄单，征求其意见。在远期交易的情形下，如开证行通知单据已被接受，则应负到期付款的责任。

④退单。若单据严重不符，受益人或受益人所在地银行不愿做托收处理，议付行可将单据退回。

（4）信用证项下不符单据的银行处理

审核开证行提出不符点的前提条件是否成立。开证行提出不符点的前提条件包括如下几点。

①在合理的时间内提出不符点，即在开证行收到单据次日起计算的5个工作日之内向单据的提示者提出不符点。

②无延迟的以电讯方式将不符点通知单据的提示者。

③不符点必须一次性提出，即如果第一次所提不符点不成立，即使单据还存在实质性不符点，开证行也无权再次提出。

④通知不符点的同时，必须说明单据代为保管、听候处理，或径退交单者。

（5）信用证项下不符单据的出口商救济措施

以上条件必须同时满足，否则开证行便无权声称单据有不符点而拒付。如果开证行拒付，出口企业应该认真研究开证行拒付理由，采取合理补救措施。出口企业通常采用以下措施。

①审核开证行所提的不符点是否成立。单证员应根据信用证条款、UCP

600 和 ISBP 认真审核开证行所提的不符点，判断其是否成立。若不成立，应通过议付行与开证行据理力争，直至开证行付款。

②若不符点成立，且条件允许，可补交相符单据，采取救济措施。信用证项下不符单据的救济措施是指当单据由于具有不符点而遭开证行拒付之后，受益人可在规定的时间内及时将替代或更正后的相符单据补交给银行。根据 UCP 600 的规定，单据经审核存在不符点，且银行决定拒付时，则开证行所承担的信用证项下的付款责任得以免除，但如果受益人在规定时间内补交了符合信用证规定的单据，则开证行必须承担其付款责任。如果受益人在前期操作过程中浪费了大量时间，就会丧失补交单据时间。

③若不符点成立，且无法补交相符单据，要积极与开证申请人洽谈。开证行拒付并不意味着开证申请人拒付，如果开证申请人最终放弃不符点，尽管开证行并不受开证申请人决定的约束，但一般会配合开证申请人付款。所以开证行拒付后，如果不符点确实成立，且无法补交相符单据，应分析与开证申请人之间的关系及此笔交易的实际情况，以决定怎样与其交涉，说服开证申请人接受不符点并付款。只要货物质量过关，商品市场价格较好，开证申请人一般不会以此为借口拒绝接受单据。另外，也可以采取降价的方式，使开证申请人能付款赎单。

④若开证申请人拒绝接受具有不符点的单据，受益人可以设法在进口地另寻买主，毕竟受益人拥有对单据的处理权，但其前提是信用证要求递交全套正本提单，若 1/3 正本提单已寄给开证申请人，2/3 正本提单提交给银行，则可能会面临钱货两失的困境。

⑤退单退货。如果受益人无法在进口地寻找到新买主，只能退单退货。不过在做出此决定之前，一定要仔细核算运回货物所需的费用和货值之间是否有利可图。有利益，即迅速安排退运，因为时间拖得越久，费用（港杂、仓储等）就越高；若运回货物得不偿失，可将货物放在目的港，由目的港海关处理。

2. T/T 结算方式下的交单收汇

如果采取装运前 T/T 的结算方式，出口商在装运前已全部收到进口商电汇的合同金额，则在装运之后，就直接把包括海运提单在内的所有单据寄给进口商，或指示船公司把提单电放给进口商。如果采取装运后凭提单传真件 T/T 的结算方式，出口商在装运后，把海运提单传真给进口商，等进口商把合同金额电汇到出口商银行账户之后，才把包括海运提单在内的所有单据寄给进口商。如果采取后 T/T 的结算方式，出口商在装运后就把包括海运提单在内的所有单据寄给进口商，等进口商收到货物之后的一段时间内采用电汇方式把合同款项付给出口商。

3. 托收结算方式下的交单收汇

选择托收结算方式时，出口商装运货物后，应及时将有关托收单据交托收行办理托收。托收交单较灵活，单据种类、单据内容、交单时间由出口商根据合同和进口商情况决定。交单时，出口商应向托收行提供明确的托收指示书。值得注意的是，托收行没有审核单据的义务，只能根据委托人的指示和国际商会托收统一规则办理，不能擅自超越、修改、疏漏、延误委托人的指示。代收行是指接受托收行（或中间行）的委托，向付款人办理收款并交单的银行。在进口商没有付款或承兑的情况下，代收行未得到出口商授权擅自交单，将由其承担损失责任。

4. 单证归档

单证是外贸活动的重要资料，是商品流通的原始凭证。它反映了整个商品流转过程，是业务档案资料的主要组成部分，具有重要的分析参考价值。因此，单证归档是一项非常重要的工作。

（1）单证归档的意义

①为完成履约提供保证

在外贸活动中，通过对单证的缮制交付、登记整理、统计分析，可以使有关人员做到心中有数，可以顺利组织货源、衔接生产出运，保证安全及时地收汇。单证归档对于企业控制工作进程、完成贸易任务有着重要意义。

②提供内部管理数据

要检查分析外贸企业各项业务工作质量和效率，均可从单证资料中提取数据。如果平时累积了合同履约率、客户付款天数、费用指标及流通费用、资金周转率等各项指标的资料，通过分析这些数据，就可以促进外贸企业经营和管理的改善。

③为查询和处理业务差错事故提供资料

在外贸活动中，难免会出现一些由于操作不当而引发的工作失误。当有商品数量溢缺、品名规格（等级）不符、国别（地区）错运、多装、少装等差错事故发生时，必须查明原因、分清责任、吸取教训、加强教育、采取措施、防范今后，以达到安全优质，不断提高外贸工作质量的要求。这些均需要必要的单证归档资料。

（2）单证归档的要求

①建立完备的单证档案管理制度

每套单证都应有一套副本留存备查。单证副本的归档方法可分为分散归档和集中归档两种。分散归档由各分管环节各自将本环节缮制和经营的副本单证分类归档。例如，提单由办理运输的环节按运输日期归档，商业发票按发票号码分别由制单环节归档等。集中归档在交单后将全套副本集中起来进行保管。一般来说，业务量大、部门多、分工细的单位适宜分散归档；业务量不大、工作线条比较简单的单位适宜集中归档。单证编排以查找方便为原则。如采取集中归档的方式，可以按合同号码编组，也可以按发票号码排列，各企业可以视情况自行设计，保存期以 2~3 年较为恰当。因为与贸易有关的某些国际条约规定，诉讼时效自货到后算起 2 年有效，所以档案保管的时限应与之相适应。另外，除保留必要的书面资料以外，还要充分利用计算机存储电子单证信息，以加强单证工作的管理。

②分析单证工作以提高单证工作效率

结合对外履约情况、客户发展等方面的考察，应经常分析单证工作，研究该如何进一步提高单证工作的质量和效率，为企业实现目标发挥更大的作用。例如，可以从审核督促、人员分工、工作考核、流程重组等多方面加以改进，使单证工作趋于完善。

新冠疫情导致的单据传递延误

一、案情简介

中国 A 企业与某国 B 企业签署买卖合同，合同约定信用证结算。2020 年 2 月，中国企业收到买方所在国银行开出的信用证，通过中国某银行通知 A 企业。信用证第 31D：200330 B 国开证行 SWIFT 代码。货物通过陆运发运后，中国 A 企业前去通知行"交单"，被告知因开证行所在国国内快递瘫痪，单据无法寄至开证行，信用证即将过期。

中国 A 企业焦急地联系买方修改信用证，因为陆运运输单据不同于海运提单，不具有物权凭证效力，买方无须单据就提走了货物。

二、案例分析

（一）受益人把单证提交给国内通知行，是否完成交单（Presentation）义务？

根据 UCP 600，受益人（卖方）的主要义务是提交相符的单据，完成这一义务是银行付款的前提。那么交单的对象是谁？是否可以交给通知行（advising bank）？

根据 UCP 600 的第 2 条，Presentation means either the delivery of documents under a credit to the issuing bank or nominated bank or the documents so delivered，即交单的对象只有开证行（issuing bank）和指定银行（nominated bank）。指定银行可以是通知行，但如果信用证并未标明 available with XX bank（通知行），则通知行（advising bank）就不是指定银行，仅仅承担通知义务。

上述案例中，信用证文本并没有标明"available with 中国通知行"，且 SWIFT 信息第 31D 显示"200330 B 国开证行 SWIFT 代码"，即信用证失效地点在 B 国。很明确，交单银行是 B 国开证行，受益人把单证提交给国内通知行并没有完成交单义务。

（二）中国企业是否可以向开证行主张不可抗力要求信用证延期？

如果单据寄至开证行才叫交单，快递瘫痪是事实，中国企业是否可以向开证行主张不可抗力？

UCP 600 关于不可抗力的规定在第 36 条，其原文是："银行对于天灾、暴乱、骚乱、叛乱、战争、恐怖主义行为或任何罢工、停工或其无法控制的任何其他原因导致的营业中断的后果，概不负责。银行在恢复营业后，对于在营业中断期间已逾期的信用证，将不再据以进行付款，承担延期付款责任、承兑汇票或议付。"即 UCP 600 只规定了银行受不可抗力事件影响可以免责，但是并未规定受益人可以向银行主张不可抗力。

国际商会 2010 年关于冰岛火山爆发造成航班取消，快递延误，有关信用证交单问题的意见，对目前受新冠疫情影响的企业具有直接的指导意义。

国际商会指出，按照信用证的要求，将单据在指定的地点交给开证行/指定银行是受益人应承担的责任（It is the responsibility of the beneficiary… to ensure that the document（s）is/are presented to the nominated bank, issuing bank… at the place specified in the documentary credit），建议受益人确保信用证的失效地点约定在受益人所在地（Beneficiaries should ensure that the expiry place of their documentary credit… is that of their location）。

可以看出，因快递延误导致不能在有效期内交单，受益人（卖方）难以向银行主张不可抗力，只能与买方协商，修改信用证的有效期。如果遇到上述案例中买方不配合的情况，企业就只能通过法律途径追究对方的违约责任。

三、相关建议

从以上案例可以看出，受海外新冠疫情影响，外贸企业除了防范传统常规的结算法律风险，还应积极防范，快速应对一些非常规风险。具体有以下建议。

1. 以信用证方式结算，应严格审核信用证条款，谨慎接受自身不能掌控的条件

与托收、汇付相比，信用证对出口商收款更有保障。上述案例中，中国企业接受了信用证交单地约定在开证行所在地，正常情况下虽然存在一定的风险，但只要注意在规定时间内发运、交单，风险并不会如当下这么突出。

如果案例中的企业要求信用证在中国交单、议付（available with 某中国银行），则在相符交单的情况下，本应已落袋为安。信用证虽然独立于基础合同，但也是由买方开出，企业在签合同时可以将关键条款在合同中予以约定明确，应特别注意交单地、交单日期、最晚发运日期这些可能受影响的因素，尽量争取可以自己掌控、确定性强的条件。

2. 以托收方式结算，更应充分考虑单据寄送风险

托收中，托收行（通常为买方所在地银行）需要收到单据，才能进行付款和承兑的操作，如有提单等单据还在途，目的国 DHL 已经不配送，单据也撤不回来，货物早已到港。如果近期快递运输不能尽快恢复，出口企业应谨慎考虑使用托收等方式结算。

3. 用好用足短期出口信用保险

前述案例中，即使信用证过期后开证行不再有付款义务，买方也应承担合同付款义务。但受新冠疫情影响，买方违约风险增高，建议企业及时购买出口信用保险。近期商务部与中国出口信用保险公司印发了《关于做好2020年短期出口信用保险相关工作 全力支持外贸企业应对新冠肺炎疫情影响的通知》，要求各地商务部门引导外贸企业用足用好短期险这一政策工具，增强抗风险能力。

（选自：《出口企业注意：疫情期间的国际结算风险已出现》，全建科研（北京）信息咨询中心。http：//www.qjykicc.com/newsshow.asp?id=1554&big=2）

项目练习

一、单选题

1. 信用证的货物名称错把 BLACK TEA（红茶）写作 BLACK TEE，审证时没留意到这个问题，那么制作单据时应（　　）。

　　A. 改作"BLACK TEA"　　　　B. 按原文写作"BLACK TEE"

　　C. 按原文写作"BLACK TEE"，然后在后面加上（BLACK TEA）

　　D. 把"信用证"改成"托收"收款

2. 一般情况下，发票金额应与（　　）一致。

A. 合同金额　　B. 信用证金额　　C. 保险金额　　D. 汇票金额

3. 单证的缮制必须做到正确、完整、及时、简明和整洁，其中（　　）是单证工作的前提。

A. 正确　　　　B. 完整　　　　C. 及时　　　　D. 简明

4. 各种单据的签发日期应符合逻辑性和国际惯例，通常（　　）日期是议付单据出单最早的时间。

A. 发票　　　　B. 提单　　　　C. 保险单　　　D. 报关单

5. 各种单据的签发日期应符合逻辑性和国际惯例，通常（　　）日期是议付单据出单最晚的时间。

A. 发票　　　　B. 报关单　　　C. 保险单　　　D. 汇票

6. 在信用证业务中，有关当事人处理的是（　　）。

A. 服务　　　　B. 货物　　　　C. 单据　　　　D. 其他行为

二、判断题

1. 如果发现单据与信用证规定不符，或单据与单据之间内容不符，银行不能拒绝付款。（　　）

2. 可以在单证上随意涂改、多次修改。（　　）

3. 审单要做到内容准确、格式完整、单据齐全、分数不缺、单证一致和单单相符，还要保证各种单据的签发日期无逻辑矛盾。（　　）

4. 在信用证支付方式的情况下，卖方凭以向客户收取货款的，不是实际货物，而是用来证明完全相符的全套单据。（　　）

5. 银行在审单时，如信用证无特殊规定，都是以 UCP 600 作为审单依据。（　　）

6. 单证的完整性是指成套单证的群体完整性。（　　）

项目 2.10　跨境贸易电子商务单据操作

知识目标

1. 熟悉跨境贸易电子商务发展趋势；
2. 熟悉跨境贸易电子商务监管模式；
3. 了解跨境贸易电子商务监管代码意义；
4. 了解进口跨境电商"三单对碰"。

能力目标

1. 能根据业务需求选择贸易电子商务监管代码；
2. 能进行进口跨境电商"三单对碰"操作。

跨境电商零售进口商品清单

跨境电商监管方式下，进口物品可以享受更为优惠的税率和贸易管制要求，但正因为如此，监管中也规定了非常严格的适用前提，目前主要通过《跨境电子商务零售进口商品清单》对允许以跨境电商模式进口的商品给予明确列名，未在《跨境电子商务零售进口商品清单》列名的商品不能适用跨境电商监管方式。

一、案情简介

2017 年 11 月 26 日，某海关在对一批进口商品进行例行查验时，发现该批商品中包含有创口喷雾、脚气、静脉曲张片等药品。

经过核实，这些药品均属于国家限制进出口的物品，并未列入当时实施的《跨境电子商务零售进口商品清单》（即"正面清单"）。更为严重的是，当事人未能提供相应的进口药品和销售药品的许可证件。

二、案例分析

本案当事人按照跨境电商直购进口方式申报，而商品却属于正面清单之外的品种，本身已经不符合跨境电商监管方式的规定，而且其进口的药品本身具有贸易管制的要求,因此按照有关规定不予放行,并给予行政处罚。

值得注意的是,虽然《跨境电子商务零售进口商品清单》的货品名称是比较清楚的,但是进口之前至少要重视两方面问题:

一方面,清单货品名称对应的"备注"项目,这些"备注"的内容实际上是对清单列名的货品作了例外规定,比如规定货品仅限网购保税商品,即这些商品不能通过直购进口方式进口;再比如,规定货品不能列入《进出口野生动植物种商品目录》,即列入该目录的货品不能通过跨境电商方式进口,由此看来符合备注要求是适用清单货品的前提条件。

另一方面,清单货品名称对应的税则号列,也可能具有货品排除规定。《跨境电子商务零售进口商品清单》注2中明确规定"表中货品名称为简称,具体范围以税则号列为准"。换言之,从对货品的精确定义而言,税则号列比货品名称具有更高的优先级。税则号列中排除的货品,当然也不能按照跨境电商监管方式进口。

讨论题

1. 跨境电商进口与普通货物进口管理方式有什么不同?
2. 查找新版《跨境电子商务零售进口商品清单》并分析清单允许的主要品类。

任务1 跨境电商业务模式

跨境电商进口零售商品是当前比较热门的贸易模式,公司所在的产业园内很多企业已经或者正打算进入这个贸易领域。公司总部经过深入考察分析,认为我国跨境贸易电子商务是外贸发展的新业态,发展迅速,公司开展跨境电商大有可为。

陈总成立了公司跨境电商工作小组,小李是小组成员。陈总让小李调研跨境电商业务模式和海关的监管代码。

假如你是小李,请完成跨境电商业务模式调研材料,在每周的工作例会上进行汇报。

任务要求

1. 调研跨境电商业务模式;

2. 列举跨境电商监管代码；
3. 以3~5人为小组，汇报跨境电商业务模式和海关的监管代码。

 **课程思政**

跨境贸易人民币结算

一、跨境贸易人民币本币结算操作

人民币跨境支付上线意味着人民币正式走向结算货币，一些外汇短缺的国家可以利用人民币进行国际结算，这将形成对我国商品的潜在需求，从而扩大我国外贸规模。

跨境人民币结算可简化结算手续，缩短结算流程，提高资金使用效率。以人民币结算还可以为企业节省汇兑成本、贸易融资的费用，从而降低财务成本。减少汇兑，也就减少了结算的环节，有利于提高资金的结算效率，加快资金周转，更容易锁定利润空间。

跨境人民币结算不纳入外汇核销管理，不需要提供外汇核销单，跨境结算资金不用进入待核查账户，贸易信贷项目只做外债登记、不纳入外债管理。

二、跨境贸易人民币本币结算对我国有什么好处

跨境贸易人民币本币结算更有利于人民币汇率的市场化运作，使用人民币结算的国家越多，人民币的应用范围就越广，人民币的汇率就会变得越来越稳定。人民币国际化加大人民币与石油贸易的结合程度，大力推动石油货币合约和石油人民币进程。俄罗斯、伊朗等国在与他国的石油交易中都在寻求非美元化。使用人民币结算可以简化支付流程，让付款更加方便快捷。因为人民币是本币，境内外银行都会开设人民币账户，跨境人民币支付比起其他外币支付更加方便，同时也更快捷。使用支付宝、WeChat等支付平台，也可以直接通过人民币进行支付。

从宏观角度看，国际贸易人民币结算有利于加强中国对外贸易和投资，促进中国经济更好地融入世界经济。

三、人民币成为国际结算货币的优缺点

人民币国际化，可以让中国在各国博弈中，增加货币工具，人民币国际化之后，能够使中国更好地参与国际经济事务，还能够降低中国对外贸易的汇率风险，从而促进中国对外贸易的发展。

人民币国际化后，由于对境外人民币现金需求和流通的监测难度较大，将会加大中央银行对人民币现金管理的难度。

人民币还不能够自由兑换，因此，只有与我国签订货币交换协议的国家或地区才能够用人民币结算，即人民币还没有完全国际化，使用有一定的局限性。美元贬值相当于人民币升值，因此有利于进口。

四、人民币成为国际结算货币的使用范围

截至 2023 年年底，已有 60 多个国家宣布将人民币用作外汇储备。另有 28 个国家宣布可以在进出口交易中直接使用人民币。

亚洲国家在亚洲地区，许多国家已经开始支持人民币结算。其中，中国的主要贸易伙伴东南亚国家印度尼西亚、马来西亚、泰国和越南都已经实现了人民币与本国货币的直接交易。

目前全球至少有 28 个国家和地区可以使用人民币作为结算货币，如土耳其、巴基斯坦、俄罗斯、尼日利亚、伊朗、阿尔及利亚、越南、委内瑞拉等。此外，中国还与日本、韩国、阿根廷、英国、瑞士、巴西、韩国等国家和地区签署了双边本币互换协议。

知识链接

1. 海关监管代码

海关监管代码，是海关对于跨境电商业务在进出口方面的监管方式，为了满足海关管理的需求，因此在海关报关单中设置海关监管方式代码字段加以区分。

跨境电商进出口通关直接相关的通关模式主要有 6 种，分别是"9610""1210""1239""1039""9710""9810"，详见图 2-10-1。

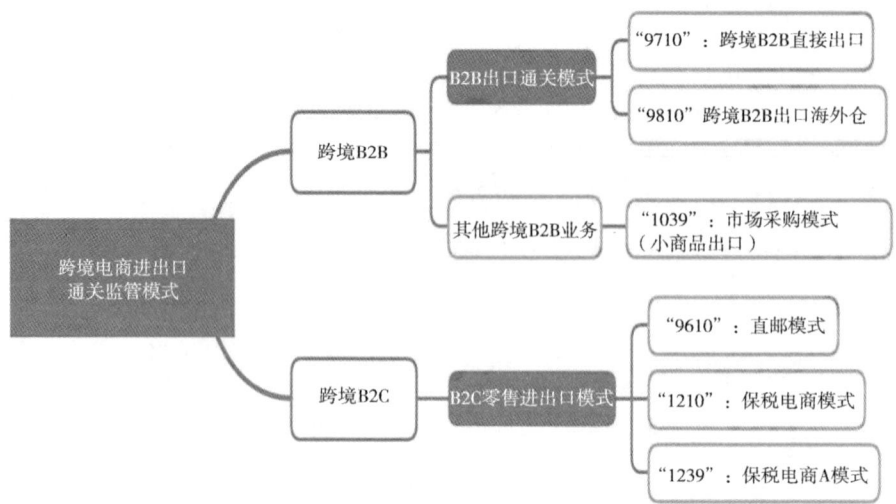

图 2-10-1　跨境电商进出口通过监管模式

2. B2B（Business To Business）模式

B2B（Business To Business）模式全称"跨境电商企业对企业出口"，是指境内企业通过跨境物流将货物运送至境外企业或海外仓，并通过跨境电商平台完成交易的贸易形式，企业根据海关要求传输相关电子数据。跨境电商B2B出口主要包括3种模式，企业可根据自身业务类型，选择相应方式向海关申报。

（1）9710：跨境B2B直接出口

"9710"全称"跨境电商企业对企业直接出口"，具体是指境内企业通过跨境电商平台与境外企业达成交易后，通过跨境物流将货物直接出口至境外企业。

"9710"模式采用的是报关单和清单两种报关模式，具体可以参照0110出口模式，与0110监管方式操作差异较小。

企业需要先到海关做备案，通过备案后，就可以采用"9710"监管模式进行跨境电商出口，清单报关模式下是可按照6位HS编码简化申报等便利性措施。

（2）9810：跨境B2B出口海外仓

"9810"全称"跨境电商出口海外仓"，具体是指境内企业先将货物通过跨境物流出口至海外仓，通过跨境电商平台实现交易后从海外仓送达境外购买者。

该监管方式适用于跨境电商出口海外仓的货物，也就是亚马逊FBA、第三方海外仓，或者自建海外仓都包含在内。

选择"9810"申报前需上传海外仓委托服务合同等海外仓订仓单的电子信息，并填写海外仓地址、委托服务期限等关键信息。出口货物入仓后需上传入仓电子信息，并填写入仓商品名称、入仓时间等关键信息。代理报关企业应填报货物对应的委托企业工商信息。

企业申报的"三单信息"应为同一批货物信息（单证1：申报清单、物流单；单证2：交易订单、海外仓订仓单；单证3：物流单）。申报企业应对上传的电子信息、填报信息真实性负责。

(3) 1039：市场采购模式（小商品出口）

"1039"，全称"市场采购贸易"，具体是指由符合条件的经营者在经国家商务主管部门认定的市场集聚区内采购的、单票报关单商品货值15万（含15万）美元以下、并在采购地办理出口商品通关手续的贸易方式。

以市场采购贸易出口的货物，增值税免征不退。出口货物可按"章"归类申报和认定查验，通关更加便利。联网信息平台全流程操作和监管，风险可控，责任可究。解决了无进项增值税发票货物，合法合规地出口问题。整体税率低至千分之八。

3. B2C（Business To Customer）模式

B2C（Business To Customer）模式是电子商务按照交易对象分类其中的一种，代表着我国企业直接面对国外消费者，即商家和消费者之间的电商交易，以销售个人消费品为主，物流方面主要采用航空小包、邮寄、快递等形式。由于进出口货物在不同的贸易方式下的海关监管、征税、统计作业的要求不尽相同，为了满足海关管理的需求，因此在海关报关单中设置海关监管方式代码字段加以区分。针对跨境电商B2C模式，海关总署制定了代码9610和1210的海关监管方式。

(1) 9610：直邮模式

"9610"全称"跨境贸易电子商务"，俗称"集货模式"，即B2C（企业对个人）出口。该模式能够化整为零，灵活便捷满足境外消费者需求，具有链路短、成本低、限制少的特点。该监管方式适用于境内个人或电子商务企业通过电子商务交易平台实现交易，并采用"清单核放、汇总申报"模式办理通关手续的电子商务零售进出口商品。也就是说，"9610"出口就是境内企业直邮到境外消费者手中。

(2) 1210：保税电商模式

"1210"全称"保税跨境贸易电子商务"，简称"保税电商"。该监管方式适用于境内个人或电子商务企业在经海关认可的电子商务平台实现跨境交易，并通过海关特殊监管区域或保税监管场所进出的电子商务零售进出境商品。"1210"相当于境内企业把生产出的货物存放在海关特殊监管区域或保税监管场的仓库中，即可申请出口退税，之后按照订单由仓库发往境外消费者。

(3) 1239：保税电商 A 模式

"1239"全称"保税跨境贸易电子商务 A"，简称"保税电商 A"。"1239"监管方式适用于境内电子商务企业通过海关特殊监管区域或保税物流中心（B 型）一线进境的跨境电子商务零售进口商品。

任务 2　跨境电商"三单对碰"流程

进口跨境商家或平台要完成跨境电商业务，必须对接海关完成"三单对碰"。"三单对碰"操作往往是通过跨境 ERP 系统完成，由 ERP 软件对接跨境公服平台、物流保税仓 WMS、支付公司，分别推送三单信息。

陈总主持公司跨境电商业务"三单对碰"系统对接工作。假如你是小李，请协助陈总整理"三单对碰"申报流程。

任务要求

1. 调研"三单对碰"监管模式；
2. 分析跨境电商"三单对碰"申报流程；
3. 小组制作 PPT 汇报跨境电商"三单对碰"申报流程。

知识链接

1. 跨境电商进口"三单对碰"的背景

"三单对碰"是海关总署的明确要求，海关总署在 2014 年第 12 号、2014 年第 57 号公告中提出（详见图 2-10-2 和图 2-10-3），开展跨境电商进口业务的企业应当按照规定向海关传输交易、支付、仓储和物流等数据。由海关校验每一笔交易订单信息和消费者信息的真实性，促进跨境电商合规化发展。

海关总署公告2014年第12号（关于增列海关监管方式代码的公告）

总署公告〔2014〕12号

为促进跨境贸易电子商务零售进出口业务发展，方便企业通关，规范海关管理，实现贸易统计，决定增列海关监管方式代码，现将有关事项公告如下：

一、增列海关监管方式代码"9610"，全称"跨境贸易电子商务"，简称"电子商务"，适用于境内个人或电子商务企业通过电子商务交易平台实现交易，并采用"清单核放、汇总申报"模式办理通关手续的电子商务零售进出口商品（通过海关特殊监管区域或保税监管场所一线的电子商务零售进出口商品除外）。

二、以"9610"海关监管方式开展电子商务零售进出口业务的电子商务企业、监管场所经营企业、支付企业和物流企业应当按照规定向海关备案，并通过电子商务通关服务平台实时向电子商务通关管理平台<u>传送交易、支付、仓储和物流等数据</u>。

上述规定自2014年2月10日起实施。

特此公告。

图 2-10-2　海关总署公告 2014 年第 12 号截图

二、以"1210"海关监管方式开展跨境贸易电子商务零售进出口业务的电子商务企业、海关特殊监管区域或保税监管场所内跨境贸易电子商务经营企业、支付企业和物流企业应当按照规定向海关备案，并通过电子商务平台实时<u>传送交易、支付、仓储和物流等数据</u>。

上述规定自2014年8月1日起实施。

特此公告。

图 2-10-3　海关总署公告 2014 年第 57 号截图

海关总署在 2018 年第 194 号公告中进一步强调，开展跨境电子商务零售进口业务的跨境电子商务平台企业、跨境电子商务企业境内代理人应对交易真实性和消费者（订购人）身份信息真实性进行审核，并承担相应责任；身份信息未经国家主管部门或其授权的机构认证的，订购人与支付人应当为同一人。

2. "三单"信息

"三单"信息就是海关公告中的交易信息、支付信息、物流信息，相对应的"三单"就是订单、支付单、运单（又称物流单），是在消费者下单后由不同类型主体的企业分别推送的。

（1）订单：由电商企业推送电子订单数据，包括订购人信息、订单号、支付单号、物流单号及商品信息等。

（2）支付单：由支付企业推送支付单数据，包括支付人信息、支付金额、订单号、支付单号等。

（3）运单：由仓储物流服务商推送运单数据，包括分物流单号、订单号、商品信息、收货人等。

3. "三单对碰"流程

海关收到上述"三单"后，仓储物流服务商需要把该订单的清单推送给海关，海关将订单、支付单、运单中的订购人信息、收件人信息，商品及价格信息和清单中的订购人信息、收件人信息，商品及价格信息进行数据校验比对。这个校验比对的过程就是"三单对碰"，详见图 2-10-4。

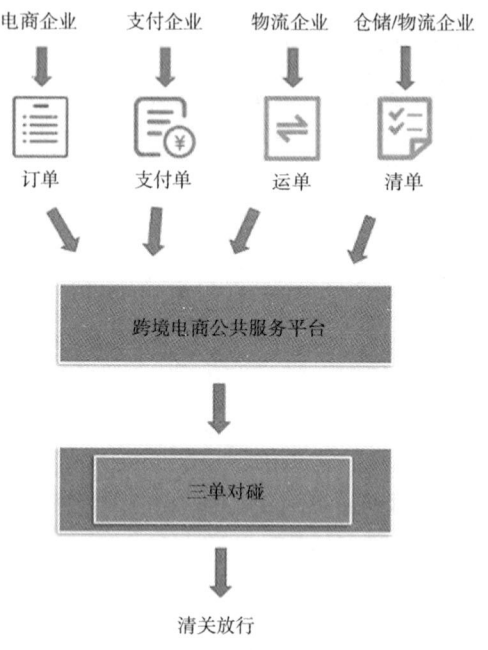

图 2-10-4　"三单对碰"流程

如果比对结果没有问题，那就会收到申报成功回执。如有问题，就会收到申报失败回执，海关会反馈相应的错误代码信息，按照海关回执，如果能通过修改申报信息的方式，可通过重新申报的方式处理，否则需要做退单处理。

（1）订单申报

跨境电商企业或电商平台通过跨境电商通关服务平台向监管部门推送订单信息。

（2）支付单申报

订单对应的支付单，由支付公司通过跨境电商通关服务平台向监管部门推送支付信息。

（3）运单申报

订单对应的物流信息，由物流企业通过跨境电商通关服务平台向监管部门推送物流信息。

（4）清单申报

包含订单、商品、支付、物流的相关信息，由仓储/物流企业通过跨境电商通关服务平台向监管部门推送清单信息。

（5）"三单对碰"

"三单"信息和清单信息进行数据比对。

 拓展阅读

主流跨境电商平台介绍

跨境电子商务的发展异常火爆，跨境电商未来很有可能成为主流的外贸出口模式，并成为推动中国外贸经济的一个重要的突破口。跨境电子商务主要分跨境进口与跨境出口。目前，中国多数外贸人选择的跨境电子商务平台主要是 Amazon、eBay、Wish、速卖通等。

一、亚马逊（Amazon）

亚马逊成立于 1994 年，总部位于美国华盛顿州西雅图，是全球最大的电子商务公司之一。经过多年的发展，亚马逊的业务已经从线上书店扩展到多元化的产品线，包括电子产品、图书、家居用品、服装等。

亚马逊的目标市场主要是欧美日的中高端市场，主要针对中产优质客户。这些客户消费水平高，综合素质高，对产品品质和购物体验有较高要求。为了满足这些客户的需求，亚马逊不断优化产品选择、物流配送和售后服务，以提高客户满意度和忠诚度。

亚马逊采用自营、第三方卖家和 FBA（亚马逊物流）相结合的经营模式。自营产品占据约 40% 的销售额，而第三方卖家则占据约 50%。对于第三方卖家，亚马逊提供平台、物流、支付和客户服务等多种服务，帮助他们在平台上成功销售。此外，亚马逊还拥有自己的物流配送体系和客服支持体系，为客户提供高效、便捷的服务。

二、eBay

eBay 是一个在线拍卖和购物网站，成立于 1995 年 9 月 4 日，总部位于美国加利福尼亚州圣何塞。每天有数百万件物品在 eBay 上被拍卖或直接购买，涉及数千个品类。eBay 已成为全球最大的电子市场之一。

eBay 的主要目标市场是美国和欧洲市场的中产阶级客户。由于成立较早，eBay 在欧美地区拥有广泛的用户基础和品牌知名度。对于做汽摩配行业、二

手产品、收藏艺术品拍卖等的卖家来说，eBay 是一个非常有吸引力的平台。

eBay 采用平台型经营模式，通过拍卖、一口价和综合销售等形式吸引买家和卖家。卖家账户分为一般账户和企业账户，其中一般账户又分为个人账户和商业账户。对于卖家而言，eBay 提供了广泛的用户基础和便捷的销售渠道，但也需要遵守平台的规定和政策，以确保良好的购物体验。

三、Wish

Wish 是成立于 2011 年的跨境电商平台，总部位于美国旧金山，作为北美和欧洲最大的移动电商平台之一，其中超过 90% 均为中国卖家。Wish 旗下拥有多个垂直应用程序，包括 Wish（主要销售各种产品）、Geek（提供高科技设备）、Mama（孕妇和婴幼儿用品）、Cute（美容产品、化妆品、配饰和衣服）、Home（家居配件）以及 Wish for Merchants（专门为卖家设计的移动应用程序）。

Wish 主要面向北美的移动端客户，是一个基于手机 App 的跨境电商平台。在澳大利亚也有大量买家使用 Wish 平台进行购物。Wish 所售卖的商品主要集中在低重量、低客单价的产品，如时尚类、消费类冲动购买产品等。

Wish 采用移动端平台型经营模式，支持个人卖家和企业卖家入驻。平台对发货的时效性、有效追踪及妥投率、退款率等方面都有非常严格的要求，以确保良好的购物体验。

四、Shopee（虾皮）

Shopee 是东南亚及中国台湾地区的电商平台，成立于 2015 年并在新加坡设立总部。随后拓展至马来西亚、泰国、中国台湾地区、印度尼西亚、越南及菲律宾市场。Shopee 拥有广泛的商品种类，包括电子消费品、家居、美容保健、母婴、服饰及健身器材等。Shopee 社群媒体粉丝数量超 3000 万，拥有 700 万活跃卖家，员工超 8000 人遍布，东南亚及中国。Shopee 是该地区发展最迅猛的电商平台之一，也是国货出海东南亚的首选平台之一。

Shopee 的主要目标市场是东南亚市场以及中国台湾地区的市场。其客户主要以年轻群体为主，因此对时尚、潮流和科技类产品需求较大。Shopee 通过提供广泛的选择、快速的物流和优质的服务来满足这些客户的需求。

Shopee 采用移动端平台型经营模式，具有高度社交性。中国大陆用户只能是以个体工商户或企业入驻的方式在 Shopee 开店。Shopee 在销售目的地建有仓库，卖家需要自己将货物运输到仓库后统一打包运输到目的地仓库进行销售。这种模式有利于降低物流成本和提高物流效率。

五、AliExpress（速卖通）

全球速卖通（AliExpress），也被称为国际版的淘宝，是阿里巴巴集团针对国际市场推出的在线跨境电商平台。自 2010 年 4 月上线以来，它已经帮助大量的中小企业与终端批发零售商建立联系，业务覆盖了 3C、服装、家居、饰品等多个行业。通过支付宝国际账户进行担保交易，并利用国际物流渠道进行货物配送，速卖通已经发展成为全球性的英文在线购物网站。

速卖通主要服务于对商品价格敏感的消费人群，如俄罗斯、巴西等国家和南欧、东欧和南美等地区。在这些地区，速卖通的市场占有率非常高。对于希望销售中低端产品的卖家来说，速卖通是一个非常有吸引力的平台。

速卖通的经营模式是平台型模式与中国卖家资源的结合。依托于阿里巴巴国际站的流量基础，速卖通吸引了大量的中国卖家。这些卖家提供了商品、物流和海外仓等服务，使得买家能够获得丰富多样的选择。在速卖通平台上，价格竞争非常激烈，但这也为买家提供了更多的优惠和选择。速卖通支持个体工商户或公司开设店铺，为中小企业提供了进入国际市场的便利通道。

六、DHgate（敦煌网）

敦煌网（DHgate）是全球领先的在线外贸交易平台。其 CEO 王树彤是中国最早的电子商务行动者之一，于 1999 年参与创立卓越网并出任第一任 CEO，2004 年创立敦煌网。敦煌网的使命是帮助中国中小企业通过跨境电子商务平台走向全球市场，提供更简单、更安全、更高效的在线交易服务。

敦煌网是国内首个为中小企业提供 B2B 网上交易平台的网站。它采用佣金制，不收取注册费，只在买卖双方交易成功后收取一定比例的费用。

敦煌网定位于服务被传统竞争对手忽视的中小客户。这些客户主要包括国内中小企业和海外的小采购商。通过为这些客户提供全面的 B2B 产业链综合平台服务，敦煌网帮助中小企业更好地进入国际市场并实现业务的增长。

敦煌网的经营模式是通过"企业免费注册，向买家收取佣金"的方式实现盈利。这种模式与传统 B2B 电子商务平台的会员收费制有所不同。敦煌网采用"动态佣金"模式，根据交易额的不同收取不同比例的佣金。佣金的收取比例一般在交易额的 3%～12% 之间，交易额越大，佣金比例越低。这种模式有助于吸引更多的买家和卖家在平台上进行交易，从而实现敦煌网的可持续发展和盈利。

项目练习

一、单选题

1. 跨境电子商务的"三流"主要指的是（　　）。
 A. 资金流　　B. 信息流　　C. 物流　　D. 以上皆是

2. 跨境电商企业要进入某个国家的市场必须先做的工作是（　　）。
A. 开发畅销产品　　　　　B. 熟悉物流渠道
C. 对该国进行市场调研　　D. 做网红推广

二、多选题

下列属于跨境电商监管代码的是（　　）。
A. 1210　　B. 1100　　C. 9810　　D. 9610　　E. 9710

参考文献

［1］余世明．国际商务单证实务（第八版）［M］．广州：暨南大学出版社，2020．

［2］姚大伟，马朝阳，王捷．外经贸单证培训考试大纲及复习指南［M］．上海：上海交通大学出版社，2019．

［3］杨静．国际商务单证理论与实务双语教程［M］．北京：清华大学出版社，2022．

［4］沈建东．国际贸易实务项目式教程［M］．沈阳：辽宁大学出版社，2021．

［5］全国国际商务单证专业培训考试办公室．国际商务单证理论与实务［M］．北京：中国商务出版社，2014．

［6］程敏然．国际贸易理论与实务［M］．北京：北京大学出版社，2007．

［7］童宏祥．外贸单证实务［M］．上海：上海财经大学出版社，2010．

［8］中华人民共和国海关总署［EB/OL］．http：//www.customs.gov.cn/．

［9］中国国际贸易单一窗口［EB/OL］．https：//www.singlewindow.cn/．